믿음의 뿌리와 내용을 발견하는 탐험

래디컬 북

THE RADICAL BOOK

챔프 손턴 지음 | 정성묵 옮김

지은이 _ **챔프 손턴**(Champ Thornton)
챔프 손턴은 현재 델라웨어주 뉴어크에 있는 오글타운 침례교회의 부목사입니다. 캐롤라이나주에서 자라난 저자는 신학교를 졸업한 뒤 2003년부터 그레이스 성경교회에서 목회했으며, 후에 오하이오주 콜럼버스에 있는 사역 교육 학교인 '소마'(SOMA)의 이사로 재직하기도 했습니다. '인 더 워드, 온 고'(In the Word, On Go)라는 팟캐스트를 열어 복음을 전하는 데 힘쓰고 있습니다.
또한 어린이 사역과 신학에 큰 관심을 둔 저자는 『다음 세대를 위한 잠언 저널』(*Pass It On*), 『세대에서 세대로』(*From Age to Age*), 스토리 바이블인 『하나님의 사랑』(*God's Love*) 등을 저술하기도 했습니다. 더 자세한 내용은 저자의 웹사이트 www.champthornton.com을 방문하십시오.

옮긴이 _ **정성묵**
광운대학교에서 영어영문학을 전공했습니다. 이후 무역회사에서 통번역 일을 했으며, 현재 '하나님의 말씀'을 주제로 하는 책들의 전문 번역가로 활동 중입니다. 역서로는 『온전한 그리스도』, 『내 영혼의 갈망』, 『아이키드』(이상 디모데), 『팬인가, 제자인가』, 『팀 켈러의 왕의 십자가』(이상 두란노) 등 다수가 있습니다.

믿음의 뿌리와 내용을 발견하는 탐험
래디컬북

1쇄 발행 2019년 4월 5일
2쇄 발행 2023년 7월 25일

지은이 챔프 손턴
옮긴이 정성묵
펴낸이 고종율

펴낸곳 주)도서출판 디모데〈파이디온선교회 출판 사역 기관〉
등록 2005년 6월 16일 제 319-2005-24호
주소 서울특별시 서초구 서초대로 141-25(방배동, 세일빌딩)
전화 마케팅실 070) 4018-4141
팩스 마케팅실 02) 6919-2381
홈페이지 www.timothybook.com

값 30,000원
ISBN 978-89-388-1647-4 73230

사랑을 담아

하나님의 아름다운 자녀

_____________(이)에게 드립니다.

형제이자 친구이며 다음 세대를 위해 함께 일하는 동지인
새넌에게 이 책을 바칩니다.

금이라고 다 빛나는 게 아니다.
방랑한다고 해서 다 잃어버린 것도 아니다.
옛것이라도 강한 것은 시들지 않는다.
깊은 뿌리에는 서리가 닿지 못한다.

_J. R. R. 톨킨, 『반지의 제왕: 반지 원정대』에서

목차

부모님과 선생님께 드리는 말씀

저는 한 가지 이유, 아니 세 가지 이유(제게 아들 두 명과 딸 한 명이 있기에)로 이 책을 썼습니다. 현재 제 자녀의 연령대는 6~11세입니다. 하지만 언젠가 다들 커서 자신의 가정을 이룰 것이라 믿습니다.

모든 부모는 다음 세대가 잘되기를 바랍니다. 특히 믿는 우리는 자녀가 예수 그리스도를 사랑하고 믿으며 따르기를 소망합니다. 아무쪼록 하나님이 이 책을 통해 아이들의 마음속에 깊은 믿음의 뿌리를 내려 주셨으면 하는 것이 제가 간절히 기도하는 제목입니다.

아울러 이 책을 통해 아이들에게 하나님의 말씀과 복음, 교회와 삶에 관해 더 배우고자 하는 강한 열정이 생기기 원합니다. 우리 다음 세대가 하나님 말씀이라는 복된 소식에 관해 조금이라도 더 호기심이 생기고 목말라한다면 저는 더 바랄 게 없습니다. 이 책은 9~15세 아이들이 스스로 읽을 수 있도록 구성되었습니다. 부모님이나 선생님도 아이들 교육을 위한 묵상이나 토론 자료로 이 책을 잘 활용하실 수 있으리라 생각합니다. 어떻게 사용하든 다양한 씨앗 꾸러미 같은 이 책이 좋은 땅에 뿌려져 단단히 뿌리를 내리고 자라나, 열매를 맺고 하늘의 정원사께 영광이 되기를 소망합니다.

“이제 내가 하나님과 그의 은혜의 말씀에 여러분을 맡깁니다. 그 말씀은 여러분의 믿음을 든든히 세우고 모든 성도들이 얻는 하늘 나라의 축복을 여러분에게 줄 수 있을 것입니다”(사도행전 20:32, 현대인의성경).

경고:

당신은 지금 『래디컬북』을 손에 들고 있습니다!

혹시 '래디컬'(radical)이라는 영어 단어를 들어 본 적이 있니? 조금 어려울 수도 있는 이 단어에는 여러 가지 뜻이 있단다. 먼저 '뿌리로 들어간다'는 뜻이 있어. 네가 용기를 낸다면, 이 책이 너를 믿음의 뿌리로 깊이 들어가게 해 줄 거란 뜻이지. 이 책에서 우리는 하나님의 말씀에 관해 배울 거란다. 하나님의 말씀이 무엇을 가르치고, 우리가 왜 그것을 믿어야 하는지 그리고 어떻게 그 말씀에 따라 살 수 있는지 함께 살펴보지 않을래? 위로 키가 자랄수록 우리는 아래로도 자라야 해. 무슨 말이냐면, 성경이 우리 마음에 깊이 뿌리를 내려야 한다는 뜻이야.

또 '래디컬'은 '근본적인, 철저한, 급진적인'과 같은 뜻도 있어. 나무의 뿌리가 튼튼하면 아무리 거센 비바람이 몰려와도 쓰러지지 않지. 그래서 이 책에서는 인생의 비바람 속에서도 꿋꿋이 예수님을 따르고, 예수님의 편에 서는 법을 배울 거야. 정말 힘든 상황에서 예수님을 따른 사람들도 만나 볼 거고. 그 사람들이 그렇게 할 수 있었던 비결이 뭔지 아니? 그건 하나님이 그들에게 래디컬한 믿음을 주셨기 때문이란다.

계속 읽어 보면 알겠지만, 이 책에서 우리는 재미있고 멋진 활동을 많이 할 거야. 옛날 용사들이 사용한 무기도 살펴보고, 시도 쓰며, 옛말도 공부하고, 별자리도 찾아볼 거야. 또 3천 년이나 묵은 보드게임도 해 볼 거야. 그 밖에도 준비된 게 아주 많아. 기대해도 좋아.

이 책은 네가 원하는 대로 읽어도 돼. 순서대로 쭉 읽어도 되고, 필요한 부분을 먼저 골라 봐도 돼. 단지 딱 하나만은 꼭 기억해 줘. 우리 믿음의 뿌리는 모두 어떤 한 나무에서 자라나게 되어 있어. 그 나무에서 예수님이 죄인들을 대신해 죽으셨단다. 사실 이 책은 처음부터 끝까지 예수님에 관한 이야기야. 예수님은 반역하는 사람들을 구해 주신 정말 래디컬한 분이시지.

1

성경을 한 문장으로 요약하면 뭐라고 할 수 있을까?

성경 전체의 내용을 한 문장으로 정리해 보라고 하면 뭐라고 하겠니? 좀 어렵지? 사실 성경은 1,189개나 되는 장을 66권의 '책'으로 묶은 것이니까. 성경의 모든 내용을 어떻게 한 문장으로 표현할 수 있을까?

물론 한 문장에 모든 내용을 다 넣을 수는 없겠지. 하지만 66권의 책이 모두 모여 하나의 이야기를 이룬다면? 그러니까 각 책은 한 이야기를 이루는 부분이 되는 거지. 그러면 그 이야기를 요약하는 건 가능하겠지? 자, 슬슬 뭔가 그림이 그려지지 않니?

성경이 전해 주는 큰 이야기는 뭘까? 어떤 이야기든 내용을 잘 파악하려면 처음과 끝을 읽어 보면 돼. 건물에 들어갈 때 앞문이나 뒷문으로 들어가듯이, 이야기도 맨 처음과 끝을 잘 살펴봐야 하지.

성경의 처음(창세기)과 마지막(요한계시록)이 성경 전체 이야기에 관해 무엇을 말해 줄까? 어떤 연결 고리가 눈에 들어오니? (옆 페이지의 표를 보렴.)

태초에 하나님은 온 세상을 '심히 좋게' 만드셨어(창세기 1:31). 그런데 사람들이 그걸 망치는 데는 그리 오랜 시간이 걸리지 않았지. 하지만 이야기의 끝에서 하나님은 모든 것을 다시 바로잡아 주실 거야.

자, 성경의 시작과 끝을 연결해 주는 것은 무엇일까? 성경의 중간을 채우는 이야기는 바

처음에

낮과 밤이 창조됨
(창세기 1:5).

세상이 창조됨
(창세기 1~2장).

생명나무가 창조됨
(창세기 2:9).

하나님이 사람들과 함께 사심
(창세기 3:8).

사람들이 하나님을 거역함
(창세기 3:6).

사람들이 서로 싸우기 시작함
(창세기 3:12).

질병과 죽음이 세상에 들어옴
(창세기 3:19).

사탄(뱀)이 모든 것을 망쳐 놓음
(창세기 3:1).

마지막에

더는 밤이 존재하지 않음
(요한계시록 22:5).

세상이 새로워짐
(요한계시록 21:1).

생명나무가 영원히 있음
(요한계시록 22:2).

하나님이 다시 사람들과 함께 사심
(요한계시록 21:3).

사람들이 하나님께 순종함
(요한계시록 21:27).

사람들이 서로 싸우기를 멈춤
(요한계시록 21:24~26).

질병과 죽음이 정복됨
(요한계시록 22:4).

사탄이 패배함
(요한계시록 20:2, 10).

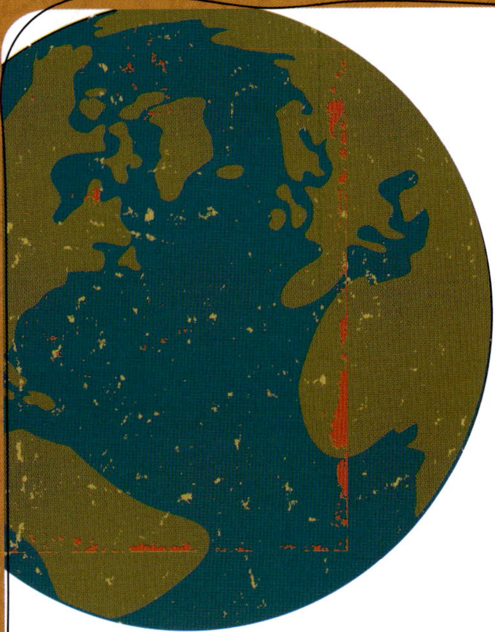

로 예수님의 이야기야. 구약은 예수님이 오실 날을 기대하고 준비하는 이야기이고, 신약은 예수님이 오신 사건을 되돌아보고 설명해 주는 내용이지. 그래서 성경 이야기는 예수님의 이야기야. 예수님이 이 땅에 왜 오셨는지를 알려 주는 이야기지.

성경은 예수님이 중요한 임무를 맡으셨기 때문에 이 땅에 오신 거라고 말해. 그 임무는 바로 모든 것을 다시 새롭게 만드는 것이지. 예수님은 죄로 망가진 모든 것을 고치기 위해 오셨어.

"하나님이 만드셨고, 우리가 망가뜨렸으며, 예수님이 고쳐 주신다."

_마이클 윌리엄스

성경을 한 문장으로 정리하면?

다시 물을게. 성경을 한 문장으로 표현하면 뭐라고 할 수 있을까? 이렇게 말하면 어떨까? 성경 이야기는 바로…**하나님이 죄가 망친 모든 것을 예수님을 통해 회복시키고 계신다**는 이야기야.

혹시 네가 지은 죄나 다른 사람이 지은 죄 때문에 네 삶에 망가진 부분이 있니? 안타깝게도 죄는 삶의 모든 부분을 망가뜨린단다. 정말 심각하지. 게다가 우리의 힘으로는 그것을 고칠 수가 없어. 하지만 예수님께는 어려운 일이 없지. 게다가 예수님은 고쳐 주는 것을 좋아하셔.

성경은 예수님이 모든 것을 회복시키기 위해 오셨다고 분명히 말씀해.

더 깊은 탐구를 위하여

성경 이야기를 더 알고 싶다면 길버트 비어즈가 쓴 『어린이를 위한 한그림 성경』(디모데 출간)을 읽어 봐.

2

성경을 이해하는 첫걸음

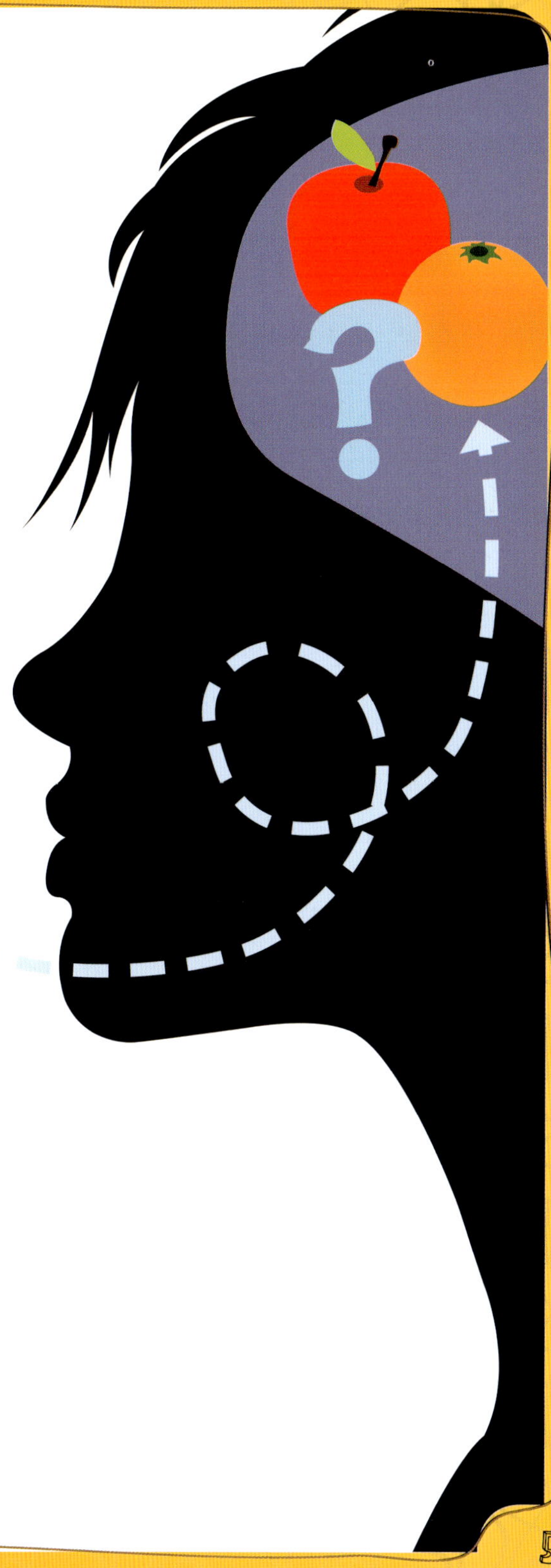

성경은 하나의 큰 이야기를 전해 주고 있어. 그런데 조금이라도 성경을 읽어 본 사람은 성경이 도서관에 있는 2천 페이지가 넘는 책들과 좀 다르다는 사실을 잘 알 거야. 성경은 아예 도서관 그 자체에 더 가까워. 그 안에 시에서 편지, 역사책까지 여러 종류의 책이 들어 있기 때문이야. 성경은 책마다 독특한 스타일로 되어 있어.

그래서 성경에 기록된 내용을 이해하려면 그것이 어떤 방식으로 쓰였는지를 알아야 해. 어떻게 구성되었느냐에 따라 읽고 이해하는 방법을 달리해야 하는 거지. 예를 들어, 똑같이 껍질이 있더라도 귤은 손으로 까먹지만, 사과는 칼로 벗겨 먹잖아? 책도 마찬가지야. "옛날 옛적에"로 시작하면 동화책이니까 역사책처럼 읽으면 안 되는 거지. 그래서 성경을 이해하려면 어떤 종류의 글로 쓰였는지를 알아야 해. 그래야 글이 쓰인 목적에 맞게 읽을 수 있거든. 글의 종류나 스타일을 장르라고 해.

그런데 왜 하나님은 우리에게 한 가지 스타일로만 된 책을 주지 않으셨을까? 성경에 여러 장르가 포함된 이유는 우리의 이해를 돕기 위해서야. 우리에게는 감정이 있어. 그래서 성경에 사람의 감정을 자극하는 시편의 시들이 쓰인 거지. 우리는 생각하는 사람이야. 그래서 로마서처럼 많은 생각이 들게 하는 편지도 있어. 우리는 선택할 수 있는 능력도 있어. 그래서 하나님은 성경에 순종하라는 명령을 적어 놓으셨지. 무엇보다도 우리는 이야기를 통해 더 쉽게 배울 수 있어. 그래서 성경에는 실제 있었던 이야기가 많이 나와(물론 이 모든 이야기는 죽음과 악에서 세상을 구하신 예수님에 관한 이야기로 연결돼). 성경은 우리 삶에서 일어나는 모든 문제를 말해 주고 있어.

성경의 기본 장르는 다음과 같아(그림들을 보면 한눈에 이해할 수 있을 거야).

역사서

성경 이야기는 처음부터 끝까지 실제 있었던 일이야. 특히 구약의 절반은 역사적 사실로, 하나님이 사람들에게 어떤 일을 행하셨는지 자세히 기록되어 있지. 하나님은 사람들을 만드셨고 사랑하며 인도하고 용서해 주셔. 하나님의 사랑을 받을 자격이 있는 사람은 세상 어디에도 없어. 심지어 왕이라 해도 약점이 많아서 자주 잘못을 저지르지. 이건 이 모든 이야기의 주인공이 하나님이시라는 뜻이야. 구약은 언젠가 하나님이 완벽한 왕을 보내셔서 실수투성이 인간을 구해 주실 거라는 내용을 담고 있어.

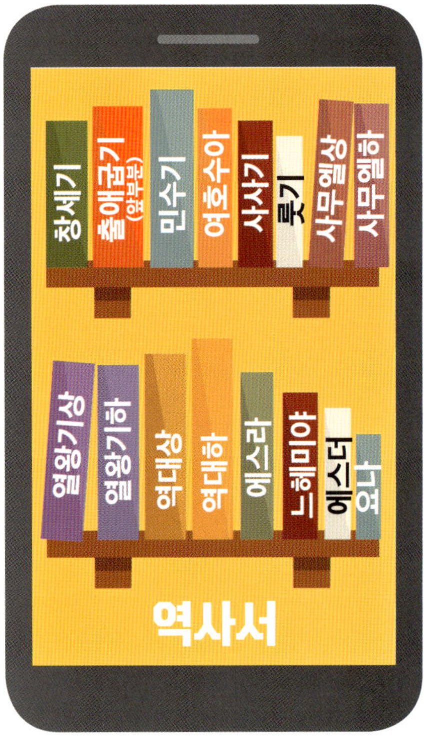

율법서

하나님은 성경에서 우리가 어떻게 살아야 하는가를 말씀하셔. 진정한 왕이신 하나님은 자신이 사랑하는 것과 미워하는 것, 사람에게 유익한 것을 법으로 만들어서 주셨지. 그것을 율법이라고 하는데, 어떤 사람도 그것을 완벽히 지킬 수 없었어. 우리 모두에게 죄가 있었기 때문이지. 그래서 용서가 필요했단다. 율법이 쓰인 지 한참 뒤에 하나님은 그것을 완벽하게 지킬 수 있는 분을 보내 주셨어. 그분이 우리 죄에 대한 완벽한 희생 제물이 되셨지.

시가서

성경의 3분의 1 이상은 시야. 그런데 이 시들은 운율이 있는 소리라기보다는 개념이 담긴 운율이라고 봐야 해. 이 개념들이 하나로 합쳐져 아름다운 하나의 진리를 밝혀 주거든(예를 들어, 시편 9편 9절의 앞부분에서 "여호와는 압제를 당하는 자의 요새"라고 나오고, 뒷부분에서 이것을 받아 하나님이 "환난 때의 요새"이시라는 하나의 진리를 완성한단다). 성경의 저자들은 이런 시로 하나님께 감정을 표현했어. 슬픈 노래나 행복한 노래로 자신의 마음을 쏟아 냈지. 하나님은 언젠가 모든 것을 바로잡아 주겠다고 약속하셨어. 이 약속 덕분에 성경의 모든 노래는 희망의 가락으로 이어지지.

지혜서

구약의 일부는 이 아름다우면서도 고통스럽고 복잡한 세상에서 하나님 앞에서 올바르고 지혜롭게 사는 법을 가르쳐 준단다. 잠언을 비롯한 책들이 우리가 하나님이 정하신 법칙 안에 있음을 잘 보여 주지. 죄를 저지르면 결국 들켜서 벌을 받게 되는 것처럼 말이야.

또 이런 책은 지혜가 하나님을 믿는 데서 나온다는 사실을 일깨워 줘. 물론 누구도 하나님을 완벽하게 믿을 수는 없어. 그래서 하나님은 가장 지혜로운 사람을 보내 주셔야만 했어. 그분은 항상 온 마음을 다해 하나님을 믿었지.

예언서

예언서는 하나님이 죄인들에게 메시지를 전달하려고 보내신 선지자들의 설교로 돼 있어. 하나님이 미래에 하실 일을 기록하기도 했지. 이런 걸 예언이라고 해. 때로 선지자들은 사람들에게 지금 바로 필요한 말씀을 전했어.

성경에서 가장 긴 책은 무엇일까?

답: 시편은 가장 많은 절(2,527)과 장(150)으로 이루어져 있지만, 글자 수는 예레미야가 가장 많아(41,000글자 이상).

선지자는 하나님이 여전히 사람들을 사랑하신다는 사실을 알려서 사람들을 격려했어. 그런가 하면 빨리 죄를 버리고 하나님께 돌아오지 않으면 큰일이 난다고도 경고했지. 사람들이 이 경고를 무시하면 실제로 어려운 일이 일어났어. 죄가 있는 인간은 하나님께 완벽히 순종할 수 없었기 때문에, 하나님은 나중에 사람을 대신해 그렇게 할 수 있는 완벽한 분을 보내 주셨지.

사복음서와 사도행전

복음서 네 편은 예수 그리스도의 삶과 죽음, 부활을 기록해 놓았어. 사복음서를 보면, 실제 그 현장에 있었던 사람들의 생생한 목격담도 들을 수 있고, 예수님이 어떤 본보기를 보여 주셨는지, 어떤 명령을 내리셨는지도 알 수 있지. 하지만 복음서에서 듣는 진짜 좋은 소식(복음은 '좋은 소식'이란 뜻이야)은 예수 그리스도가 우리를 대신해 죽으시려고 이 땅에 오셨다는 거야. 예수님은 하나님의 백성이 오랫동안 기다려 온 분이셨어. 그래서 예수님은 우리가 살 수 없는 삶을 사시고, 우리가 당했어야 할 죽임을 당하셨지. 사복음서 바로 다음에 나오는 사도행전에도 계속 예수님의 이야기가 나와. 사도행전에서는 복음이 어떻게 온 세상에 퍼졌는지 알려 준단다.

서신서

신약의 편지들(서신서)은 예수님의 삶과 죽음, 부활이 왜 중요한지 더 자세히 설명해 줘. 하나님이 예수님을 통해 어떤 일을 하셨는지 궁금하니? 그러면 이 편지들을 읽어 봐. 또 이 편지들을 읽으면 시험과 고난이 닥쳤을 때, 실수나 잘못을 저질렀을 때 어떻게 해야 할지 알 수 있어.

묵시 문학

'묵시'라는 좀 어려운 단어는 '밝히다'를 뜻하는 그리스어에서 왔어. 이 묵시 문학이 쓰인 목적은 미래를 밝혀 주기 위해서야. 사실 이런 책에서 말하는 미래의 일이 어떤 건지 구체적으로 이해하기는 어려워. 불가사의한 내용이 워낙 많거든. 하지만 한 가지 분명한 사실이 있어. 상황이 아무리 나빠져도, 세상이 하나님과 그분의 백성을 아무리 미워해도, 결국 예수님이 승리하신다는 거야! 이 이야기는 결국 행복하게 끝나!

이것을 기억해!

성경을 읽다 보면 한 책에 여러 장르가 섞여 있는 경우를 자주 볼 수 있어. 예를 들어, 출애굽기에는 역사와 율법, 시가 모두 담겨 있지. 하지만 너무 복잡하지 않게, 그 안에서 가장 두드러진 문학의 종류에 따라 그 책을 분류한단다.

3

하나님을 부르는 여러 이름

성경에서 하나님은 여러 이름으로 불리셔. 하나님의 이름은 단순한 이름이 아니라 하나님이 어떤 분이신지를 말해 주지(시편 68:4). "하나님"이나 "예수님"처럼 단순한 이름도 있지만, "전능자 하나님"(요한계시록 19:15)이나 "지극히 높으신 하나님 여호와"(창세기 14:22)처럼 두 개 이상의 이름이 합쳐진 것도 있어. 그런가 하면 "거룩하신 이"(이사야 40:25)나 "하늘에 계신 이"(시편 2:4) 같은 설명식의 이름도 있지.

이 모든 이름은 하나님을 들여다볼 수 있는 창문과도 같아. 이런 이름을 통해 하나님에 관해 배울 수 있지.

더 깊은 탐구를 위하여

하나님을 부르는 이름에 관해 더 알고 싶으면 샐리 마이클이 쓴 『하나님의 이름들』(*God's Names*, 국내 미번역)을 읽어 봐.

옛적부터 항상 계신 이

하나님은 항상 존재하셨고 강한 보좌에서 다스리신다.

다니엘 7:9

예수

여호와가 구원하신다. 구원하시는 하나님.

마태복음 1:21

그리스도

메시아, 기름 부음을 받은 자.

마태복음 11:2~6

하나님

보통 하나님을 부르던 이름. 히브리어로 엘로힘 (*elohim*).

신명기 32:4

주

주인 혹은 왕. 히브리어로 아도나이(*adonai*).

출애굽기 34:9

여호와, 야훼 (JEHOVAH, YAHWEH)

대문자로 기록된 이 이름은 하나님이 백성에게 자신을 부를 때 사용하셨다.

출애굽기 20:2

여호와 사바옷 (SABAOTH)

만군의 여호와.

이사야 13:4

여호와 이레(JIREH)

하나님이 공급해 주신다.

창세기 22:14

엘 올람 (EL OLAM)

영원하신 하나님.

창세기 21:33

여호와 라파 (ROPHE)

치유하시는 하나님.

출애굽기 15:26

엘 엘리온 (EL ELYON)

지극히 높으신 하나님.

시편 73:11

여호와 세덱 (ZEDEK)

우리의 의로움이 되시는 하나님.

예레미야 23:5-6

엘 로이 (EL ROI)

나를 살피시는 하나님.

창세기 16:13

엘 샤다이 (EL SHADDAI)

전능하신 하나님.

창세기 28:3

성경에서 하나님이 한 번도 언급되지 않은 책은 뭘까?

답: 에스더

놀라운 소식!

다음 중 그리스도인을 제대로 정의한 것을 고르시오.

- [ ] 1. 착한 사람이다.
- [ ] 2. 주일마다 교회에 가는 사람이다.
- [ ] 3. 하나님과 부모님께 순종하려고 노력하는 사람이다.
- [ ] 4. 거의 매일 성경을 읽고 기도한다.
- [ ] 5. 답이 없다.

"예수 믿고 구원받으시겠어요?"라고 전도를 하면, "아직 준비되지 않았어요. 먼저 고쳐야 할 점이 많아요. 그걸 고치고 나서 생각해 볼게요"라고 답하는 사람이 많아. 이런 사람은 그리스도인을 성경 말씀에 잘 순종하는 착한 사람이라고 생각해서 이렇게 답하는 거야. 그래서 예수님이 하신 명령이나 조언을 잘 따르는 것이 기독교의 핵심이라고 생각해. 하지만 그렇지 않아. 기독교의 핵심은 좋은 조언이 아니라 좋은 소식이란다.

둘의 차이는 다음과 같아. 조언은 우리가 해야 할 좋은 행동을 뜻해. 물론 이것은 아직 우리가 못 하고 있는 것이지. 소식은 이미 이루어진 일을 말해 주는 거야. 이 일에 관해 우리가 할 수 있는 것은 아무것도 없어.

예를 들어 볼까? 네가 기사들이 활약하던 시대에 어느 성에 사는 사람이라고 상상해 봐. 하루는 적국의 왕이 군대를 이끌고 너희 나라에 쳐들어왔어. 그래서 왕은 전쟁을 치르기 위해 군대를 끌고 성 밖으로 나갔지.

이제 너를 비롯한 성 안의 모든 백성이 전쟁터에서 날아올 소식을 기다리고 있어. 우리 왕은 승리할 수 있을까?

만약 우리 편이 진다면, 적이 성 안으로 쳐들어왔을 때 어떻게 해야 할지 몇몇 병사가 왕이 보낸 조언을 전해 줄 거야. 그러면 모든 백성이 싸울 준비를 해야 해. 왕이 말한 대로 방책을 세우고 창고에서 무기를 꺼내겠지. 하지만 과연 그렇게 해서 적을 막을 수 있을까? 온 백성이 두려움에 떨 거야.

하지만 우리 편이 승리하면, 왕의 사자들은 승리했다는 놀라운 소식을 전해 줄 거야. 그러면 평상시처럼 살 수 있어. 모두의 마음에 기쁨과 평안이 가득할 거야.

기독교는 우주 역사상 가장 놀라운 소식을 전해 준단다. 그 소식은 바로 예수 그리스도의 복음이야. 예수님은 이미 이 땅에 오셔서 죄와 죽음, 사탄이라는 우리의 모든 적을 완전히 이기셨어. 이미 승리한 전쟁에서 네가 해야 할 일은 아무것도 없어. 그냥 예수님이 이미 거두신 승리에 의지해 기뻐하면서 살면 돼.

복음은 왕이신 예수님의 삶과 죽음, 부활을 통해 하나님이 모든 것을 바로잡고 계신다는 선포야. 하나님은 이 왕을, 죄에서 구해 줄 유일한 분으로 믿고 회개하는 모든 사람을 회복시켜 주셔.

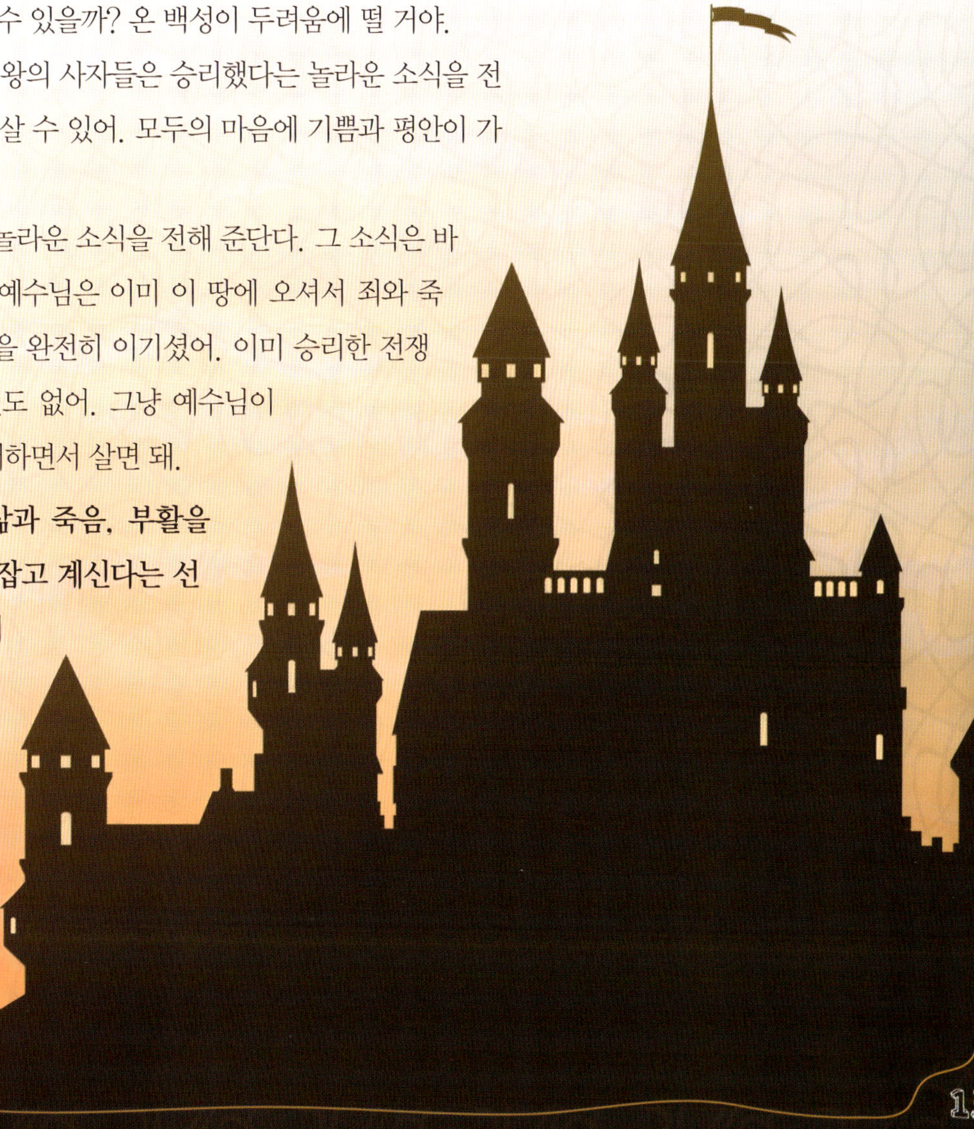

'복음'은 좋은 소식을 의미해.
복음을 의미하는
현대 영어 'gospel'(가스펠)은
옛 영어 'gōd-spel'에서 비롯했지.
[gōd=good(좋은),
spel(소식이나 이야기)].
이 단어는 '좋은 소식'을
뜻하는 그리스어
'에반겔리온'(evangelion)을
번역한 거야.

이제 기독교가 조언만 늘어놓는 종교가 아니라는 사실을 알았지? 기독교는 예수님이 이미 이루신 일에 관한 소식을 전해. 단순히 착하게 행동하라고 요구하는 종교가 아니라 예수님이 이루신 선한 역사를 선포하는 종교라는 뜻이야.

• • •

너라면 이렇게 좋은 소식을 듣고 어떻게 반응하겠니? 네가 보일 반응은 두 가지 중 하나일 거야.

1. **왕이자 구원자이신 예수 그리스도를 거부하고 자신의 규칙에 따라 살면서 스스로 구원하려고 노력할 수 있어.** 이 사람은 세상 기준에 따라 좋게 보일 수도 있고 나쁘게 보일 수도 있는데, 어느 쪽이든 예수님을 거부한 건 마찬가지야.

2. **예수 그리스도를 왕이요 구원자로 모시고 그분과 함께 살 수도 있어.** 이 사람은 스스로 왕이 되어 살던 삶에서 돌아서서(회개) 예수님의 구원을 믿는(믿음) 사람이지.

이 사람은 좋은 행동뿐 아니라 나쁜 행동도 해. 하지만 가장 중요한 점은 이 사람이 왕이신 예수님을 통해 자신의 악과 선 모두에서 구원을 받았다는 거야. 바로 이 사람이 그리스도인이야. 그리고 이것이 놀라운 소식이지!

"모든 사람이 죄를 범하였습니다.

그래서 사람은 하나님의 영광에 못 미치는 처지에 놓여 있습니다.

그러나 사람은, 그리스도 예수 안에서 얻는 구원으로 말미암아,

하나님의 은혜로 값없이 의롭다는 선고를 받습니다.

하나님께서는 이 예수를 속죄제물로 내주셨습니다.

그것은 그의 피를 믿을 때에 유효합니다.

하나님께서 이렇게 하신 것은,

사람들이 이제까지 지은 죄를

너그럽게 보아주심으로써 자기의 의를

나타내시려는 것이었습니다"

(로마서 3:23~25, 새번역).

그리스도인으로서 성장하는 법

영적 훈련 SPIRITUAL DISCIPLINES

그리스도인만 되면 끝이 아니란다. 하나님은 우리가 그리스도인으로서 성장하기를 바라셔. 예수님을 더 잘 믿고, 그분께 더 잘 순종하기를 바라시는 거야. 이렇게 성장하기란 쉬운 일이 아니야. 그렇다면 우리는 이미 어른이 된 거겠지. 네가 이번 장을 읽을 필요도 없을 테고. 그리스도인으로서 성장하기는 쉽지 않아. 많은 노력과 시간이 필요해. 그리고 끝이 없어. 평생 노력해야 해.

그런데 하나님은 우리에게 성장하라고 하시고는 뒷짐만 지고 계시는 분이 아니야. 참 다행스러운 일이지. 하나님은 우리가 성장할 수 있도록 도와주셔. 하나님과 함께 살아가는 습관을 들이도록 영적 훈련을 할 방법을 알려 주셨지.

그렇다면 영적 훈련이란 무엇일까?

영적 훈련은 영적 성장을 촉진시키는 활동이야. 경건한 사람이 되기 위해 성령의 도우심으로 익혀야 하는 습관들을 말해.

시편 62:8
기도

디모데전서 4:13
하나님의 말씀

하나님이 가르쳐 주시는 것을 교회 친구들과 나누기.
히브리서 3:13
나눔

고백
"하나님, 죄를 지었어요. 용서해 주세요."
다니엘 9:4~6

읽기
매일 성경 읽기.
디모데전서 4:13

나눔
삶 속에서 하나님이 어떻게 역사하셨는지 나누기.
사도행전 14:27

찬양
"하나님을 경배합니다."
시편 139:14

자주 생각하기
하나님 말씀 묵상하기.
시편 1:1~3

나눔
어떤 문제가 있는지 나누기.
갈라디아서 6:2

감사
"제게 해 주신 일에 감사해요."
시편 118:21

집중해서 듣기
교회에서 말씀 잘 듣기.
데살로니가전서 2:13

나눔
어떤 유혹을 받는지 나누기.
야고보서 5:16

선포
"하나님에 관한 진리를 선포합니다."
시편 27:1~3

하나님 말씀 암송
시편 119:11

간구
"하나님, 이것이 필요해요."
마태복음 6:11

알고 있니?

성장은 그리스도인이 평생
이루어 가야 할 숙제지. 찰스 시므온은 1783년에서 1836년까지 53년 동안 런던에서 사역한 목사님이야. 시므온 목사님은 하나님 말씀을 사랑하는 사람으로 명성이 자자한 분이었어. 그런데 그분이 처음부터 그랬던 건 아니야.

목사님은 대학에 들어가기 전에는 예수님을 믿지도 않았고, 목사가 된 뒤에도 화를 잘 참지 못했어. 어느 날 헨리 벤이라는 사람의 집을 심방했을 때, 목사님은 어떤 사람에게 심한 말을 했어. 벤의 딸들이 그 모습을 다 지켜보았지.

목사님이 떠난 뒤 벤 아저씨는 딸들을 정원으로 불러 설익은 복숭아를 따 달라고 했어. 딸들이 아직 익지도 않은 복숭아를 어디에 쓸 거냐고 묻자, 벤 아저씨는 이렇게 대답했어. "얘들아, 이 복숭아가 아직은 파랗기 때문에 기다려야 해. 하지만 햇빛과 비를 조금만 더 받으면 완전히 익은 달콤한 복숭아가 될 거야. 시므온 목사님도 그렇게 되실 거란다."

우리도 그리스도인으로서 성장하려면 영적 훈련이라는 햇빛과 비가 필요한 거야.

이런 영적 훈련은 꾸준히 해야 해. 하나님의 말씀에 귀를 쫑긋하고 기도도 열심히 해야 하지. 이렇게 훈련한다고 해서 완벽해지는 건 아니지만, 성령님의 도우심을 받아 꾸준히 훈련한다면 어느새 성장한 너 자신을 발견하게 될 거야. 필요한 것을 모두 예수님께 구하고 매사에 예수님처럼 행동하는 사람으로 성장할 수 있어. 이것이 그리스도인이 성장하는 방식이야.

6

하나님께 삶을 드린 남자들 1

폴리캅은 AD 70년쯤에 태어나 AD 160년쯤에 죽었어. 폴리캅은 사도 요한의 목회로 그리스도인이 된 사람이지! 폴리캅은 소아시아의 도시인 서머나(지금의 터키)에서 50년간 목사로 훌륭히 사역했어. AD 156년쯤 로마 정부는 서머나의 그리스도인들을 박해하기 시작했어. 로마 정부는 그리스도인들에게 로마 황제를 주님으로 부르면 풀어 주고, 그렇게 하지 않으면 죽이겠다고 엄포를 놓았지. 그때 폴리캅은 이렇게 말했어. "내가 그리스도의 종으로 살아온 86년 동안 그분은 한 번도 내게 나쁘게 하신 적이 없는데, 어찌 내가 나를 구해 주신 왕을 저주할 수 있겠는가." 폴리캅은 주님이신 예수 그리스도를 위해 기꺼이 목숨을 내놓았어.

아타나시우스(296~373년)는 고향인 이집트 알렉산드리아에서 46년간 목사요 교회 리더로 섬겼어. 아타나시우스가 목회를 하는 동안 세상의 교회들은 예수님이 어떤 분이신가를 놓고 치열한 논쟁을 벌이고 있었지.

당시 많은 목사가 안타깝게도 아리우스라는 목사의 가르침을 따랐어. 아리우스는 하나님이 성부와 성자, 성령이시라는 사실(삼위일체 교리)을 믿지 않는 사람이었지. 아리우스와 그 추종자들은 ⑴ 하나님이 한 분이시고, ⑵ 그리스도가 성부와 또 다른 존재라면, ⑶ 그리스도는 하나님일 수가 없다고 주장했어. 하지만 성경에는 예수님이 사람의 몸으로 이 땅에 오신 하나님이고, 하늘로 돌아가신 뒤 자신의 영을 사람들에게 보내 주셨다고 분명히 기록되어 있어. 하나님은 서로 구별되지만, 똑같이 영광스러운 세 존재가 하나로 계신 분이야.

많은 교회 리더가 아리우스를 믿었기 때문에 삼위일체에 관한 성경의 가르침을 그대로 믿는 아타나시우스를 아주 미워했지. 결국 아타나시우스는 다섯 번이나 추방되어, 고향과 사랑하는 교회에서 멀리 떨어진 곳에서 17년이나 보내야 했어. 한번은 한 친구가 "아타나시우스, 온 세상이 자네에게 등을 돌렸네!"라고 한탄했지. 그러자 아타나시우스는 용감하게 대답했어. "아니, 내가 세상에 등을 돌린 거라네." 그 일로 그는 '온 세상에 맞선 아타나시우스'라는 별명을 얻게 되었지.

46년 동안 아타나시우스가 용감하게 노력한 덕분에 교회는 삼위일체 교리와 예수님의 신분에 관한 성경의 진짜 가르침을 회복할 수 있었어.

"여러분은 하나님의 말씀을 전해 준 지도자들을 기억하고 그들의 최후를 생각하며 그들의 믿음을 본받으십시오. 예수 그리스도는 어제나 오늘이나 영원히 똑같은 분이십니다"

(히브리서 13:7~8, 현대인의성경).

아우구스티누스는 AD 354년에 태어나 AD 430년에 세상을 떠났어. 그는 북아프리카의 히포라는 도시(지금의 알제리)에서 40년간 목사이자 교회 리더로 섬겼어. 아우구스티누스는 백 권이 넘는 책을 썼는데, 많은 책이 1,600년이 지난 지금까지도 널리 읽히고 있단다. 그중에서 가장 유명하고 널리 사랑받는 책은 자신의 이야기와 신학 이야기가 담긴 『고백록』이야. 아우구스티누스는 기독교 역사상 아주 중요한 책을 많이 남겼기 때문에 지금도 우리에게 중요한 선생님으로 인정받고 있단다.

알고 있니?

성경에는 '삼위일체'란 표현이 없어. 하지만 하나님이 성부와 성자, 성령 이렇게 세 분으로 이루어진 한 분 하나님이시라는 사실을 보여 주는 성경 구절이 분명히 있어.

"예수께서 세례를 받으시고 곧 물에서 올라오실새 하늘이 열리고 하나님의 성령이 비둘기같이 내려 자기 위에 임하심을 보시더니 하늘로부터 소리가 있어 말씀하시되 이는 내 사랑하는 아들이요 내 기뻐하는 자라 하시니라"(마태복음 3:16~17).

"그러므로 너희는 가서 모든 민족을 제자로 삼아 아버지와 아들과 성령의 이름으로 세례를 베풀고"(마태복음 28:19).

"주 예수 그리스도의 은혜와 하나님의 사랑과 성령의 교통하심이 너희 무리와 함께 있을지어다"(고린도후서 13:13).

이외에도 신명기 6장 4절과 요한복음 14장 26절, 디모데전서 2장 5절을 읽어 봐.

성경에서 예수 그리스도를 위해 처음 순교한 사람은 누구일까?

답: 스데반(사도행전 7:59)

아우구스티누스의 『고백록』

기독교 고전인 『고백록』은 13권으로 이루어져 있어. 처음 아홉 권은 아우구스티누스의 삶에서 40세까지의 이야기가 담겨 있고, 나머지 네 권은 주로 신학적인 내용으로 구성되었는데, 특히 창세기에 관한 내용이 많아. 『고백록』에 소개된 기도문을 몇 가지 소개해 볼게.

"하나님은 당신 자신을 위해 우리를 만드셨습니다. 그래서 우리의 마음은 당신 안에서 쉬기 전에는 절대 쉴 수 없습니다"(1권).

"하나님 없이 저는 저 자신을 파멸로 이끄는 안내자일 뿐입니다"(4권).

"제가 한숨을 내쉬었더니 하나님이 들어주셨습니다. 제가 흔들렸더니 하나님이 붙잡아 주셨습니다. 저는 세상의 넓은 길로 갔지만 하나님은 저를 버리지 않으셨습니다"(6권).

"하나님의 한없이 큰 자비에 제 모든 소망이 있습니다. 당신의 것을 주시고 무엇이든 당신의 뜻대로 명령하십시오"(10권).

하지만 그가 처음부터 독실한 목사였던 건 아니야. 그는 예수님을 잘 믿는 어머니 밑에서 자랐지만 커서는 제멋대로 살았어. 청년이 된 아우구스티누스는 더 하나님을 믿지 않고 못된 짓만 일삼았어. 아우구스티누스는 죄에 물든 비참한 삶에 빠져들었지.

하지만 하나님은 은혜롭게도 암브로시우스라는 목사를 통해 아우구스티누스에게 복음을 들려주셨어. 아우구스티누스는 그 설교를 들은 지 오래지 않아 자신에게 어떤 일이 일어났는지 다음과 같이 썼단다.

"내가 지은 죄를 깊이 뉘우치며 흐느끼고 있는데…. 이럴 수가, 근처에서 누군가가 외치는 소리가 들렸다. '집어 들어 읽어라'고 반복하는 찬양 소리였다. 그래서 일어나 아무데나 펴서(그것은 로마서였다) 눈에 들어오는 첫 번째 장을 읽었다."

그가 읽었던 말씀은 바로 이 부분이었지. "방탕하거나 술 취하지 말며 음란하거나 호색하지 말며 다투거나 시기하지 말고 오직 주 예수 그리스도로 옷 입고 정욕을 위하여 육신의 일을 도모하지 말라"(로마서 13:13~14).

아우구스티누스는 이렇게 말했어. "더 읽지 않았고 읽을 필요도 없었다. 이 문장을 다 읽자마자 평화의 빛이 내 마음에 비쳤다. 모든 의심의 어두움이 물러갔다." 이렇게 하나님은 강력한 말씀을 통해 방황하던 한 죄인을 가족의 품으로 인도하셨고, 그분을 섬기게 하셨지.

더 깊은 탐구를 위하여

시모네타 카가 쓴 「이해하기 쉽게 쓴 그리스도인들의 전기」(*Christan Biographies for Young Readers*, 국내 미번역)라는 전집이 있는데, 이 위인 전집에서 아타나시우스와 히포의 아우구스티누스에 관한 전기 외에도 장 칼뱅과 존 녹스 같은 분들의 전기를 읽으면 큰 도움이 될 거야.

7

화가 날 때 어떻게 해야 할까?

어떨 때 화가 나니?

1 "형이 내가 좋아하는 텔레비전 프로그램을 보지 못하게 해! 그래서 너무 화가 나!"

2 "컴퓨터를 하고 싶은데, 언니가 해야 한다고 나는 못 하게 해. 열 받아."

3 "이 숙제, 정말 하기 싫어. 참을 수가 없어!"

4 "부모님도 그렇고 선생님도 그렇고 내 말은 통 안 들어주셔! 정말 짜증 나!"

5 "학교에 나를 괴롭히는 애가 있어! 학교 가기 정말 싫어!"

너는 이런 일을 겪지 않기를 바라. 정말 짜증 나는 상황이지? 하지만 네가 이런 상황에 있다 해도 네가 꼭 들어주었으면 하는 이야기가 있어.

화내는 것 자체는 큰 문제가 아니야. 사람이 화를 낼 수도 있잖아. 물론 하나님은 속에 화를 쌓거나 바깥으로 폭발시키는 것을 죄로 여기셔(갈라디아서 5:19~21). 하지만 네가 앞의 다섯 가지 상황에 모두 해당한다고 해도, 너의 가장 큰 문제는 화를 냈다는 사실 자체가 아니야.

진짜 문제는 네가 화를 낸 이유지. 바다 위를 떠다니는 빙산 아래에 훨씬 더 큰 얼음 덩어리가 있는 것처럼, 바깥에 드러난 죄보다 속에 숨은 죄가 더 크단다. 이 드러나지 않는 죄가 문제가 되는 거야. 성경은 우리가 원하는 것을 얻지 못하기 때문에 화를 낸다고 말해. 예수님의 형제 야고보는 이렇게 설명했지.

> "여러분 가운데 싸움과 다툼이 일어나는 원인이 무엇인지 아십니까? 그것은 바로 여러분 속에 분쟁을 일으키는 이기적인 욕망에서 비롯된 것입니다. 원하는 마음은 있는데 갖지 못하다 보니, 다른 사람을 죽이기도 하고 시기하기도 합니다. 하지만 여전히 원하는 바를 얻지 못하니 다투고 있습니다. 여러분이 원하는 바를 얻지 못하는 까닭은 하나님께 구하지 않기 때문입니다"(야고보서 4:1~2, 쉬운성경).

보통 우리가 화내는 이유는 ⑴ 가지지 못한 무언가를 **원하거나** ⑵ 지키고 싶은 무언가를 **잃어버렸기** 때문이야. 자, 앞의 다섯 가지 항목을 다시 보자. 각 항목에서 **원하는 것**이나 **잃어버린 것**이 무엇인지 잘 생각해 봐. 좀 어렵다면, 1번 항목을 예로 들어 볼게.

1 "형이 내가 좋아하는 텔레비전 프로그램을 보지 못하게 해! 그래서 너무 화가 나!"

내가 좋아하는 프로그램을 보고 싶어. 그런데 형이 내가 원하는 걸 못 보게 해. 그래서 형한테 화가 나. 내가 원하는 걸 보지 못하게 하는 형에게 꼭 복수할 거야.

2-5번 항목에서 네가 **원하는 것**이나 **잃어버린 것**은 무엇일까?

화가 나기 시작해…

화가 많이 나면 어떻게 해야 할까?

기도해. 하나님께 잘못했다고 말씀드려. 네가 정말로 원하는 것이 무엇인지 하나님께 솔직히 말하고, 화를 진정하게 해 달라고 요청해 봐. 내가 얻을 수 없는 것을 원하기 때문에 화가 날 때가 많아. 그런데 정말 너에게 '필요한' 것을 하나님이 기꺼이 주신다는 것을 알고 있니? 하나님은 당연히 우리를 도와주시지(은혜를 내려 주시는 거야).

"그러므로 우리는 긍휼하심을 받고 때를 따라 돕는 은혜를 얻기 위하여 은혜의 보좌 앞에 담대히 나아갈 것이니라"(히브리서 4:16).

충분히 기다렸다가 말해. 일단 화가 날 때는 말을 많이 하지 않는 게 좋아. 아예 아무 말도 하지 않아도 좋고. 화가 가라앉은 다음에야 나를 화나게 만든 사람과 적절한 대화를 할 수 있거든. 적당한 때를 봐서 화가 난 일에 관해 그 사람과 차분히 이야기해 보는 거야.

"부드러운 대답은 분노를 가라앉혀도 과격한 말은 분노를 일으킨다. 지혜 있는 자는 지식이 돋보이게 말하지만 미련한 자는 어리석은 말만 지껄여댄다"(잠언 15:1~2, 현대인의성경).

그 대신 사랑을 보여 줘. 하나님은 네가 화를 내기보다는 상대방을 사랑으로 대해 주길 바라셔. 상대방이 악하게 했더라도 선으로 갚아 주기를 바라시지.

"무엇보다도 뜨겁게 서로 사랑할지니 사랑은 허다한 죄를 덮느니라"(베드로전서 4:8).

화를 내고 말았어…

다시 화를 내며 죄를 짓지 않으면 얼마나 좋을까? 그런데 그러기가 쉽지 않지. 살다 보면 또 분통이 터지는 때가 올 거야. 그렇다면 화를 내고 말았을 때 어떻게 해야 할까?

회개해. 하나님께 화내는 죄를 지어 죄송하다고, 다시는 똑같은 죄를 짓고 싶지 않다고 말씀드리는 거야. 화를 냈다는 것뿐만 아니라 그 아래 숨은 이유에 대해서 용서를 구해야 해. 무언가를 지나치게 원하는 잘못을 했다고 말씀드려(이 부분은 다음 페이지 '생각해 봐!'에서 더 살펴보자).

"우리가 우리 죄를 고백하면 신실하시고 의로우신 하나님은 우리 죄를 용서하시고 모든 죄악에서 우리를 깨끗하게 하실 것입니다"(요한일서 1:9, 현대인의성경).

그 사람에게 고백해 봐. 화를 낸 사람에게 잘못했다고 인정하고 용서해 달라고 구해야 해. 네가 무엇을 잘못했는지 구체적으로 말해야 할 수도 있어(예: "화내고 소리 지르면서 문을 쾅 닫아서 미안해").

물론 머릿속으로 생각만 한 것을 털어놓아서는 곤란해. 예를 들어, "네가 없어지길 바란 건 잘못이야"라고 말하면 상대방에게 큰 상처를 줄 수도 있어. 그런 생각은 말하지 않는 편이 좋아.

"누가 누구에게 불만이 있거든 서로 용납하여 피차 용서하되 주께서 너희를 용서하신 것같이 너희도 그리하고"(골로새서 3:13, 마태복음 5:23~26).

네 마음을 돌아봐. 스스로 이렇게 물어보렴. '왜 화가 났을까? 내가 무엇을 갖기 **원했던** 걸까? 혹 무엇을 **잃을까** 봐 조바심이 났던 걸까?' 네가 바라는 그것은 성경에서 우상이라고 말하는 것일지도 몰라. 사실 네가 사랑하는 것이 원래는 좋은 것이었을 수도 있어. 그러니까 이 숨겨진 죄를 하나님께 고백하고, 네 마음에서 원하는 것을 바꿔 달라고 하나님께 구해 봐.

생각해 봐!

상대방과 화해하려고 할 때 하지 말아야 할 말이 있어. 예를 들면…

"상처가 되었다면 미안해."
"기분이 나빴다면 미안해."
"미안해…. 하지만 너도 그렇게 해서는 안 됐어…."
"내가 잘못한 것 같기도 해."
"부모님이 사과하라고 해서 왔어."
"실수였어."

마음이 담기지 않은 이런 말은 진정한 사과가 아니야. 브루스 맥콜은 <뉴욕 타임스>에 "완벽한 가짜 사과"라는 제목의 기사를 썼는데, 말만 번드르르하게 하는 것처럼 나쁜 사과도 없을 거야. 그는 유머가 섞인 가짜 사과의 예를 들었어. "경찰관이 주차 딱지를 떼느라 귀중한 시간을 낭비한 것을 나만큼 미안해하는 사람은 세상에 없을 겁니다. 내 생각에, 내가 주차 제한 시간을 넘지 않은 것이 확실하지만, 어쨌든 이 불미스러운 일에 대한 내 유감의 표시를 받아 주면 좋겠네요."

8

규칙, 규칙, 규칙

성경에서 처음 다섯 권의 책을 '모세오경'[Pentateuch, 펜타(*penta*)는 '다섯'이란 뜻] 혹은 율법서로 부른단다. 이 책들에 하나님이 이스라엘 백성에게 주신 율법이 기록되어 있기 때문이야. 하나님은 자신이 무엇을 좋아하는지 알려 주시려고 이 율법들을 주셨어.

구약에 있는 율법을 모두 세어 보면, 248개의 '해라' 명령과 365개의 '하지 마라' 명령이 있음을 알 수 있어. 명령이 모두 613개가 있는 거야.

그런데 이렇게 많은 명령을 다 기억할 수 있겠니? 그래, 어렵지. 그래서 몇 가지 명령에만 집중하는 편이 좋을 것 같아. 하지만 어떤 명령이 중요한지 어떻게 알 수 있을까?

다행히 예수님이 답을 주셨어. 마가복음 12장에서 구약 율법을 잘 아는 바리새인 한 명이 예수님께 성경에서 가장 중요한 율법이 무엇이냐고 물었지. 그때 예수님은 다음과 같이 대답하셨어.

248개
'해라' 명령
+
365개
'하지 마라' 명령
=
613개 명령

"첫째는 이것이니 이스라엘아 들으라 주 곧 우리 하나님은 유일한 주시라 네 마음을 다하고 목숨을 다하고 뜻을 다하고 힘을 다하여 주 너의 하나님을 사랑하라 하신 것이요 둘째는 이것이니 네 이웃을 네 자신과 같이 사랑하라 하신 것이라 이보다 더 큰 계명이 없느니라" (마가복음 12:29~31).

바로 이거야. 모든 명령은 두 가지로 요약할 수 있어. 바로 하나님을 사랑하고, 사람들을 사랑하는 거야(마태복음 22:37~40, 로마서 13:9). 하나님과 사람들을 진정으로 사랑하면 성경의 모든 말씀에 순종하는 셈이 되는 거야. 반대로, 성경의 모든 말씀에 순종하는 것이 곧 하나님과 사람들을 진정으로 사랑하는 것이라고 할 수 있지.

• • •

"이 교훈의 목적은
청결한 마음과 선한 양심과 거짓이 없는 믿음에서
나오는 사랑이거늘"(디모데전서 1:5).

• • •

하지만 하나님과 사람들을 사랑한다는 것은 구체적으로 어떤 것을 말하는 걸까? 누가복음 10장에서 예수님은 가장 중요한 두 계명(하나님과 사람들을 사랑하라)을 말씀하시고서 선한 사마리아인의 이야기를 해 주시며 사람을 사랑하는 일이 구체적으로 어떤 것인지 알려 주셨어. 누가복음 10장 29~37절을 한번 읽어 보지 않을래? 이 이야기를 보면,

다른 사람을 사랑한다는 것은 그에게 필요한 것을 채워 주는 거라는 사실을 알 수 있어.

누가복음 10장은 거기서 끝나지 않아. 사람을 사랑하는 것이 무엇인지 보여 준 뒤 또 다른 이야기를 통해 하나님을 사랑하는 것이 어떤 것인지 보여 주지.

누가복음 10장 38~42절을 보렴. 마르다가 문제를 겪고 있었어. 마르다는 손님을 맞이하려고 주방에서 열심히 일하고 있었지. 선한 사마리아인처럼 다른 사람의 필요를 채워 주려고 노력하고 있었어. 그런데 무엇이 문제였을까?

동생 마리아가 자신을 도와주지 않는 것에 화가 났지. 마리아는 상 차리는 것을 돕지 않고 예수님의 말씀만 듣고 있었어. 마르다는 바쁘니까 동생이 도와주기를 바랐어. 그런데 마르다는 가장 중요한 명령은 까마득히 잊어버리고 있었지. 바로, 예수님을 사랑하라는 명령 말이야. 마리아는 그 명령을 기억했기 때문에 언니를 도와 상을 차리는 대신 예수님의 가르침에 집중했던 거야.

이렇게 하나님을 사랑하는 것은 온 마음을 다해 예수님께 집중하는 거야. 이것이 가장 중요한 계명이고, 다른 사람들을 사랑하는 것은 두 번째로 중요한 계명이지.

그런데 이 두 계명을 제대로 지킬 수 있는 사람이 있을까? 사람은 원래 자신을 사랑할 수밖에 없는 것 아닌가?(에베소서 5:29) 이런 본성을 거스르고 하나님을 사랑하고 다른 사람들을 사랑하기 위한 열쇠는 요한일서 4장 19절에서 찾을 수 있어.

생각해 봐!

예수님이 너를 얼마나 사랑하시는지 기억해 봐. 이 사실을 기억하는 게 너 자신을 덜 사랑하고 하나님과 다른 사람들을 더 사랑하는 데 어떻게 도움이 될까?

성경에 가장 많이 나오는 명령은 무엇일까? 답: "두려워하지 마라."(365번)

9

정리 정돈하는 법

1. **침대 정리:** 덮었던 이불은 펴서 잘 정리하고, 잠옷은 개켜 놓기.

어릴 적 내 방은 항상 난장판이었어. 옷은 방 안 곳곳에 널브러져 있고, 텔레비전 리모컨은 침대 밑에 떨어져 있었으며, 방바닥에는 장난감이 아무렇게나 널려 있었지. 바닥에 물건이 잔뜩 있어서 뭐가 어디에 있는지 한참 찾아야 했어.

그러던 어느 날, 아버지가 회사에서 돌아오셨는데 집에 아무도 없었어. 온 가족이 문을 잠그지도 않고 외출을 해 버린 거야. 아버지는 난장판인 내 방을 보시고서 즉시 문 뒤에 있던 야구 방망이를 집어 드셨어. 도둑이 들어온 걸로 오해하셨던 거야.

그때 나는 집에 돌아왔어. 그러고는 허겁지겁 해명을 해야 했어. 물론 집에 도둑이 든 게 아니었지. 그 일이 있고서 아버지는 나에게 방 청소 목록을 내미셨어.

야구 방망이를 들고 씩씩거리시던 아버지를 본 지 30년이나 지났지만, 지금도 나는 그 목록에 무엇이 적혀 있었는지 똑똑히 기억한단다.

성경에서 가장 긴 침대를 사용한 사람은 누구였을까?

답: 바산 왕 옥, 그는 길이가 약 4m, 너비가 약 1.8m나 되는 철 침대에서 잤어(신명기 3:11).

2. 모든 물건은 제자리에 두기: 방 안의 모든 물건은 종류별(책은 책끼리, 장난감은 장난감끼리)로 한곳에 정리해야 해.

3. 방바닥 정리: 가구, 악기, 스포츠 용품, 신발(짝을 맞춰 깔끔하게 정리) 혹은 미리 방바닥에 놓기로 한 물건(화분이나 스탠드 등) 외에는 어떤 것도 바닥에 던져 놓아서는 안 돼.

4. 옷 정리: 입었던 옷은 빨래 바구니에 넣기, 새 옷은 옷장에 걸어 넣거나 개서 넣기, 다음 날 입을 옷을 개서 놓기.

5. 쓰레기통 비우기: 네 방에 있는 작은 쓰레기통에 담긴 것은 큰 쓰레기봉투에 쏟아 줘. 큰 쓰레기봉투가 다 차면 그것만 버리면 되거든.

6. 다른 방의 물건을 내 방에 두지 않기: 다른 곳의 물건(컵, 필기도구 등)을 사용했다면 계속 네 방에 두지 말고 제자리에 가져다 놓아야 해.

10

성경에 나오는 내용은 사실일까?

성경의 사본들

플라톤은 예수님이 오시기 약 425년 전에 그리스에서 살았어. 플라톤은 유명한 학자인 소크라테스에게서 배우고, 자신이 많이 배운 뒤에는 또 다른 유명한 학자 아리스토텔레스를 가르치기도 했지. 또 플라톤은 최초의 대학인 아테네 아카데미를 세우고, 수학과 철학의 발전에 큰 역할을 했어. 그가 쓴 책은 사람들이 생각하는 방식을 완전히 바꿔 놓았지. 똑똑한 사람 한 명이 온 세상을 바꿔 놓은 거야.

'4부작'(*Tetralogies*, *tetra*는 그리스어로 '4'란 뜻)으로 엮인 플라톤이 쓴 책은 지금도 널리 읽히고 있어. 이것은 '네 개의 가르침'이라는 뜻이야. 이 책의 가장 오래된 사본은 AD 895년에 손으로 베껴 쓴 거야. 그것은 플라톤이 글을 쓴 지 약 1,250년 뒤인, 복사기가 발명되기 1,164년 전에 기록된 것이지. '4부작'은 플라톤이 살아 있을 당시에 베스트셀러였지만, 지금 손으로 베껴 쓴 사본은 210개밖에 존재하지 않아.

그나마 '4부작'은 고대 역사학자 헤로도토스가 쓴 책보다는 훨씬 많이 남아 있지. 헤로도토스가 쓴 『역사』는 109권밖에 없고, 투키디데스가 쓴

베스트셀러 작가
플라톤

『펠로폰네소스 전쟁사』는 96권밖에 남아 있지 않아. 하지만 사본이 가장 많다는(1,800개 이상) 고대의 책, 호머의 『일리아드』도 신약만큼 많지는 않아.

옆의 표를 한번 살펴봐. 굳이 계산을 해 보지 않아도 신약의 사본이 수천 개라는 것을 알 수 있어! 이 표는 세 가지 종류의 사본만 정리한 것이고, 모든 종류의 사본을 세려면 아주 오랜 시간이 걸릴 거야. 전문가들은 신약의 사본이 24,300개 이상이라고 말하지. 게다가 아직도 사본이 발견되고 있어! 이런 엄청난 양의 사본은 하나님이 수천 년간 말씀을 보호하셨다는 뜻이야(이 표의 총계는 얼마일까? 다음 페이지를 봐).

시편 12편 6~7절을 읽어 봐. 이 구절에서 하나님은 성경에 대해 어떤 약속을 하셨어. 하나님의 말씀인 성경을 보존하겠다고 하신 거야. 사본의 숫자가 엄청나게 많다는 것은 하나님이 실제로 이 약속을 지키셨다는 뜻이야.

또 사본이 수천 개인 덕분에 우리는 성경이 정확히 뭐라고 말하는지 알 수 있어. 이 모든 사본을 비교해 보면 내용이 거의 100% 똑같다는 것을 알

세기	파피루스	대문자 사본	소문자 사본
2세기	4	-	-
2~3세기	2	-	-
3세기	45	2	-
3~4세기	13	2	-
4세기	18	16	-
4~5세기	8	9	-
5세기	5	42	-
5~6세기	3	11	-
6세기	12	54	-
6~7세기	8	5	-
7세기	8	30	-
7~8세기	1	6	-
8세기	2	25	-
8~9세기	-	3	-
9세기	-	58	14
9~10세기	-	2	4
10세기	-	17	140
10~11세기	-	11	18
11세기	-	2	425
11~12세기	-	1	42
12세기	-	-	549
12~13세기	-	-	41
13세기	-	-	563
13~14세기	-	-	40
14세기	-	-	522
14~15세기	-	-	8
15세기	-	-	240
15~16세기	-	-	5
16세기	-	-	148
16~17세기	-	-	1
17세기	-	-	48
17~18세기	-	-	-
18세기	-	-	17

성경에서 가장 나이가 많은 사람은 누구일까?

답: 므두셀라(969세, 창세기 5:27)

수 있어. 사용한 단어와 문장이 완전히 비슷한 거야.

똑같이 쓰는 게 별로 어렵지 않은 일이라고? 그렇다면 네가 한번 해 봐. 종이를 한 장 가져와서 이 책의 한 페이지를 옮겨 써 봐. 그러고서 다른 사람에게 이 책과 네가 쓴 것을 비교해 달라고 해 봐. 분명히 단어 하나라도 다르게 쓴 부분이 나올걸?

하지만 성경은 수천 개의 사본이 있는데도 모두 정확하게 같아. 하나님은 우리를 위해 성경이 아주 정확하게 보존되게 해 주셨어.

• • •

알고 있니?

그리스어 사본에는 다음과 같은 세 가지 종류가 있어.

1. 파피루스(사본이 쓰인 특별한 종이를 말함)
2. 대문자 사본(대문자만 사용한 사본)
3. 소문자 사본(아주 작은 소문자만 사용한 사본)

다음 페이지에 나오는 사진은 신약 사본 중 가장 오래된 거야. AD 125년쯤에 쓰인 것으로, 사도 요한이 원본을 쓴 지 최소 30년이 지났을 때였지! 이것을 P52라고 해('p'는 파피루스, '52'는 사본의 번호). 여기에는 요한복음 18장의 내용이 담겨 있어. 이 사본을 실제로 보고 싶다고? 이것은 지금 영국 맨체스터 대학 도서관에 보관되어 있단다.

신약의 그리스어 사본은 몇 개나 될까?

답: 파피루스=129개, 대문자 사본=296개, 소문자 사본=2,825개, 총계=3,250개

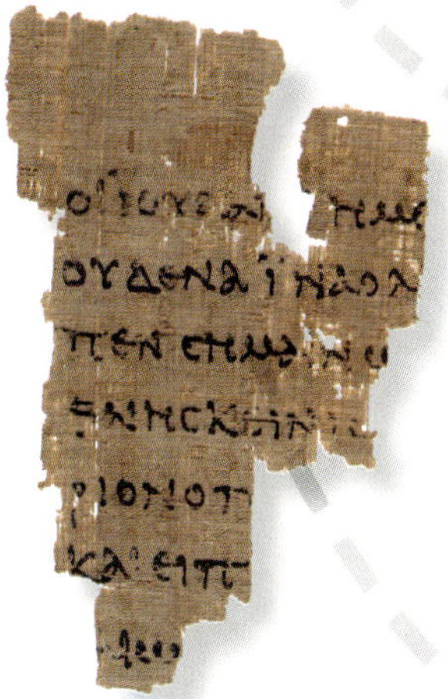

요한복음 18장 31~33절에서

(빨간 글자가 이 사본에 있는 글자들이야.)

유대인들이 이르되 우리에게는 사람을 죽이는 권한이
없나이다 하니 이는 예수께서 자기가 어떠한 죽음으로
죽을 것을 가리켜 하신 말씀을 응하게 하려 함이러라
이에 빌라도가 다시 관정에 들어가 예수를 불러 이르되
네가 유대인의 왕이냐?

요한복음 18장 37~38절에서

(빨간 글자가 이 사본에 있는 글자들이야.)

내가 왕이니라 내가 이를 위하여 태어났으며 이를 위하여
세상에 왔나니 곧 진리에 대하여 증언하려 함이로라
무릇 진리에 속한 자는 내 음성을 듣느니라 하신대
빌라도가 이르되 진리가 무엇이냐 하더라 이 말을 하고
다시 유대인들에게 나가서 이르되 나는 그에게서
아무 죄도 찾지 못하였노라.

성경을 읽을 때
꼭 기억해야 할 것

영웅들은 정말 멋지지 않니? 어벤져스나 배트맨, 스파이더맨, 블랙 위도우… 다들 좋아하는 영웅 하나쯤은 있을 거야. 그들은 모두 멋진 의상을 입고 최첨단 무기에 신기한 자동차나 비행기를 가지고 있지. 평소에는 자신의 비밀스러운 정체를 숨기다가도 사건이 생기면 엄청난 능력을 발휘해. 자신의 어두운 과거를 극복하고 다른 사람들을 열심히 돕지. 멋지지 않니?

그런데 우리는 왜 영웅을 좋아할까? 가만히 생각해 보면 답은 간단해. 하나님이 우리를 그렇게 만드셨기 때문이야. 하나님은 위대한 누군가를 대단하게 여기고 따라 하도록 우리를 지으셨어. 그래서 우리는 자연스럽게 누군가를 흠모하게 되어 있어. 외모가 멋지거나 힘, 돈, 영향력이 있는 사람에게 끌리는 거야. 그리고 성경책을 펴면 페이지마다 그런 놀라운 인물들로 가득해.

그런데 성경을 읽고 나서, 단순히 거기 나오는 사람을 닮으려고 해서는 안 돼. 성경은 지구를 구하는 영웅들에 관한 이야기가 아니거든. 오히려 하나님이 자신이

어떻게 영웅이신지를 보여 주는 이야기지. 하나님은 착한 행동도 하지만 나쁜 행동도 하는 인류를 구해 주시는 영웅이셔.

그러면 다윗과 골리앗의 이야기를 한번 보자. 다윗(나중에 왕이 되는 소년)은 겁에 질려 전투에 나서지 못하는 이스라엘의 모든 군대를 대신해 용기 있게 혼자 싸우러 나가(사무엘상 17장). 하지만 성경에 이 이야기가 나오는 이유는, 다윗을 닮으라고 하기 위해서가 아니라 우리를 위해 싸우시는 진정한 왕을 믿는 법을 알려 주기 위해서야. 다윗 왕이 죽고 나서 오랜 세월이 흐른 뒤에 왕이신 예수님이 오셔서, 하나님의 백성을 위해 죄와 사탄, 죽음과 같은 적들에게 맞서 싸우시지. 다윗 왕 때든 예수님의 때든, 연약해서 죄를 지을 수밖에 없는 사람들을 위해 하나님은 늘 구원자를 보내 주셨어. 다윗 말고 그 구원자가 진짜 우리의 영웅이야.

요나의 이야기는 많이 들어 봤지? 요나의 이야기는 불순종한 선지자에 관한 이야기일까? 아니면

커다란 물고기에 관한 이야기일까? 아니면 요나와 니느웨 백성 그리고 너와 나 같은 사람들에게 두 번째(그리고 세 번째와 네 번째) 기회를 주시는 자비로운 하나님에 관한 이야기일까? 여기서 누가 영웅이자 주인공일까?

자 그럼, 마리아와 마르다의 이야기는 어떠니? 이 이야기는 마리아가 좋은 본보기이고 마르다는 나쁜 본보기인 이야기일까? 여기서 영웅이자 주인공은 누구일까? 예수님은 마르다가 주님의 가르침보다 급한 일에 더 집중하고 있었다는 것을 자상하게 깨우쳐 주셨어. 진정한 주인공은 누구일지 생각하며 읽어보면, 이 이야기가 주님께 집중한 마리아나 한눈을 판 마르다에 관한 것이 아니라 '은혜로우신 하나님'에 관한 이야기라는 점을 발견할 수 있지.

"너희가 성경을 연구하는 것은, 영원한 생명이 그 안에 있다고 생각하기 때문이다. 성경은 나에 대하여 증언하고 있다"

(요한복음 5:39, 새번역).

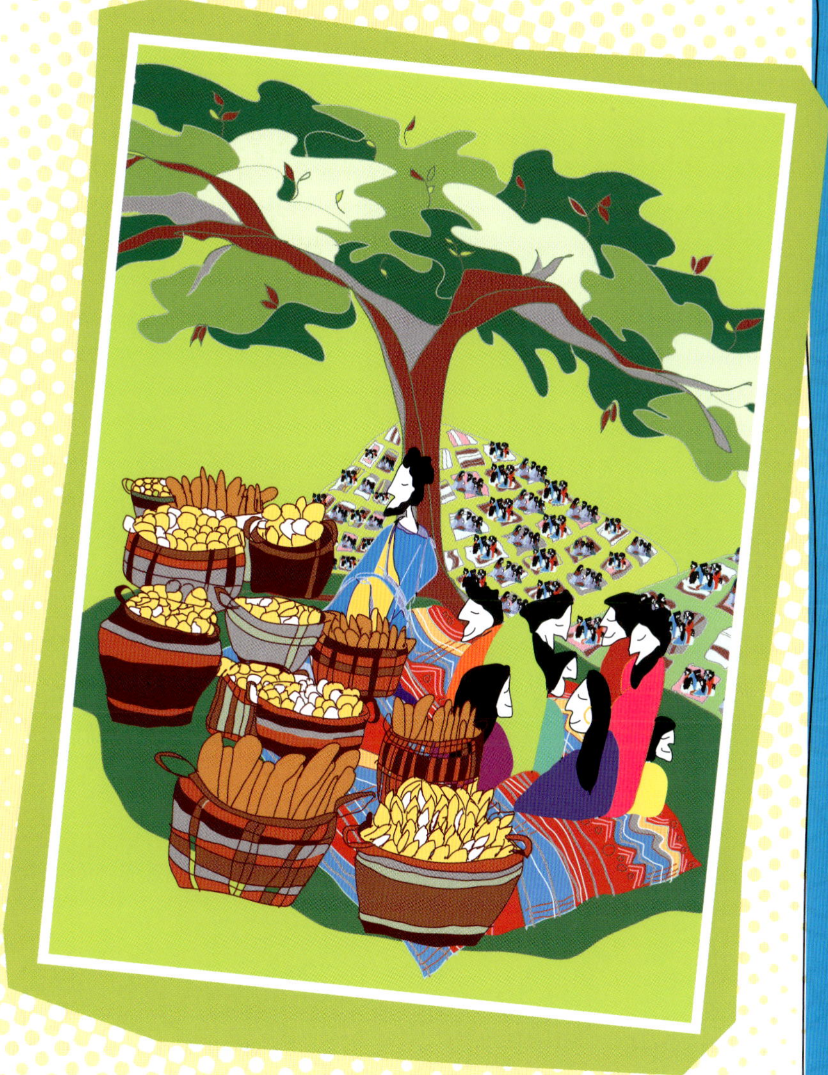

예수님이 5천 명을 먹이신 이야기에서는 무엇을 알 수 있을까?(요한복음 6장) 우리가 다른 사람들과 나눠야 한다는 교훈을 주는 것일까? 아니면 우리가 드린 적은 것으로 예수님이 어떤 놀라운 일을 하시는지 보여 주는 이야기일까?

성경의 이야기를 읽으면서 거기 등장하는 인물들을 보고, 우리의 거울로 삼을 수 있어. 하지만 가장 중요한 것은 누가 가장 위대한 영웅인지를 놓치지 않는 거야.

진짜 영웅은 바로 하나님이시지!

12

다윗의 물매 만들기

사무엘상 17장을 보면, 하나님이 소년(다윗)을 사용하셔서 거인(골리앗)을 물리치시는 이야기가 나와. 그런데 다윗은 총을 사용하지 않았어(당시에는 총이 있지도 않았어). 창이나 활이나 화살도 사용하지 않았지. 목동 다윗은 물매라는 걸 사용했어.

다윗의 물매는 양쪽 끝에 끈이 달린 작은 가죽 주머니였어(옆의 그림을 봐 줘). 한 손으로 사용하는 무기인데, 동그란 구멍이 매듭져 있는 한쪽 끈에 손가락 한 개(주로 엄지)를 끼우고, 나머지 손가락으로 양 끈을 살며시 쥐는 거야. 그러고서 던질 돌을 가죽 주머니 안에 넣어. 다 되면 물매를 머리 위에서 점점 더 세게 빙빙 돌려. 물매가 최대 속도로 회전할 때 끈을 확 놓으면 돌을 공중으로 멀리 날려 보낼 수 있어.

물매를 어떻게 사용하는지 궁금하다면, 다음과 같은 방법으로 직접 만들어서 해 볼 수 있어.

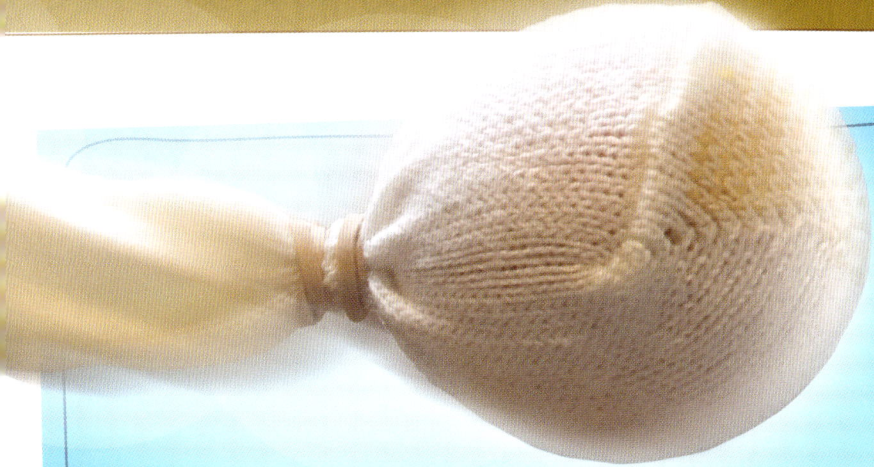

필요한 재료: 큰 고무줄, 테니스 공(고무공이면 더 좋아), 가볍고 긴 양말(우산 보관용 일회용 비닐같이 길고 얇은 비닐봉지면 더 좋아).

1. 공을 양말에 넣은 뒤 끝까지 밀어 넣어.

2. 그 상태로 고무줄로 고정해. 그러면 양말 안에서 공이 이리저리 돌아다니지 않지.

3. 공 반대쪽 끝을 잡고, 머리 위로 돌리다가 손을 놓으면 공이 멀리 날아가게 되지.

물매를 잘 던지려면 연습을 많이 해야 해. 여러 가지 방식으로 물매를 가지고 놀 수 있어. 이것을 머리 위나 아래로 던질 수도 있고, 친구와 물매 잡기 놀이를 할 수도 있지. 누가 얼마나 멀리, 높이 던지는지 시합할 수도 있어. 또 플라스틱 원반처럼 갖고 놀아도 좋아.

주의! 물매 놀이를 할 때는 항상 조심해야 해! 던지기 전에 주변에 뭐가 있는지 살피고, 절대 사람을 향해 던져서는 안 돼.

13

이것만은 꼭 알아야 한다!

J. C. 라일은 1816년 잉글랜드에서 태어났어. 라일은 어릴 적에 운동과 학교를 사랑했어. 그래서 옥스퍼드에 있는 대학에 가서는 조정과 크리켓 선수로 활동했지(크리켓은 야구와 비슷하지만, 야구보다 이해하기가 어려워). 라일은 22세 때 예수님을 믿고, 몇 년 뒤에 목사가 되었어.

그때부터 62년간 라일은 84세로 세상을 떠나기 한 해 전까지 목사와 작가, 교회 리더로 활동했어. 그가 쓴『하나님의 청년에게』(복 있는 사람 출간)라는 책은 백 년이 넘은 지금까지도 예수님을 따르기 원하는 사람에게 유익한 이야기를 들려준단다. 이 책을 조금만 맛보기로 볼까?

1 "죄가 무엇인지 분명하게 알아야 한다."

세상에 죄만큼 큰 불행과 슬픔, 고통을 가져온 것은 없어. 성경은 죄 때문에 우리가 사는 세상이 망가지고, 우리까지도 변질되었다고 말하고 있어. 그래서 우리 모두 깨끗한 상태로 이 세상에 태어나지 못했어. 하나님께 반역하려는 본성을 가지고 태어난 거지. 하지만 하나님은 예수님을 보내, 반역한 우리가 마땅히 받아야 할 벌을 대신 받게 하셨어. 이것만 봐도 우리 죄가 얼마나 나쁜지 알 수 있어. 예수님이 목숨을 버리셔야 했을 정도니까. 죄는 그만큼 지독하고 끔찍해.

2 "우리 주 예수 그리스도와 친밀해지도록 노력해야 한다."

예수님은 죄인을 위해 기꺼이 목숨을 내놓으셨고, 그런 예수님을 하나님 아버지는 높여 주셨단다. 그래서 예수님은 하늘 보좌에 올라 이 세상을 다스리고 계셔. 성경은 처음부터 끝까지 예수님에 관한 이야기야. 구약에는 오실 예수님을 기대하는 내용이 담겨 있고, 신약은 오신 예수님에 대해 선포하지. 예수님만이 우리 믿음의 기초가 되셔. 우리는 필요한 모든 것을 주실 수 있는 예수님께 늘 도움을 구해야 해.

3 "사람의 영혼만큼 중요한 것은 없다."

원숭이가 진화해서 인간이 되었다는 말을 믿니? 그것은 사실이 아니야. 인간은 하나님이 지으신 다른 생물들과 달리, 천국에서 영원히 살게 될 존재야. 이 지구에서 보내는 삶은 그런 영원한 삶을 미리 살아 보는 것과 같아. 모든 인간은 이 중요한 질문에 답해야 해. '죄의 벌을 피해 어디로 도망칠 것인가?' 예수 그리스도를 피난처요 구원자로 삼은 사람은 그분의 품 안에서 용서와 영원한 보호, 기쁨을 얻을 수 있단다.

4 "나이가 어려도 얼마든지 하나님을 섬길 수 있다."

예수님을 진지하게 따르기 위해 어른이 될 때까지 기다려야 할까? 그렇지 않아. 생각해 봐. 너는 아주 어릴 적부터 무엇이 옳고 그른지 알았지?

생각해 봐!

"영원한 것을
얻고자
영원하지 않은 것을
버리는 사람은
바보가 아닙니다."

_짐 엘리엇,
에콰도르 선교사

나이가 어려도 예수님이 바라시는 말과 행동을 충분히 할 수 있어. 물론 예수님을 따르는 일은 쉽지 않지. 하지만 그게 우리에게 가장 좋은 길이야. 그러니 예수님을 믿고 순종할 수 있게 해 달라고 기도해 봐. 그러면 예수님은 너에게 믿음을 주시고, 그분의 제자로 사는 법을 알려 주실 거야. 한번 해 봐. 절대 후회하지 않을 거야.

5 "사는 동안 성경에서 힘을 얻고 성경을 선생님으로 삼아야 한다."

그리스도인에게 하나님의 말씀은 영적인 생명과 영양분을 얻을 수 있는 식사와 같아. 성경을 읽을 때는 하나님(성령님)께 잘 가르쳐 달라고 기도하면서 읽어야 해. 또 성경은 꾸준히 읽어야 해. 밥을 매일 먹듯이 성경도 매일 읽어야 하는 거야. 성경은 우리가 가야 할 길을 보여 주는 빛이 돼 줄 거야.

더 깊은 탐구를 위하여

J. C. 라일이 한 말에 관해 더 알고 싶다면, 『하나님의 청년에게』를 읽어 봐.

유명한 성경 구절(과 가짜 구절)

최근 미국인 2천 명을 대상으로 성경에 관해 설문 조사를 한 적이 있어. 전체 응답자 중 약 1,760명(88%)이 성경책을 가졌다고 답했지만, 그것을 정기적으로(최소한 일주일에 네 번 이상) 읽는다고 대답한 사람은 380명(19%)밖에 되지 않았지.

이 설문 조사로 "성경을 잘 알아요"라고 자신 있게 대답하는 사람은 많지만, 사실 대부분이 성경을 잘 모른다는 사실이 드러난 거지.

그러니 대화하면서 자신이 성경을 인용하고 있다는 사실을 모르는 사람이 많을 거야. 그런가 하면 성경 구절을 말한다고 생각하지만 사실 그렇지 않은 경우도 많아.

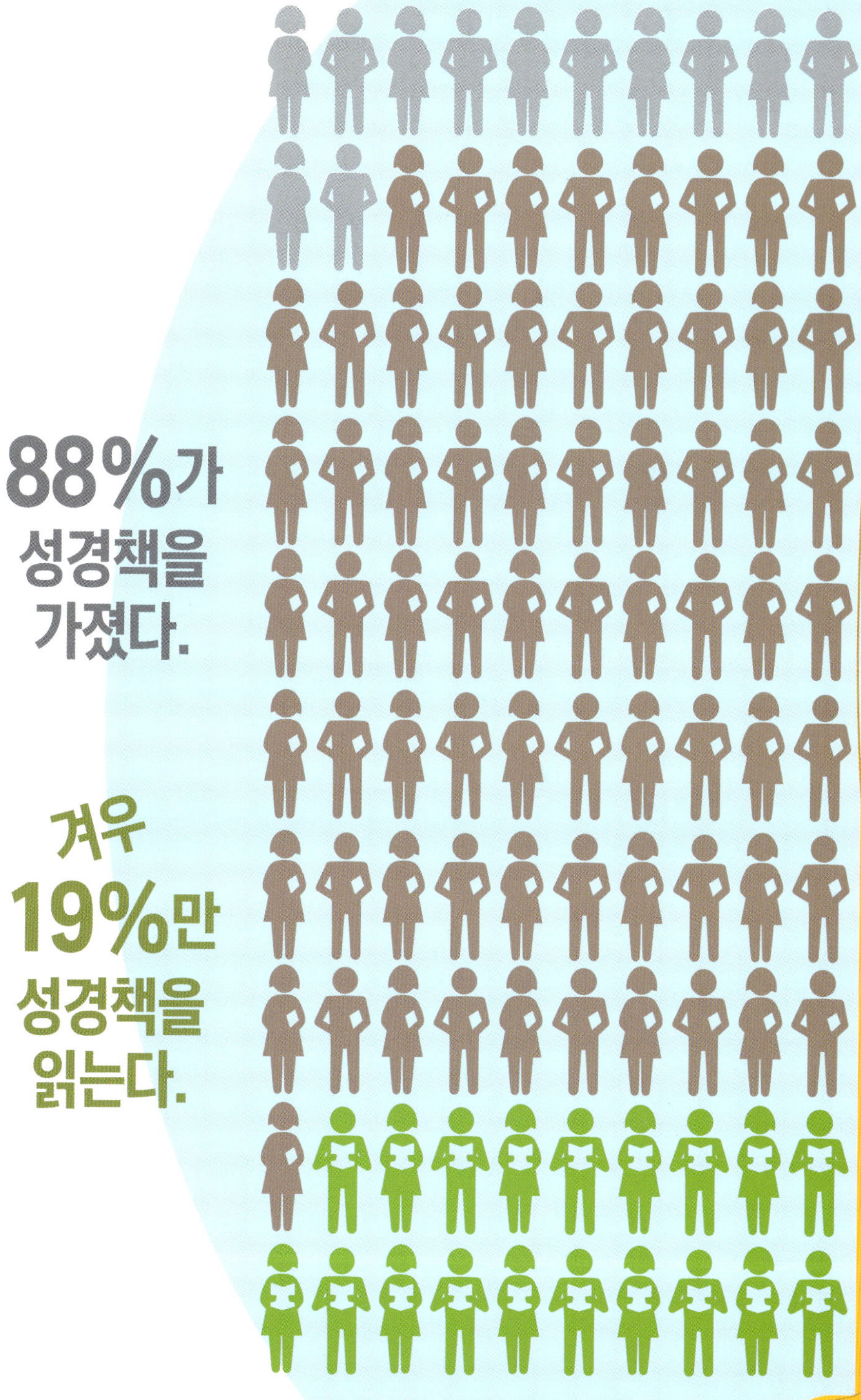

BIBLE PHRASES

성경 구절

성경을 잘 안다면 다음과 같은 표현들을 들어 본 적이 있을 거야. 일상 대화에서 자주 사용하는 표현이니까. 여기에 나온 30개 표현은 모두 성경에 있는 구절이야.

"통의 한 방울 물." 이사야 40:15

"향기름 속의 파리." 전도서 10:1

"선한 사마리아인." 누가복음 10:30~37

"사랑의 수고." 데살로니가전서 1:3

"내가 내 아우를 지키는 자니이까?" 창세기 4:9

"눈에는 눈." 출애굽기 21:24, 마태복음 5:38

"모든 지각이 혼돈 속에." 시편 107:27

"먼저 돌로 치라." 요한복음 8:7

"너희 진주를 돼지 앞에 던지지 말라." 마태복음 7:6

"십 리를 동행하고." 마태복음 5:41

"먹고 마시고 즐거워하자." 누가복음 12:19

"겨우 잇몸뿐이로구나(간신히)." 욥기 19:20

"칼을 가지는 자는 다 칼로 망하느니라." 마태복음 26:52

"주는 것이 받는 것보다 복이 있다." 사도행전 20:35

"내 피부와 살이 뼈에 붙었고(피골이 상접하고)." 욥기 19:19~20

"교만은 패망의 선봉이요." 잠언 16:18

"눈이 마주 보리로다(의견이 일치하다)." 이사야 52:8

"그의 이가 신 것같이(진저리가 나다)." 예레미야 31:30

"눈동자(눈에 넣어도 아프지 않을 사람)." 시편 17:8

"맹인이 되어 맹인을 인도하는." 마태복음 15:13~14

"세상의 소금." 마태복음 5:13

"문은 좁고 길이 협착하여(좁은 길)." 마태복음 7:14

"순식간에." 고린도전서 15:51

"솔로몬의 지혜." 누가복음 11:31

"벽의 글자(재난의 징조)." 다니엘 5:5

"해 아래에는 새것이 없나니." 전도서 1:9

"범사에 기한이 있고." 전도서 3:1

"하나님이 짝지어 주신 것을 사람이 나누지 못할지니라." 마태복음 19:6

"양의 옷을 입은 이리." 마태복음 7:15

"사람이 무엇으로 심든지 그대로 거두리라." 갈라디아서 6:7

BIBLE FAKES

성경 구절이 아닌 격언

다음은 성경 구절인 것 같지만 성경에 나오지 않는 표현이야.

"하나님은 스스로 돕는 자를 도우신다."

이건 성경에 없는 말이야. 옛 이야기꾼 이솝이 한 말이라고 알려져 있어. 감사하게도 하나님은 자기 힘을 믿는 강한 사람이 아니라 그분께 의지하는 약한 사람을 도와주셔.

"돈은 모든 악의 뿌리다."

디모데전서 6장 10절에 돈 자체가 모든 악의 뿌리가 아니라 "돈을 사랑함이 일만 악의 뿌리가 되나니"라고 나와.

"한 푼을 아끼면 한 푼을 번 셈이다."

이건 벤저민 프랭클린이 한 말로 알려져 있어.

"너 자신에게 성실하라."

윌리엄 셰익스피어의 희곡 『햄릿』에 나오는 표현이야.

"이 또한 지나가리라."

언젠가 하나님이 새 하늘과 새 땅에서 모든 것을 새롭게 하시겠지만, 이 표현은 성경에 없어.

"매를 아끼면 자식을 망친다."

이 격언은 성경에 나오지 않아. 그렇지만 부모가 자녀를 잘 가르쳐야 한다는 잠언 23장 13절 같은 말씀은 있지.

"청결은 경건 다음으로 중요하다."

하나님이 우리가 더럽고 불쾌한 냄새를 풍기며 살기를 원하시는 것은 아니지만, 이런 표현은 성경에 안 나와. 그렇다고 깨끗하게 씻지 말란 말은 아니야.

15

성경을 읽는 법

1452년 즈음, 독일에 사는 인쇄업자 요하네스 구텐베르크는 움직이는 글자인 활자를 사용하여 최초로 성경을 인쇄했어. 역사상 처음으로 성경을 손으로 베껴 쓰지 않아도 되는 날이 온 거야. 예전에는 아무나 성경을 볼 수 없었지만, 이 새로운 인쇄 기계 덕분에 누구나 성경을 구할 수 있게 되었어. 성경책은 하나님의 말씀에 굶주린 영혼들을 위한 영적 음식이 돼 주었지.

오늘날 성경은 2,500개 이상의 언어로 번역되었어. 우리말로 성경을 읽을 수 있다는 게 얼마나 큰 축복인지 몰라! 건강하게 자라기 위해 음식을 먹는 것처럼, 성경은 영적으로 성장하기 위한 음식이 된단다.

너는 성경을 꾸준히 읽고 있니? **성경을 많이 읽는 게 중요한 게 아니야. 성경으로 하나님 말씀을 잘 먹는 게 중요하지. 성경을 정복하려고 노력하는 것도 좋지만, 그 말씀에 순종하는 게 더 중요한 거야.**

"사람이 떡으로만
살 것이 아니요
하나님의
입으로부터 나오는
모든 말씀으로
살 것이라"
(마태복음 4:4).

성경 읽기, 이렇게 시작해 봐

1 쉽게 읽을 수 있는 성경을 정해

우리말로 여러 가지 성경책이 나와 있어. 보통은 교회에서 사용하는 성경을 보면 되지만, 이 중에서 네가 읽고 싶은 성경을 고를 수 있어.

- 개역개정(가장 많이 보는 성경책), 개역한글, 공동번역, 메시지성경, 새번역성경, 쉬운성경, 우리말성경, 현대인의성경.

2 계획을 세워

보통 새해가 되면 1년 동안 성경 전체를 읽겠다고 결심하는 사람이 많아. 열두 달 동안 성경 66권을 다 읽으라고 말하는 성경 구절은 없지만, 이런 목표를 세워서 실천하는 건 좋은 일이야. 1년(혹은 3년)에 성경 전체를 한 번이라도 읽고 싶다면 몇 가지 방법이 있어.

성경은 1,189장으로 이루어져 있어. 따라서 하루에 세 장(정확히 3.25753424657534장)씩 읽으면 365일이면 다 읽을 수 있지. (아니면 하루에 한 장씩 읽으면 3년이면 다 읽을 수 있어.) 성경의 어느 책부터 읽을지 고민이라면 마가복음이나 시편, 잠언을 추천해 주고 싶어. 교회에서 나눠 주는 성경 통독표를 활용해도 좋고, 성경 말씀을 읽기 좋은 스마트폰 앱을 이용하는 것도 한 가지 방법이 될 거야.

이 책을 먹으라

음식을 먹을 때는 천천히 맛을 보면서 씹고 음미하고 소화하지?
성경 말씀도 마찬가지야. 성경 '먹는 법'을 의미하는
라틴어를 소개해 줄게.

렉티오(Lectio, 말씀을 읽기): 음식을 맛보는 것처럼.

메디타티오(Meditatio, 말씀을 묵상하기): 음식을 씹는 것처럼.

오라티오(Oratio, 말씀으로 기도하기): 음식을 음미하는 것처럼.

콘템플라티오(Contemplatio, 말씀을 깊이 생각하기):
음식을 소화하는 것처럼.

3 마땅한 장소와 시간을 찾아

하루 중에 하나님의 말씀에 집중할 수 있는 시간은 언제니? 집에 조용히 성경을 읽을 수 있는 장소가 있니? 아침 식사 전에 네 방에서 읽는 건 어때? 방 안에서보다 부엌 식탁에서 읽는 게 더 좋을 수도 있겠지. 성경을 읽을 때는 텔레비전이나 휴대 전화 같은 전자 기기(성경 앱을 사용하지 않는 경우)는 꺼 두는 게 좋아. 언제든 어디에서든, 너에게 맞는 시간과 장소를 찾아서 꾸준히 읽는 게 중요해.

4 하나님께 도와 달라고 요청해

성경은 영적 음식이야. 그런데 하나님만 네가 먹은 말씀을 소화하도록 도와주실 수 있어. 때로는 성경 읽기가 지루할 수도 있지만, 하나님이 도와주시면 성경 구절 하나하나가 숨 막히도록 놀랍게 느껴질 거야. 이것이 하나님이 우리에게 시편 119편 18절 기도문을 주신 이유야. "내 눈을 열어서 주의 율법에서 놀라운 것을 보게 하소서."

5 천~천~히 읽어

충분히 시간을 들여 정신을 집중해서 하나님의 말씀을 곱씹어야 해. 성경 구절을 유심히 들여다봐. 너무 빨리 읽으면 최고의 탐정 셜록 홈스가 말한 것처럼 "봐도 제대로 보지 못할 거야." 그러니까 '왜 이렇게 말할까? 무슨 뜻일까? 그래서 어떻게 하라는 거지?'라는 질문을 던지며 천천히 읽어야 해. 성경을 마구 먹지 말고 한 입 한 입 꼭꼭 씹어서 먹어.

6 성경에서 하나님을 찾아

성경은 우리 인생을 안내하기 위해 쓰인 책이 아니야. 성경은 규칙을 적은 책이나 과학책, 역사책도 아니야. 성경은 하나님을 깨우쳐 보여 주기 위해 쓰였어. 하나님이 어떤 분이신지, 어떤 일을 하셨고 얼마나 놀라운 분이신지를 알려 주려는 거야. 그러니 우리가 성경을 전부 이해할 수 없는 게 당연해. 그렇다고 이해가 안 되는 부분만 붙잡고 있다가 하나님을 놓쳐서는 곤란하겠지. 매일 성경을 읽을 때마다 하나님에 관해서 알려고 노력해야 해.

7 네 생각을 적어

성경을 읽고 깊이 생각한 뒤에는 몇 분이라도 시간을 내서 말씀을 통해 하나님이 가르쳐 주신 부분을 적는 게 좋아. 컴퓨터나 스마트폰, 예쁜 공책에 배운 점을 간단하게 적어 봐. 단순히 하나님이 어떤 분이신지를 적어도 좋지. 이를테면 하나님에 관한 짧은 '전기'를 써 보는 거야. 또 성경에서 배운 점을 바탕으로 하나님께 기도문을 쓰는 사람도 많아.

8 배운 것에 관해 생각해 봐

중요한 교훈은 그날 다시 살펴볼 가치가 있어. 적은 내용을 다시 읽으면서, 하나님께 그 말씀을 전보다 더 확실히 이해하고 믿을 수 있게 해 달라고 요청해 봐. 이런 방식을 묵상이라고 해. 묵상은 성경을 먹는 행동이라고도 할 수 있어. 꼭꼭 씹어서 배불리 먹기를 바라!

Bon appétit!
맛있게 드세요!

16

히브리어 알파벳을 배워 보자

모세가 구약의 첫 책들을 썼을 때 무슨 말로 썼을까? 또 다윗은 시편을 어느 말로 썼을까?

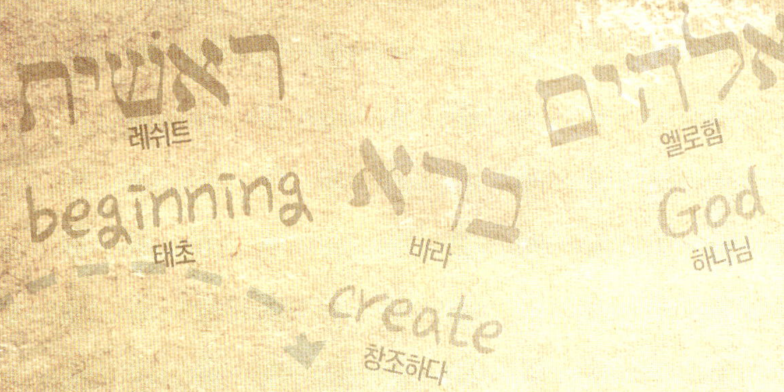

답은 바로 히브리어야. 히브리어는 '거꾸로' 읽어야 해. 그러니까 우리는 글을 볼 때 왼쪽에서 오른쪽으로 읽지만, 히브리어는 오른쪽에서 왼쪽으로 읽어야 해(?니겠알 지인뜻 슨무).

구약은 거의 처음부터 끝까지 고대 히브리어로 쓰였어. 다니엘 2장 4절~7장 28절, 에스라 4장 8절~6장 18절과 7장 12~26절, 예레미야 10장 11절 그리고 창세기 31장 47절의 두 글자만 히브리어로 쓰이지 않았지. 이 구절들은 아람어라는 비슷한 언어로 쓰였어.

원래 히브리어 알파벳에는 자음만 23개가 있고, 모음은 전혀 없어! 하지만 히브리어를 쓰는 사람들은 어떤 단어에 어떤 모음을 붙여 읽어야 하는지 바로 알았지. 이게 가능하다고 생각하니? 블ㄱ 능ㅎ. 장믈 ㅇㄹㅇ. 어때? 알아서 모음을 넣어서 읽을 수 있겠어? 정말 어렵지? 그리고 히브리어에는 대문자나 소문자가 없어.

שמים
샤마임
Heavens
하늘

ארץ
에레츠
Earth
땅

성경에서 사용된 히브리어는 현대 히브리어와 달라. 이런 것을 '죽은' 언어라고 해. 지금은 아무도 이 언어를 사용하지 않고 정확히 어떻게 발음해야 하는지도 몰라.

자, 한번 해 보자. 옆에 나온 표를 보고 다음 히브리어 단어를 한번 읽어 봐(창세기 1장 1절 말씀이야).

읽는 방향은 오른쪽에서 왼쪽으로 ←

בראשית ברא אלהם את
השמים ואת הארץ

답: 베레쉬트 바라 엘로힘 엣 하샤마임 브엣 하아레츠

자음	이름	발음이 같은 영어
א	알레프	해당되는 영어 자음 없음, 묵음.
ב	베트	B
ג	김멜	G
ד	달레트	D
ה	헤	H
ו	바브	W
ז	자인	Z
ח	헤트	Kh
ט	테트	T
י	요드	Y
כ 또는 ך	카프	K
ל	라메드	L
מ 또는 ם	멤	M
נ 또는 ן	눈	N
ס	사메크	S
ע	아인	해당되는 영어 자음 없음, 묵음.
פ	페	P
צ 또는 ץ	사데	Tz
ק	코프	Q
ר	레쉬	R
שׂ	신	S
שׁ	쉰	Sh
ת	타브	T

17

성경 66권을 한 줄로 꿰어 보자

마가나 룻이란 이름을 들어 본 적이 있니? 그럼 마가복음이나 룻기에 어떤 내용이 적혀 있는지 아니? 잘 모르겠다고? 그래서 이번 장에서는 성경 66권 전체를 간단하게 요약해 주려고 해.

THE OLD TESTAMENT 구약

역사서(와 율법서)

창세기: 하나님이 세상과 사람을 지으셨는데, 사람들이 죄를 지어 망가뜨린 세상을 하나님이 고치기 시작하신다는 이야기.

출애굽기: 하나님이 자기 백성을 이집트의 노예 상태에서 구하신다는 이야기.

레위기: 하나님이 올바로 살라고 백성에게 주신 율법들.

민수기: 하나님이 주시는 더 많은 율법 그리고 그 율법을 지키지 못한 백성에 관한 이야기.

신명기: 모세가 전하는 사람들을 향한 하나님의 사랑과 자비에 관한 이야기.

여호수아: 하나님이 백성에게 약속한 땅을 주신 이야기.

사사기: 하나님이 거듭 죄를 짓는 백성을 구하시려고 계속 지도자를 세우신다는 이야기.

룻기: 하나님이 룻을 사랑하셔서 자기 백성으로 삼으시고, 구세주를 보내려는 계획에 동참시키신 이야기.

사무엘상·하: 사무엘이 선지자가 된 과정, 하나님이 그를 통해 이스라엘 백성에게 어떤 말씀을 주셨는지에 관한 이야기.

열왕기상·하: 이스라엘을 다스린 선한 왕들과 악한 왕들에 관한 역사.

역대상·하: 이스라엘의 지도자들이 악행을 저질러도 하나님이 그 백성을 끝까지 사랑해 주신 이야기.

에스라, 느헤미야: 하나님이 자기 백성을 약속의 땅으로 귀환하게 해 주신 이야기.

에스더: 하나님이 바벨론에 포로로 있던 백성을 보호해 주신 이야기.

시편과 지혜서

욥기: 욥이 지독한 시련과 고난을 통해 하나님을 믿는 법을 배우게 된 이야기.

시편: 다윗 왕을 비롯한 여러 사람이 쓴 찬양 모음.

잠언: 솔로몬 왕을 비롯한 여러 사람이 쓰고 편찬한 지혜로운 조언들.

전도서: 하나님을 떠난 삶이 얼마나 무의미한지 가르쳐 주는 책.

아가서: 한 남편과 아내 사이에 오간 아름다운 사랑 노래.

THE OLD TESTAMENT

THE OLD TESTAMENT

대선지서('대'가 붙은 건 길기 때문이야)

이사야: 하나님의 백성에게 죄에서 돌아서라고 경고하고 하나님이 구원자를 보내 주실 거라고 약속하는 내용.

예레미야: 하나님의 백성이 불순종 때문에 그들의 땅에서 쫓겨나리라고 경고하는 설교와 언젠가 돌아올 거라는 약속의 메시지.

예레미야애가: 하나님의 백성이 지은 죄와 그로 인해 벌을 받고 슬퍼하는 노래 모음집.

에스겔: 자기 땅에서 쫓겨난 죄 많은 하나님의 백성에게 경고하고, 또한 그들을 격려하기 위한 설교와 비전 모음.

다니엘: 하나님이 자기 백성을 적들에게서 어떻게 보호해 주시는지 알려 주기 위한 이야기 모음집.

소선지서('소'가 붙은 건 짧기 때문이야)

호세아: 하나님이 죄 많은 백성을 어떻게 사랑하시는지 알려 주기 위한 이야기 모음집.

요엘: 다가올 하나님의 심판을 경고하고 성령의 부으심을 약속하는 설교.

아모스: 죄를 지은 모든 사람에게 내려질 하나님의 심판을 경고하는 설교와 이웃을 사랑하고 돌보라는 명령이 담긴 설교 모음집.

오바댜: 하나님을 거부한 교만한 사람들에게 경고하는 설교.

요나: 죄 지은 사람들을 구하고자 하시는 하나님을 보여 주는 이야기.

미가: 고집스럽게 죄를 짓는 사람들에게 경고하고, 죄에서 돌아서는 사람들에게 용서를 약속하는 내용.

나훔: 악하고 교만한 사람들에게 경고하는 설교 모음집.

하박국: 악이 이기는 것처럼 보여도 끝까지 하나님을 믿으라고 격려하는 설교.

스바냐: 하나님이 미래에 악인을 심판하고 자기 백성을 구하실 거라는 설교 모음집.

학개: 언젠가 하나님이 다시 오셔서 자기 백성과 사실 거라는 설교 모음집.

스가랴: 하나님께 충성을 다한 모든 사람을 위한 놀라운 계획이 있다고 격려하는 설교들.

말라기: 하나님을 향한 사랑이 미지근한 사람들을 꾸짖는 설교들.

페이지를 넘겨서 신약을 살펴보자.

THE NEW TESTAMENT 신약

사복음서

마태복음: 다윗 왕의 혈통이자 약속의 왕으로 오신 예수님에 관한 기록.

마가복음: 예수님이 우리를 죄에서 구원하기 위해 오신 사건이 빠른 속도로 전개되는 이야기.

누가복음: 예수님이 어떻게 자격 없는 자들에게 다가가 목숨을 내어 주셨는지에 관한 상세한 기록.

요한복음: 예수님이 이 땅에서 어떻게 사역하시고 하늘 아버지에 대해 가르쳐 주셨는지에 관한 기록.

역사서

사도행전: 예수님에 관한 복된 소식이 온 세상에 퍼진 이야기.

바울이 교회들에 보낸 서신('편지')

로마서: 우리가 얼마나 큰 죄인이며 하나님이 어떻게 구원자를 주셨는지 설명하는 편지.

고린도전서: 많은 문제를 겪던 고린도 교회가 예수님을 믿고 사랑할 수 있도록 돕기 위해 쓰인 편지.

고린도후서: 하나님이 약한 사람들을 택하시고 그들을 통해 자신의 능력을 보여 주신다는 사실을 일깨워 주는 편지.

갈라디아서: 자신의 노력으로 구원을 얻으려는 사람들에게 진짜 복음을 설명하는 편지.

에베소서: 하나님이 자기 백성을 선택하고 구속하시며, 언젠가 예수님 안에서 모든 것을 회복하고 연합시키신다는 놀라운 이야기를 전해 주는 편지.

빌립보서: 힘든 순간에도 예수님에 관한 복된 소식을 기억하며 기뻐하라고 격려하는 편지.

골로새서: 예수님에 관한 복된 소식에 걸맞은 생각을 하며 살라고 가르치는 편지.

데살로니가전서: 힘든 순간에도 예수님과 날마다 더 친밀하게 동행하라고 격려하는 편지.

데살로니가후서: 예수님이 돌아오실 때까지 신앙생활을 잘하라고 다독이는 편지.

바울이 개인에게 보낸 서신

디모데전서: 디모데에게 담대하라고 격려하고 예수님에 관한 복음으로 교회를 잘 이끌라고 권고하는 편지.

디모데후서: 디모데에게 예수님에 관한 복음을 잘 지키라고 권고하는 편지.

디도서: 거짓 선생들을 조심하라고 경고하는 편지.

빌레몬서: 한 그리스도인에게 다른 그리스도인을 용서하라고 권하는 편지.

THE NEW TESTAMENT

일반 서신

히브리서: 구약이 어떻게 예수님을 가리키는지 설명하는 설교.

야고보서: 다른 사람들을 실제로 사랑하여 믿음을 표현하라고 가르치는 편지.

베드로전서: 고난당하는 그리스도인들에게 거룩하게 살라고 격려하는 편지.

베드로후서: 거짓 선생들을 조심하라고 경고하는 편지.

요한일서: 하나님이 먼저 예수님을 통해 우리를 사랑하심으로, 우리 안에 다른 사람과 진리를 향한 사랑을 가득 채워 주셨다는 사실을 설명하는 편지.

요한이서: 거짓 선생들을 조심하라고 경고하는 편지.

요한삼서: 다른 사람, 특히 선교사를 환대하라고 권고하는 편지.

유다서: 거짓 선생들을 조심하라고 경고하는 편지.

묵시 문학

요한계시록: 예수님이 언젠가 돌아오셔서 죄와 사탄, 고난과 죽음에 대한 전쟁에서 승리하실 것을 보여 주는 하나님이 주신 환상.

18

이스라엘의 중요한 명절

구약을 읽어 보면 하나님이 사람들에게 명령을 무려 613개나 주셨음을 알 수 있어. 그런데 혹시 그중에 '파티를 열어라!'는 명령이 꽤 많다는 사실을 아니?

하나님은 사람들이 그저 로봇처럼 명령만 따르기를 원하지 않으셨어. 다른 사람들과 가족처럼 즐겁게 지내기를 바라셨단다. 그래서 하나님은 사람들이 쉴 수 있도록 축제일 혹은 절기라는 날을 주셨어. 그날들은 하나님이 해 주신 모든 일을 돌아보는, 거룩하고도 마음껏 쉴 수 있는 즐거운 휴일이었어. 휴일(holiday)이란 영어 단어만 봐도, 이것이 거룩한 날[홀리(holy)=거룩한, 데이(day)=날]이라는 뜻인 것을 알 수 있지.

다음 페이지에 나오는 시간표는 성경

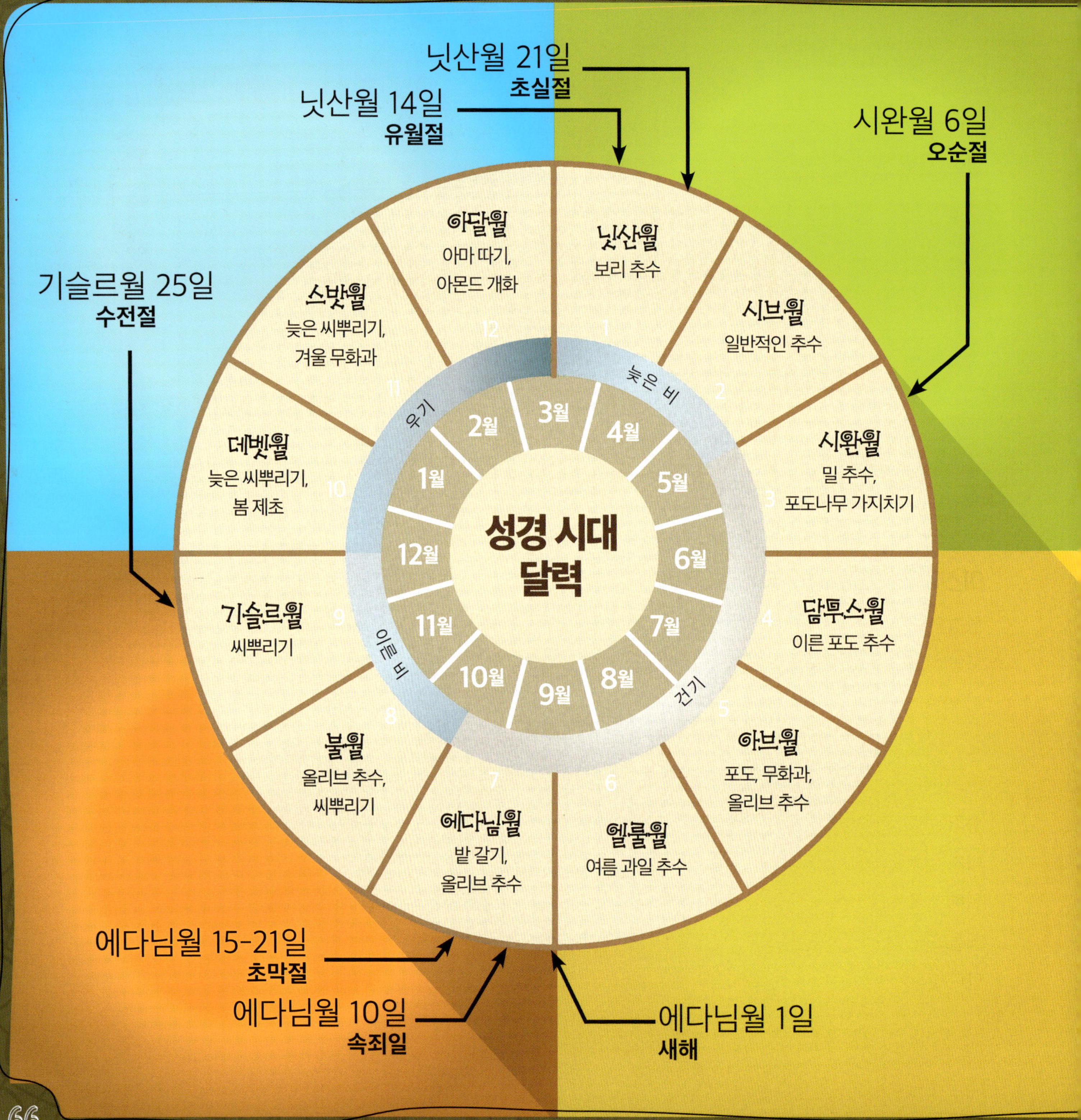
성경 시대 달력
닛산월 21일
초실절
닛산월 14일
유월절
시완월 6일
오순절
기슬르월 25일
수전절
에다님월 15-21일
초막절
에다님월 10일
속죄일
에다님월 1일
새해
닛산월
보리 추수
시브월
일반적인 추수
시완월
밀 추수,
포도나무 가지치기
담무스월
이른 포도 추수
아브월
포도, 무화과,
올리브 추수
엘룰월
여름 과일 추수
에다님월
밭 갈기,
올리브 추수
불월
올리브 추수,
씨뿌리기
기슬르월
씨뿌리기
데벳월
늦은 씨뿌리기,
봄 제초
스밧월
늦은 씨뿌리기,
겨울 무화과
아달월
아마 따기,
아몬드 개화
1
2
3
4
5
6
7
8
9
10
11
12
늦은 비
건기
이른 비
우기
3월
4월
5월
6월
7월
8월
9월
10월
11월
12월
1월
2월

시대에 이스라엘 사람들이 사용하던 달력에서 중요한 날과 기간을 보여 주고 있어. 그럼 이 표를 잘 보고 다음 질문에 답해 봐.

유월절 기간에 농촌의 삶은 어떠했을까?

보리에 비해 밀은 다 자라기까지 몇 달이 더 걸렸을까?

어떤 곡물이 1월에도 밥상에 오를 수 있었을까?

성경 시대에 살았다면 어떤 달을 가장 좋아했을 것 같니?

유대의 달력에서 네 생일은 언제니?

이스라엘의 중요한 명절

성경 시대에 모든 유대인 남성은 1년에 세 번, 유월절과 오순절, 초막절에 수도인 예루살렘에 다녀와야 했어. 하지만 연중 가장 거룩한 날은 그런 축제일이 아니라 금식하는 날인 속죄일이었지.

속죄일

속죄일은 정말 심각한 날이어서 모든 사람이 그날을 준비하기 위해 아무것도 먹지 않는 금식을 했어(레위기 16:1). 이날 대제사장은 자신과 자기 가족의 죄를 위해 황소 한 마리를 제물로 바친 뒤에 온 백성의 죄를 위해 염소 한 마리를 제물로 바쳤어. 속죄일은 하나님의 거룩하심과 자비하심을 보여 주는 날이었단다. 온 백성, 심지어 가장 착한 사람도 자기 죄를 용서받아야 했지.

우리를 위한 대제사장이신 예수님은 "염소와 송아지의 피로 하지 아니하고 오직 자기의 피로 영원한 속죄를 이루사 단번에 성소에 들어가셨"지(히브리서 9:12).

초막절

속죄일을 치르고서 5일 뒤 하나님은 7일간 축제를 열라고 명령하셨어(출애굽기 23:16~17, 34:22). 이 기간에 이스라엘 백성은 나뭇가지로 만든 초막에서 지내(레위기 23:33~44). 초막절은 이스라엘 백성이 40년간 광야에서 장막을 치고 살았을 때 하나님이 어떻게 돌봐 주셨는지를 기억하는 시간이었어(레위기 23:43). 나중에 이 절기에 하나님이 광야에서 물을 주신 사건을 기념해서 물을 붓는 행사가 포함되었지.

요한복음을 보면 초막절 일곱째 날 예수님은, 하나님이 자기 백성을 위해 생명을 주는 물을 다시 부어 주신다고 선언하시며 이렇게 말씀하셨어.

"'누구든지 목마른 사람은 다 나에게 와서 마셔라. 나를 믿는 사람은 성경 말씀대로 그 마음속에서 생수의 강이 흘러나올 것이다.' 이것은 예수님을 믿는 사람들이 앞으로 받을 성령에 대하여 하신 말씀이었다"(요한복음 7:37~39, 현대인의성경).

유월절

유월절은 하나님이 이스라엘 백성을 이집트에서 구해 내신 사건을 축하하는 날이었어. 이 기간에는 흠 없는 어린 양을 희생 제물로 잡아(레위기 23:5) 그 피를 집 문의 위와 양쪽 기둥에 발랐지(출애굽기 12:22). 유월절 이후 주간은 무교절로 지켰어. 이 절기는 하나님의 백성이 이집트의 노예 생활에서 구원받은 날 밤에 어떤 떡을 먹었는지 기억하는 기간이었지.

신약에서 예수님은 유일한 유월절 어린양으로서 자신의 목숨을 희생하셨어(고린도전서 5:7). 예수님은 자신의 목숨을 내어 주심으로 사람들을 영원한 죽음에서 구해 내셨지.

오순절

오순절은 유월절 이후 7주를 보내고 50일째에 지키는 절기로, 보리 추수 후에 거둔 농작물을 기뻐하는 날이었어(레위기 23:15, 신명기 16:16). 풍성한 추수를 허락하신 하나님께 감사하기 위해 이 절기를 보냈지. 하나님의 백성은 또 다른 감사 표현으로 이 시기에 가난한 사람을 위한 구제도 열심히 했어(신명기 16:9~12).

신약을 보면 예수님이 부활하신 지 55일 후인 오순절에 하나님은 백성에게 필요한 것을 다시 공급해 주셨어. 단, 이번에는 곳간에 채울 곡식만 주신 게 아니라 성령을 통해 수많은 사람을 하나님의 나라로 모아 주셨지(사도행전 2:1~11, 41).

구약에서 하나님은 사람들에게 제사를 드리라고 명령하셨어. 제사는 사람의 죄를 제물(대속물)로 옮겨 제물이 대신 사람의 죗값을 치르게 하는 의식이었지. 하지만 이런 제물이 사람의 죄를 완전히 없애 줄 수는 없었어(히브리서 10:4, 11). 생각해 봐. 한낱 동물이 어떻게 인간을 대신할 수 있겠어? 알다시피, 하나님의 진정한 어린양은 바로 예수 그리스도시지. 이제 우리는 예수님이 치르신 십자가 희생 덕분에 매번 제사를 치르지 않아도 돼. 그럼 구약 시대에 치렀던 제사에 어떤 것이 있는지 한번 살펴볼까?

번제

헌신: 하나님께 온전히 헌신한다는 뜻으로 짐승 한 마리를 전부 태웠어.

예수님의 희생은…
하늘 아버지에 대한 온전한 헌신을 보여 주셨어.

소제

헌금: 하나님께 감사한다는 뜻으로 그분이 주신 것의 일부를 그분께 돌려 드렸어.

예수님의 희생은…
하나도 남기지 않고 모든 것을 드린 희생이었어.

화목제

친교: 하나님과 교제함으로 그리고 하나님의 다른 백성과 교제함으로 느끼는 즐거움을 표현하기 위한 제사였어.

예수님의 희생으로…
하나님과 우리의 관계가 회복되었어.

속죄제

용서: 죄인을 대신해 동물을 제물로 바쳤는데, 이 의식은 죄가 깨끗해짐을 상징해.

예수님의 희생으로…
우리 죄를 용서받을 수 있게 되었지.

속건제

회복: 죄가 없어지면 회복이 이루어지지.

예수님의 희생은…
우리 죄를 없애 주었어.

19

성경에 나오는 여행 이야기

구약 시대에 멀리 가야 한다면, 최소한 좋은 샌들은 신어 주어야 했어. 느리긴 하지만 걸어서 이동(도보)하는 게 당시에는 가장 흔한 방식이었지(여호수아 1:3). 보통 사람은 하루에 32km쯤 걸을 수 있었어. 하지만 목자는 양 떼를 몰고 가야 했기 때문에 꼬박 하루를 걸어도 겨우 9.5km밖에 갈 수 없었어. 걷기가 싫다면, 나귀를 타고 가는 게 두 번째로 흔한 여행 방식이었는데(창세기 22:3, 5), 나귀로는 하루에 37km쯤을 갈 수 있었어.

당시 이스라엘에서는 낙타와 말을 교통수단으로 잘 사용하지 않았어. 하지만 부자는 바쁠 때 마차나 전차를 이용했지. 마차나 전차로는 하루에 72.5km쯤 갈 수 있었어.

창세기 37장에 걸어서 여행한 이야기가 나와. 야곱이 가장 아끼는 아들 요셉을 보내 형들을 찾아보게 했지. 그래서 요셉은 헤브론(이스라엘 남부)에서 북쪽의 세겜(이스라엘 중부)까지 장장 85㎞를 걸어갔어(지도를 보며 너희 집에서 85㎞ 떨어진 곳이 어디쯤인지 한번 봐봐. 어마어마한 거리지). 요셉은 세겜에서 형들을 찾지 못하고 형들이 거기서 다시 30㎞ 떨어진 도단으로 갔다는 사실을 알게 되었어.

다음에 나오는 표와 앞에서 알려 준 평균 속도로 계산하면, 성경에 나오는 여행을 걸어서 갔을 때 얼마나 많은 시간이 걸렸을까? 전차로는? (보통 성경 뒷부분에 부록으로 지도가 실려 있으니, 방향을 알고 싶다면 그 지도를 참고해. 인터넷에서 찾아봐도 좋아.)

알고 있니?

요즘 자동차 두 앞바퀴 사이의 간격은 보통 1.4~1.6m야.
성경 시대에 사용된 전차나 마차의 바퀴 간격은 1.5~1.75m로 더 넓었어.

옛 이스라엘의 2차선 큰 도로는 폭이 3~4.8m 정도였고,
1차선 도로의 폭은 더 좁아서 2.4m가 조금 넘었어.
오늘날 2차선 도로의 폭은 보통 7.3m 정도야.

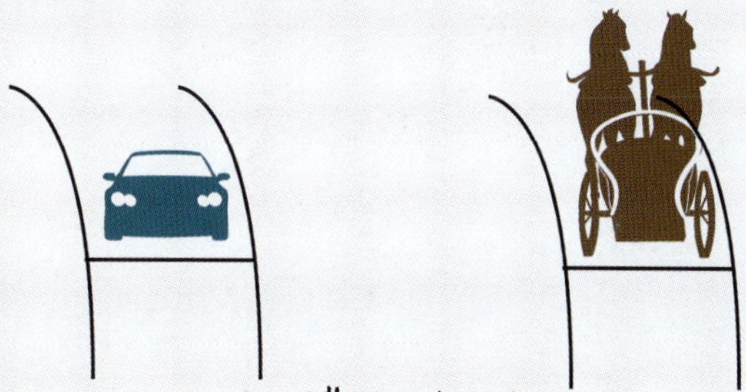

* 벧엘에서 하란까지 야곱의 도보 여행
(창세기 28~29장).

* 예루살렘에서 바벨론까지 다니엘의 여행
(다니엘 1:1~3).

* 예루살렘에서 갈그미스까지 요시야 왕과 그 군대의 여행(역대하 35:20~24).

* 우르에서 하란까지 아브라함의 여행
(창세기 11:31~32).

* 하란에서 세겜까지 아브라함의 여행
(창세기 12:1~7).

* 욥바에서 니느웨까지 요나의 여행(요나 1:1~3).

	바벨론	브엘세바	벧엘	갈그미스	다메섹	하란	헤브론	여리고	예루살렘	욥바	니느웨	세겜	우르
바벨론	0	36	869	479	724	442	901	869	880	868	264	847	170
브엘세바	930	0	58	484	206	549	28	61	47	62	752	78	1100
벧엘	869	58	0	423	145	488	31	12	11	32	691	22	1039
갈그미스	479	484	423	0	278	65	455	423	434	366	285	401	649
다메섹	724	206	145	278	0	343	177	134	149	133	546	123	894
하란	442	549	488	65	343	0	520	488	500	396	215	466	612
헤브론	901	28	31	455	177	520	0	36	21	45	723	53	1071
여리고	869	61	12	423	134	488	36	0	15	43	691	26	1039
예루살렘	880	47	11	434	149	500	21	15	0	36	702	33	1050
욥바	868	62	32	366	133	396	45	43	36	0	548	36	1038
니느웨	264	752	691	285	546	215	723	691	702	548	0	669	434
세겜	847	78	22	401	123	466	53	26	33	36	669	0	1017
우르	170	1100	1039	649	894	612	1071	1039	1050	1038	434	1017	0

우주의 중심 찾기

태양은 지구에서 149,604,618km 떨어진 태양계의 중심에 있어. 지구와 태양까지의 거리는 우리 머리로는 상상조차 할 수 없을 정도로 멀지. 농구장 한쪽 끝에 야구공 하나를 놓는다고 상상해 봐. 이 공을 태양이라고 한다면, 코트의 반대편 끝에 놓인 작은 씨앗 하나가 지구라고 할 수 있어.

태양은 상상도 할 수 없이 멀리 떨어져 있는데도 행성들에 빛을 보내고 그 행성들을 태양의 궤도 안에 붙잡아 둘 수 있어. 또 태양은 엄청나게 커! 커다란 양동이에 태양계에 있는 모든 별을 넣는다면, 태양 혼자서 그 양동이의 99%를 차지할 정도의 크기야! 이렇게 거대하기 때문에 태양계에 있는 모든 것이 노랗게 타오르

는 이 태양 주위를 돌지. 태양은 태양계의 중심이야.

그런데 네 삶의 중심은 무엇이니? 네 삶은 어떤 것을 중심으로 돌아가고 있니? 스포츠? 책? 게임? 최신 기기? 외모? 친구? 성공? 가족? 아니면 너 자신?

운동이나 학교가 좋은 것이기는 하지만, 그런 것들을 삶의 중심으로 삼으면 어떤 문제가 발생할까? 문제는, 그것들이 아무리 좋고 가치 있다 해도 중심으로 삼을 만한 것은 못 된다는 거야. 그것들은 너무 작아. 충분히 크지 않아. 예를 들어, 친구를 인생에서 가장 중요하게 여긴다고 해도 친구는 결국 너를 실망시키게 되어 있어. 하나님은 네게 좋은 것을 많이 주셨지만, 그것들을 네 중심에 놓아서는 안 돼(시편 20:7~9).

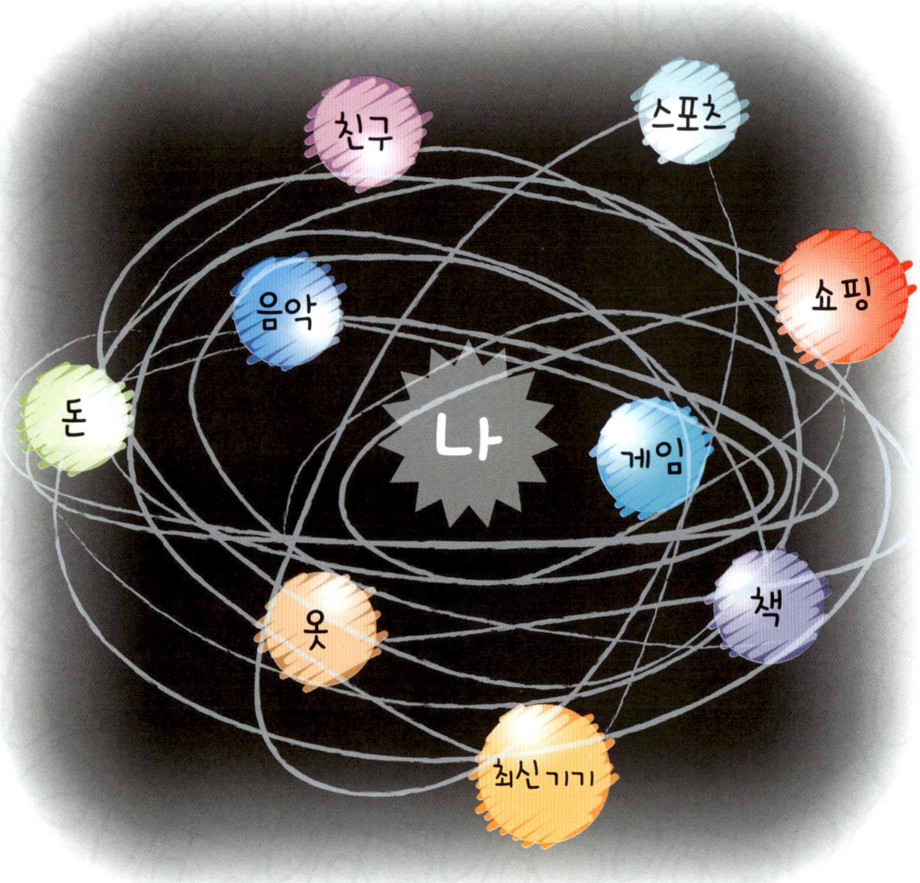

성경은 오직 하나님만이 네 삶의 중심에 둘 만큼 크

신 분이라고 말해. 하나님을 네 우주의 중심에 모시면 네 삶 속의 모든 행성이 제자리에 잘 붙어 있게 돼. 친구들과 스포츠, 학교, 최신 기기들을 건전하게 즐길 수 있어. 물론 이런 것은 언제라도 너를 실망시킬 수 있어. 하지만 하나님을 가장 중요하게 여기면, 상처는 받겠지만 이런 것을 잃어도 완전히 무너지지는 않을 수 있어(하박국 3:17~19).

이처럼 하나님을 모든 것의 중심에 모시는 것을 성경은 '하나님을 영화롭게 하는 것' 혹은 '하나님을 위대하시다고 말하는 것'이라고 해. 어렵게 생각할 필요는 없어. 그냥 하나님이 얼마나 크고 선하신지를 인정하면 되는 거야(예레미야 10:6).

하나님을 네 우주의 중심에 놓는 방법 하나를 알려 줄까? 뭔가 좋은 일이 생길 때마다 하나님께 감사를 드려 봐. 감사는 하나님을 좋은 것을 주시는 분으

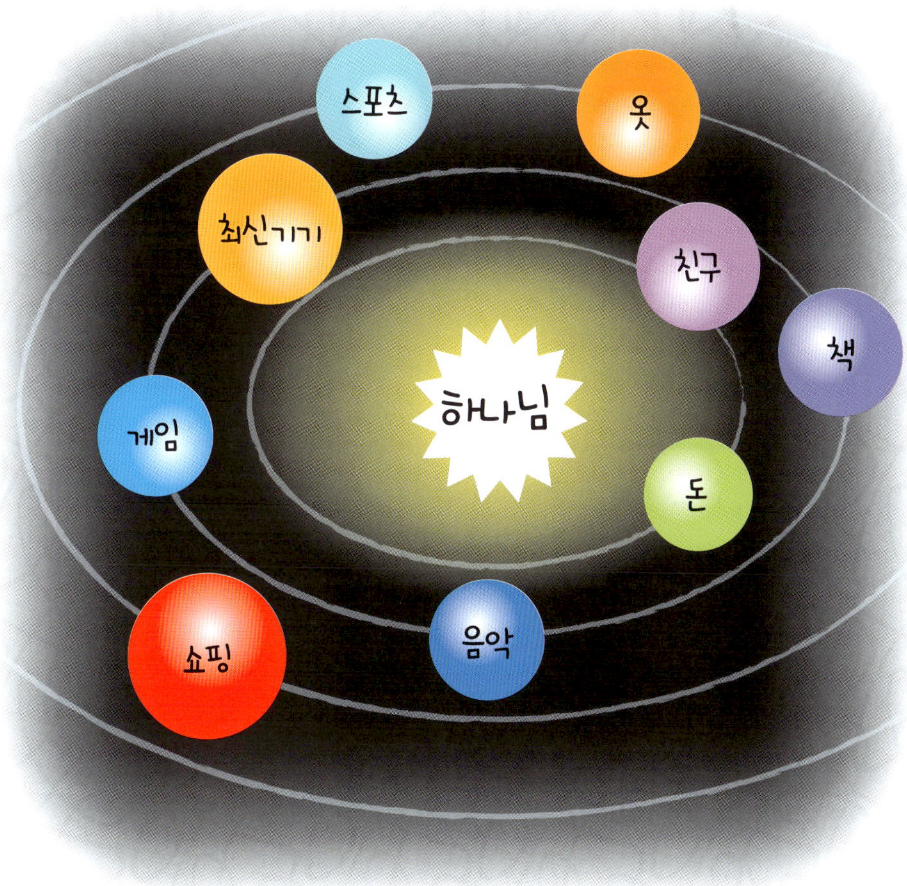

"우리가 하나님 안에서

가장 만족할 때

하나님이 우리 안에서

가장 큰 영광을 받으신다."

_존 파이퍼

"당신의 인생은

당신에 관한 것이 아니다.

당신의 인생은

하나님과 그분이 행하고

계시는 일에 관한 것이다."

_에릭 사이프

로 인정하는 행동이야. 정말로 그래. 네가 즐겨 보는 스포츠 경기, 너의 튼튼한 다리, 맛있는 음식, 재밌는 이야기, 좋은 친구 모두 하나님이 주신 거야. 태양의 따스함만 즐기고 태양을 지으신 분을 잊어서는 안 돼! 따사로운 햇살이 쏟아질 때마다 잊지 말고 하나님께 감사를 드려!

더 깊은 탐구를 위하여

하나님이 너의 중심에 계신다는 것을 더 분명히 알고 싶다면 로버트 멍어가 지은 『어린이를 위한 내 마음 그리스도의 집』(IVP 출간)을 읽어 봐.

생각해 봐!

큰 우주, 더 크신 하나님

우주 탐사선 보이저 1호는 약 시속 61,600㎞ 속도로 외계를 여행하고 있어. 감이 잘 잡히지 않는다면, 여객기가 약 시속 960㎞ 속도로 날아다닌다는 사실을 생각해 봐. 다시 말해, 우주선의 속도는 여객기보다 약 64배나 빨라. 우주선의 속도로 날면 뉴욕에서 로스앤젤레스까지 무려 4분 40초 만에 도달할 수 있지.

시속 61,600㎞면 우주선이 지구에서 386,243㎞ 떨어진 달까지 가는 데 겨우 6시간이 조금 더 걸려. 화성까지 가는 데는 약 52일이면 되고. 만약 토성에 가고 싶다면 애완견을 다른 사람에게 맡기고 가는 편이 나을 거야. 4년 9개월이 걸릴 테니까. 보이저 1호는 1977년에 출발했고, 약 40년 동안 엄청 빠른 속도로 날아간 결과 지금은 태양계의 바깥쪽에 거의 도착했어.

하지만 여기서 멈추지 말자. 우리 태양에서 가장 가까운 별인 센타우르스 자리 프록시마까지 가려면 얼마나 걸리는지 아니? 속도가 엄청나게 빠른데도 무려 8만 년이 걸려! 이번에는 좀 더 멀리 가 보자. 우리 은하를 벗어나려면 260억 년이 걸린다는 사실을 아니? 더 놀라게 해 줄까? 우주에는 은하계가 2천억 개 있다고 해. 정말 놀랍지? 이 모든 것을 우리 하나님이 만드셨어. 하지만 더 놀라운 사실은 이 하나님이 너의 머리카락 수까지 정확히 아신다는 거야(마태복음 10:30). 그래서 하나님은 우리에게 "두려워하지 말라"(누가복음 12:7)고 말씀하시지. 상상할 수 없을 정도로 강한 하나님이 자녀인 너를 돌봐 주시는 아버지이신 거야(마태복음 7:11). 하나님과 우주에 비하면 우리 인간은 지독히 작지. 그런데도 하나님은 우리와 영원히 함께 사시려고 사랑하는 아들까지 희생시키셨단다(베드로전서 3:18).

21

두려울 때는 어떻게 해야 할까?

무엇이 두렵니?

어둠 속에 혼자 있는 게 두렵니?

친구들 앞에서 창피를 당하는 게 두렵니?

털이 수북한 커다란 왕거미를 보고 소름이 돋았니(혹시 뒷덜미를 살짝 간지럽히는 앙증맞은 거미만 있다고 생각했니)?

혹시 성경에 두려워하지 말라는 말씀이 정말 많이 나온다는 사실을 아니?

알고 있다고? 하지만 이건 몰랐을걸. 성경은 두려워하지 말라고 명령하는 동시에 두려워해야 할 대상이 있다고 가르치고 있어. 그 대상은 뭘까? 아니, 누굴까? 답은 바로 하나님이셔.

하나님을 두려워하는 것은 그분의 대단하심에 놀라워하고 (네가 아니라) 그분이 하나님이시라는 사실을 인정한다는 뜻이야. 이렇게 하나님을 두려워하면 다른 것들은 두려워하지 않게 되지. 두려움에 떠는 이유는 두려움을 느끼게 하는 대상(친구나 거미, 캄캄한 방 등)이 네 마음속에서 너무 커져서 하나님은 너무 작게 느껴지기 때문이야. 하나님을 두려워하는 것에 관한 다음 성경 구절들을 읽고 깊이 생각해 봐.

"몸은 죽여도 영혼은 능히 죽이지 못하는 자들을 두려워하지 말고 오직 몸과 영혼을 능히 지옥에 멸하실 수 있는 이를 두려워하라"(마태복음 10:28).

"내가 두려워하는 날에는 내가 주를 의지하리이다"(시편 56:3).

"두려워하지 말라 내가 너와 함께 함이라 놀라지 말라 나는 네 하나님이 됨이라 내가 너를 굳세게 하리라 참으로 너를 도와 주리라 참으로 나의 의로운 오른손으로 너를 붙들리라"(이사야 41:10).

"겁내는 자들에게 이르기를 굳세어라, 두려워하지 말라, 보라 너희 하나님이 오사 보복하시며 갚아 주실 것이라 하나님이 오사 너희를 구하시리라 하라"(이사야 35:4).

"여호와는 나의 빛이요 나의 구원이시니 내가 누구를 두려워하리요 여호와는 내 생명의 능력이시니 내가 누구를 무서워하리요"(시편 27:1).

다시 말해, 성경은 두려움이 클 때는 훨씬 더 크신 하나님을 생각하라고 가르치고 있어. 물론 두려운 생각을 하기 싫어도 그런 생각이 저절로 들 때가 있지. 누구나 두려워할 때가 있으니까. 그럴 때는 하나님이 가까이 계신다는 사실을 떠올려 봐. 하나님이 얼마나 강하신지, 나를 얼마나 사랑하시는지 떠올려 보는 거야. 그리고 하나님께 도와 달라고 요청해. 두려운 마음이 들 때는 먼저 하나님을 두려워해야 해.

더 깊은 탐구를 위하여

하나님이 자녀에게 무엇을 약속해주셨는지 더 알고 싶다면 샐리 마이클이 쓴 『하나님의 약속』(*God's Promise*, 국내 미번역)을 읽어 봐.

암기를 잘하는 법

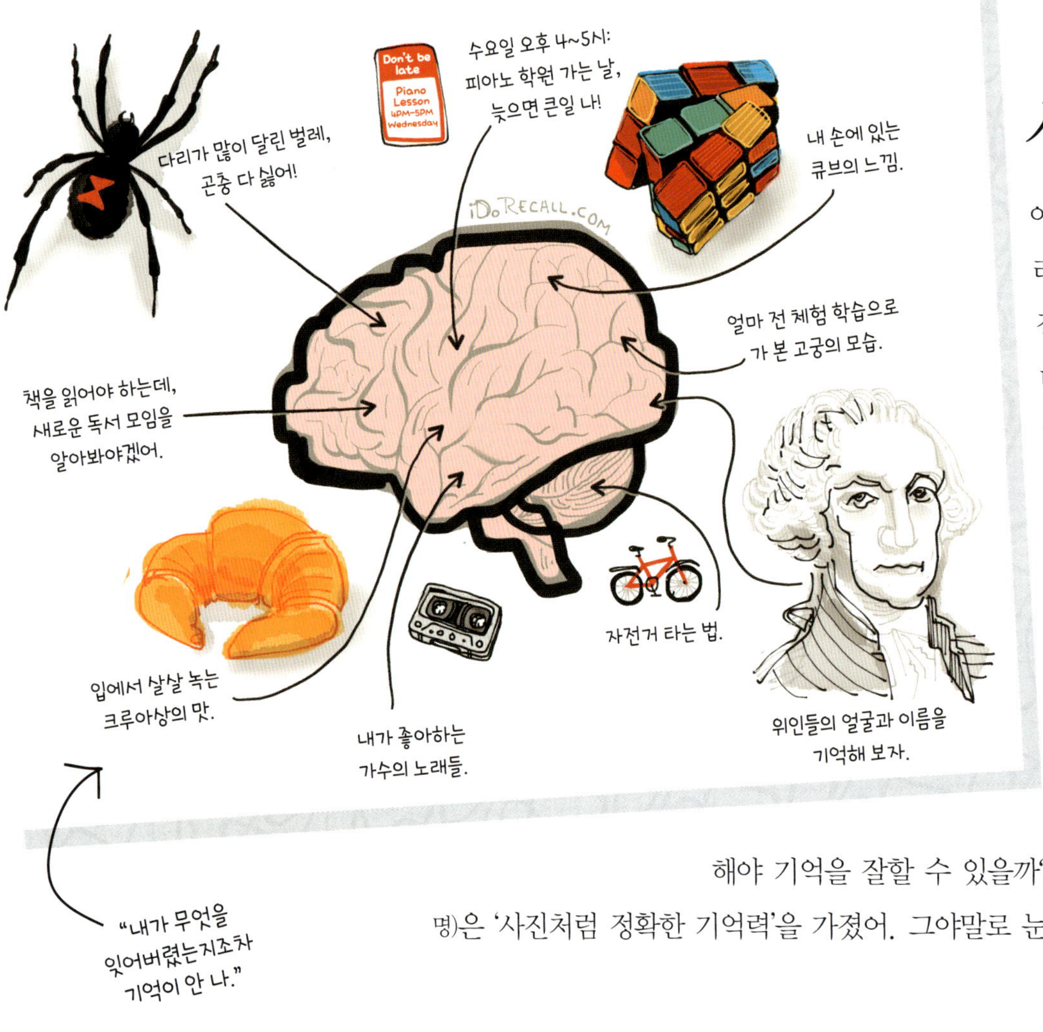

생각하는 시간은 버리는 시간이 아니야. 하나님은 우리가 그분께 받은 정신을 잘 사용하기를 원하신단다. 그래서 성경은 '생각해라, 잊어버리지 마라, 기억해라' 하고 백 번도 넘게 명령해. 옆 페이지에 나오는 상자를 보면 그런 구절 몇 가지를 볼 수 있지.

그렇다면 어떻게 해야 기억을 잘할 수 있을까? 어떤 사람(약 백 명 중 한 명)은 '사진처럼 정확한 기억력'을 가졌어. 그야말로 눈으로 본 건 뭐든 기억하는 사람이지. 하지만 보통 사람들은 그럴 수 없어. 그래서 우리는 보거나 들은 것을 잊어버리지 않기 위한 방법을 찾아야 해. 기억을 도와주는 몇 가지 방법을 소개해 줄게.

사실들을 서로 연결해. 네 머리를 가방으로 생각해 봐. 빈 가방을 메고서 수십 가지 짐을 손에 들려는 사람은 없지. 그런데 그 모든 짐을 가방에 넣으면 한꺼번에 옮길 수 있어.

새로운 사실을 이미 알고 있는 사실들과 연결하면 기억하기가 훨씬 쉬워져. 예를 들어, 무지개의 색깔을 올바른 순서대로 외울 수 있니? 순서는 빨강, 주황, 노랑, 초록, 파랑, 남색, 보라야. 그런데 각 색깔의 첫 글자를 연결해 '빨주노초파남보'로 외우면 훨씬 더 쉽게 외울 수 있지.

그림으로 상상해. 이런 기억법도 있어. 어떤 사람의 이름을 그 사람의 특징과 연결하는 거야. 예를 들어, 덕수라는 사람에게 덥수룩한 수염이 있으면, 그 이름을 기억하기가 쉽지. 경모라는 이름은 경찰 모자 그림을 상상하면 외우기가 쉬워지지.

"이스라엘아 들으라 우리 하나님 여호와는 오직 유일한 여호와이시니 너는 마음을 다하고 뜻을 다하고 힘을 다하여 네 하나님 여호와를 사랑하라 오늘 내가 네게 명하는 이 말씀을 너는 마음에 새기고"(신명기 6:4~6).

"내 아들아 나의 법을 잊어버리지 말고 네 마음으로 나의 명령을 지키라"(잠언 3:1).

"죽은 자 가운데서 다시 살아나신 예수 그리스도를 기억하라"(디모데후서 2:8).

"내가 너희와 함께 있을 때에 이 일을 너희에게 말한 것을 기억하지 못하느냐"(데살로니가후서 2:5).

"내가 너희에게 종이 주인보다 더 크지 못하다 한 말을 기억하라"(요한복음 15:20).

"내가 힘써 너희로 하여금…어느 때나 이런 것을 생각나게 하려 하노라"(베드로후서 1:15).

성경에서 가장 짧은 구절은 무엇일까?

답: 요한복음 11장 35절, "예수께서 눈물을 흘리시더라".

써 봐. 예를 들어, 성경 구절들을 카드에 쓴 다음, 카드 뒤에는 각 단어의 첫 글자만 써 두는 거야. 이 첫 글자들을 외우려 하지 말고, 다음 단어가 생각나지 않을 때 한 번씩 봐. 첫 글자를 보면 자동으로 단어가 생각날 거야.

카드 앞

"복 있는 사람은 악인들의 꾀를 따르지 아니하며 죄인들의 길에 서지 아니하며 오만한 자들의 자리에 앉지 아니하고 오직 여호와의 율법을 즐거워하여 그의 율법을 주야로 묵상하는도다 그는 시냇가에 심은 나무가 철을 따라 열매를 맺으며 그 잎사귀가 마르지 아니함 같으니 그가 하는 모든 일이 다 형통하리로다"(시편 1:1~3).

카드 뒤

시편 1편 1~3절

1. ㅂㅇㅅ, ㅇㄷㄲㄸㅇ, ㅈㄷㄱㅇ, ㅇㅈㄷㅈㅇㅇ
2. ㅇㅇㅇㅈ, ㄱㅇㅈㅁ
3. ㄱㅅㄴㅅㅊㄸㅇㅁ, ㄱㅇㅁㅇㄱ, ㄱㅎㅁㅇㄷㅎ

기억하려고 노력해. 성경을 읽고 나서 읽은 내용을 다 기억할 수는 없지. 하지만 최소한 그 구절이 다음과 같은 질문에 뭐라고 답하는지는 기억하려고 노력해 봐.

- 하나님은 어떤 분이신가?
- 하나님이 나를 위해 무엇을 하셨는가?
- 하나님이 나에게 무엇을 약속해 주셨는가?

시편 암송

시편 1편과 23편, 100편 암송에 도전해 볼래?
(천천히, 큰 소리로, 하루에 다섯 번씩 이 시편을 읽으면서 얼마나 빨리 외우는지 시험해 봐.)

성경에서 가장 긴 구절은 무엇일까?

답: 에스더 8장 9절. "그때 시완월 곧 삼월 이십삼일에 왕의 서기관이 소집되고 모르드개가 시키는 대로 조서를 써서 인도로부터 구스까지의 백이십칠 지방 유다인과 대신과 지방관과 관원에게 전할새 각 지방의 문자와 각 민족의 언어와 유다인의 문자와 언어로 쓰되."

23

하나님의 비밀(스럽지 않은) 임무

지금 하나님이 중요한 임무를 수행하고 계신다는 사실을 아니? 사실, 이건 하나님이 아주 오래전부터 해오신 임무야.

하나님의 가장 중요한 임무: 모든 사람이 하나님을 알고 사랑할 수 있도록 하나님의 영광을 온 세상에 퍼뜨리는 것.

태초에 하나님은 아담과 하와를 하나님의 형상대로 창조하셨어. 우리가 부모님을 닮은 것처럼 아담과 하와도 여러 모로 하나님을 닮았다는 말이야. 또 하나님은 아담과 하와에게 그들처럼 하나님을 닮은 사람들(자녀와 손주)로 이 땅을 가득 채우라고 명령하셨어(창세기 1:27~28).

생각해 봐!

"하나님은 아들이
딱 한 명 있었는데
그 아들을 선교사로
만드셨다."
_데이비드 리빙스턴

"하나님이 큰일을
하실 거라고 기대하라.
그리고 하나님을 위해
큰일을 하라."
_윌리엄 캐리

하지만 아담과 하와는 하나님이 맡기신 임무를 거절했어. 그들은 하나님의 말씀을 듣거나 따르지 않기로 했고(성경은 이것을 '죄'라고 불러), 그 뒤로 세상은 엉망진창이 되었지. 그때부터 모든 인간은 여전히 하나님을 닮긴 했지만, 하나님이 맡기신 임무는 수행하지 않고 잘난 척을 하고 싶어서 자신의 하찮은 임무만 좇고 있지. 그리고 죄 때문에 싸움과 거짓말, 질투, 전쟁, 질병, 죽음 같은 나쁜 일도 줄줄이 일어났어(지금도 여전히 일어나고 있고). 세상은 하나님의 영광으로 가득하기는커녕 죄와 고통만 가득한 것처럼 보였어. 하지만 하나님은 깜짝 놀랄 만한 계획을 세워 놓고 계셨지.

하나님은 이 땅에 사는 수많은 사람 가운데 그분의 임무를 수행할 사람으로 한 가족을 선택하셨어. 아담과 하와와 같은 임무를 받았지만 새로운 출발이었지. 하나님은 아브람(나중에 아브라함으로 이름이 바뀌어)을 새로운 백성, 곧 하나님 백성의 우두머리로 선택하셨어. 하나님은 이 새로운 백성에게 자신이 어떤 분이며, 어떻게 하면 자신의 영광을 드러낼 수 있는지 가르쳐 주실 생각이셨지. 하나님은 아브라함과 그 자손을 통해 자신의 영광을 온 세상에 드러내시고 모든 나라에 복을 내리기로 하셨어(창세기 12:1~3).

그런데 안타깝게도 아브라함과 그 자손(이스라엘 백성)은 하나님의 영광을 잘 드러내지 못했단다. 그들의 삶은 죄로 새까맣게 얼룩져 있었지. 하나님은 그분을 닮은 삶이 어떤 것인지 정확히 가르쳐 주셨지만, 그들도 그분의 법을 어기고 말았어. 그래서 하나님의 임무는 결국 실패했을까?

전혀 아니야. 사실 이 모든 일은 다 하나님의 계획 속에 있었지. 수백 년이 흐른 뒤 어느 날, 하나님과 사람들을 완벽히 사랑할 수 있는 한 이스라엘 사람이 태어났어. 그분은 매일같이 하나님의 뜻대로 살기를 바랐지. 그분은 하나님을 완벽하게 닮았기 때문에 '새로운' 아담이라고 불릴 만했어. 그분의 이름은 물론 예수님이야.

예수님은 하나님의 임무를 완성하신 분이지. 예수님은 우리가 흉내도 낼 수 없는 완벽한 삶을 사셨고, 우리가 마땅히 당해야 할 죽음을 대신 당하셨어. 예수님이 돌아가신 덕분에 우리가 지은 모든 죄가 없어졌어. 그리고 예수님은 죽었다가 다시 살아나셔서 영원히 죽음에서 승리하셨지! 이렇게 다시 살아나는 것을 부활이라고 해. 예수님의 부활은 우리 죄가 진정으로 용서받을 수 있다는 확실한 증거야. 예수님이 임무를 성공적으로 수행하신 덕분에 이제 예수님의 모든 제자는 하나님의 영광을 환히 비추는 새로운 세상에서 살게 될 거야.

하나님의 영광이란 무엇일까?

'영광'이란 어떤 것을 다른 것들과 달리 특별히 돋보이게 만드는 것을 뜻해. 예를 들어, 에베레스트 산의 영광은 바로 높이지(에베레스트산보다 높은 산은 없잖아).

대왕고래의 영광은 몸집이고(대왕고래보다 큰 동물은 없어).

그렇다면 하나님의 영광은 뭘까? 하나님의 영광은 '하나님다움'이 나타나는 걸 말해. 하나님 같은 분은 세상 어디에도 없어. 그리고 하나님만이 참 하나님이시지. 하나님은 사랑과 자비, 은혜가 많으신, 온 우주에서 가장 옳은 분이셔.

하나님이 자신을 어떻게 소개하시는지 잘 들어 봐. "나 여호와는 자비롭고 은혜로우며 쉽게 노하지 않고 사랑과 진실이 풍성한 하나님이다. 나는 사랑을 천 대까지 베풀고 죄와 잘못을 용서하지만 그렇다고 범죄한 자를 벌하지 않은 채 그대로 두지는 않을 것이"다(출애굽기 34:6~7, 현대인의성경).

하나님이 영광을 드러내시는 것은 자신이 얼마나 선하고 은혜롭고 참된 분인지를 똑똑히 보고 감탄하라는 뜻이야.

지금도 예수님은 제자들에게 하나님의 복을 이 땅의 모든 나라에 전해 주라고 명령하고 계셔(마태복음 28:18~20). 그리고 언젠가 하나님은 이 임무를 완성하실 거야. 그날이 오면 "물이 바다를 덮음같이 여호와의 영광을 인정하는 것이 세상에 가득"해질 거야(하박국 2:14).

그때 하나님의 백성은 "임무 완성!"이라고 외칠 거야.

"주님은 책을 받아 봉한 것을 뗄 수 있는 분이십니다. 일찍 죽임을 당하셔서 종족과 언어와 국가를 초월하여 세계 모든 민족들 가운데서 당신의 피로 사람들을 사서 하나님께 드리시고 그들을 제사장들의 나라가 되게 하여 우리 하나님을 섬기게 하셨으니 그들이 땅에서 다스릴 것입니다"(요한계시록 5:9~10, 현대인의성경).

...

너는 하나님의 자녀라는 것을 믿니? 그렇다면 너에게 맡겨진 임무가 있다는 사실을 아니? 그 임무는 바로 하나님의 임무이기도 해. 바로 온 세상에 하나님의 영광을 비추고 예수님에 관한 복된 소식을 세계 방방곡곡에 전하는 거야. 뭐, 그렇다고 어렵게 생각할 필요는 없어. 이렇게 시작하면 돼.

자, 네가 맡은 임무를 시작해!

1. **기도해**(에베소서 6:19, 골로새서 4:3~4, 로마서 10:1).
2. **사람들을 사랑해**(요한복음 4:1~42, 13:34~35, 사도행전 16:13).
3. **사람들에게 예수님에 관해 말해 줘**(마태복음 28:19~20, 사도행전 8:4).

더 깊은 탐구를 위하여

하나님의 비밀 임무를 수행한 사람들에 관해서 알고 싶다면 벤 알렉스가 쓴 위인전인 「믿음의 영웅」 시리즈를 읽어 봐. 그 시리즈 중 몇 권만 소개해 보면 『데이빗 리빙스턴』과 『허드슨 테일러』, 『윌리엄 캐리』(이상 디모데 출간) 등이 있어.

24

하나님께 삶을 드린 여자들 1

에이미 카마이클

1867년에 아일랜드에서 태어난 에이미 윌슨 카마이클은 예수님을 잘 믿는 가정에서 자랐어. 카마이클은 여덟 남매 중 첫째였지. 카마이클의 눈은 갈색이었는데, 어릴 적에는 파란 눈을 가진 사람을 몹시 부러워했어.

그런데 진짜 큰 문제는 그녀가 신경통 때문에 많은 고생을 했다는 거야. 어떨 때는 통증 때문에 몇 주씩이나 집 밖으로 나가지도 못했어. 엎친 데 덮친 격으로 카마이클이 18세 때 아버지가 세상을 떠나고 말았단다. 하지만 이런 아픔 가운데서도 카마이클은 공장에서 일하는 불쌍한 소녀들을 도왔어. 그 소녀들은 도움이 필요했어. 무엇보다도 예수님이 꼭 필요했지. 그래서 카마이클은 주일 아침에 그런 소녀들에게 복음을 가르치기 시작했어. 그 주일학교 반에 소녀들이 한두 명 모이더니 어느새 500명으로 불어났어.

스무 살이 된 카마이클은 유명한 중국 선교사였던 허드슨 테일러의 설교를 듣게 되었어. 하나님은 그 설교를 통해 카마이클에게 선교사가 되려는 꿈을 심어 주셨단다. 그런데 카마이클은 하나님이 자신을 어디로 보내실지 알 수 없었어. 그래서 처음에는 중국 선교사로 가려고 생각했지만 원하는 대로 되지 않았지. 그 뒤에는 일본으로 가게 되었는데, 몸이 너무 아파서 고향으로 돌아올 수밖에 없었어. 그 뒤에는 스리랑카에서 한동안 선교사로 활동했는데 또다시 병이 나고 말았어. 하지만 이번에는 고향으로 돌아가지 않았어. 그 대신 옆 나라인 인도에서 건강을 회복했어. 그리고 하나님은 카마이클의 남은 평생을 인도에서 선교사로 살게 하셨어.

카마이클은 인도에서 도움이 필요하고 예수님이 필요한 어린 소녀들을 만나게 되었어. 몹쓸 취급을 당하며 큰 상처를 받은 이 소녀들은 힌두교 사원의 노예였어. 하루는 쁘리나라는 소녀가 힌두교 사원에서 탈출해 카마이클을 찾아왔어. 쁘리나는 카마이클의 무릎 위에 올라앉아 '암마'라고 했어.

그것은 '엄마'라는 뜻이야. 오랜 세월이 흘러 쁘리나는 카마이클을 만난 일에 관해 이렇게 말했어.

"우리의 소중한 암마는 아침 식사를 준비해 주셨어요. 암마는 나를 보자마자 무릎에 앉히고는 입을 맞추어 주었죠. 그때 저는 이런 생각을 했어요. '예전에 우리 엄마도 나를 무릎에 앉히고 입을 맞춰 주었는데, 엄마처럼 입을 맞춰 주는 이 사람은 도대체 누구지?' 그날부터 암마는 내 엄마이자 내 몸과 영혼이 되었어요."

카마이클은 계속해서 이 노예 소녀들을 도왔어. 소녀들을 구하느라 목숨이 위태로운 적이 한두 번이 아니었지. 스파이처럼 인도 여자 복장을 하고서 힌두교 사원에 잠입했어. 노예 소녀들을 몰래 구해 내려고 인도의 전통 옷을 입고 피부는 커피로 검게 칠한 거야. 카마이클은 하나님이 왜 자신에게 갈색 눈을 주셨는지 퍼뜩 깨달았어. 보통 인도인의 눈은 갈색이거든. 갈색 눈 덕분에 카마이클은 튀지 않고 비밀 구조 작전을 무사히 수행할 수 있었어. 눈이 파란색이었다면 금방 들켰을 거야.

얼마 있지 않아 카마이클은 많은 소녀를 돌보게 되었어. 그리고 곧 그들도 카마이클을 진심으로 사랑하게 되었지. 하지만 먹여 살려야 할 소녀도 많았고, 자주 위험한 상황에 처했어. 카마이클은 편안한 생활과 친구, 꿈, 시간까지 자신의 모든 것을 포기했어. 한번은 한 여자가 선교사의 삶에 관해 알고 싶다는 편지를 보내왔지. 그때 카마이클은 "선교사의 삶은 간단히 말해, 죽을 기회예요"라고 답장을 했어. 카마이클은 "누구든지 나를 따라오려거든 자기를 부인하고 자기 십자가를 지고 나를 따를 것이니라"(마가복음 8:34)고 말씀하신 예수님을 따르려고 자신의 모든 것을 포기했어.

65세가 되었을 때 카마이클은 다리가 부러지고 등에 심한 상처를 입었어. 그래서 그 후 19년 동안 침대에 누워 살 수밖에 없었지. 하지만 그 힘든 시간마저 카마이클은 다른 사람을 돕는 시간으로 사용했어. 그 시간 동안 그녀는 책 16권을 쓰고, 전에 썼던 책들을 다시 고쳐 썼어. 그중 한 권이 바로 『만약』(*If*, 국내 미번역)이라는 책이야. 믿음에 관해 쓴 글을 모은 것인데, 모든 글은 똑같이 "그렇다면 나는 갈보리의 사랑을 전혀 모르는 것이네"로 끝나. 그 글을 맛보기로 조금만 볼까?

> 만약 내가 하나님의 영광을 위해 시련을 무사히 통과하게 해 달라고 하지 않고 피하게 해 달라고 간구한다면, 만약 내가 십자가의 길이 꽃밭이 아닌 십자가로 향한다는 것을 잊어버린다면, 내가 삶을 이런 식으로 살면서, 험난한 길을 만나면 깜짝 놀라고, 성경에서 "이상하게 생각하지 말고 모두 기쁨으로 여기라"고 말하는데도 이상하게 여긴다면…, 그렇다면 나는 갈보리의 사랑을 전혀 모르는 것이네.

카마이클은 1951년 인도에서 세상을 떠났어. 그때 그녀의 나이는 84세였지. 그녀의 묘비 앞에는 '암마'라고 쓰인 정원용 수조가 놓여 있어.

로티 문

"내게 중국 사람들에게 줄 천 개의 생명이 있으면 좋으련만." _ 로티 문

이런 놀라운 말을 한 샬럿('로티') 문은 1840년 미국 버지니아주에서 태어났어. 사람들은 로티를 에너지가 넘치는 작은 소녀로 기억했지. 또 로티는 무척 똑똑해서 히브리어와 그리스어, 라틴어, 이탈리아어, 프랑스어, 스페인어까지 외국어를 여섯 개나 할 줄 알았어. 로티는 기독교 집안에서 자라 대학생 때 예수님을 영접했어. 그 뒤로 그 작고 가녀린 몸으로 열심히 예수님을 전했단다.

어느 날 로티는 중국 여자들에게 복음을 전하려는 부푼 희망을 안고 중국 해안에 도착했어. 그런데 어쩌다 보니 중국 전역을 돌며 복음을 전하겠다는 꿈은 잠시 미루고, 작은 교실에서 말썽꾸러기 40명을 가르치게 되었어.

하지만 로티는 포기하지 않았어. 그녀는 교사로 일하면서도 복음을 전하기 위해 무언가를 더 하고 싶었어. 그래서 고민 끝에 펜을 들어 사람들에게 선교사가 되라고 격려하는 편지와 글을 쓰기 시작했지. (그렇게 쓴 편지를 모은 책이 무려 400페이지가 넘어!) 로티의 글을 통해 많은 사람이 그리스도를 위해 행동하기 시작했지. 로티는 이런 글을 썼어. "왜 영혼을 향한 사랑보다 금을 향한 사랑이 더 강한지 물

으며 슬퍼하지 않을 수 없다. (산둥성에) 금을 바라며 땅을 파는 사람의 숫자가…(그리스도를) 전하는 사람의 숫자보다 두 배 이상 많다! 진지하게 고민해야 할 사실이다."

로티의 글을 보고 사람들이 선교사를 위한 성탄절 헌금을 모으기 시작했어. 첫해에는 3,315달러가 모였지. 그 정도면 세 명의 선교사를 중국에 보내기에 충분한 액수였어. (그 뒤로 지금까지 30억 달러 이상의 선교 헌금이 모였어.)

결국 로티는 중국의 심장부로 들어가 홀로 그리스도를 전하기 시작했어. 로티는 온종일 일하면서 예수님을 전하고 또 전했어. 수많은 사람이 로티의 말을 들으러 왔단다.

1889년 로티는 이런 글을 썼어. "여자 서너 명이 붙어서 해야 하는 일을 혼자 하려고 애쓰고 있다. 어떨 때는 젊은 남성이 해야 하는 일도 한다." 로티는 두 번 고향에 다녀온 것을 빼고 1873년 33세부터 1912년 72세로 세상을 떠날 때까지 쭉 중국에서 복음을 전했어. 로티는 그리스도를 섬기는 일에 삶을 바쳤지. 로티의 아름다운 희생은 그녀가 죽은 뒤에도 하나님을 위한 많은 열매를 맺었단다.

더 깊은 탐구를 위하여

이 선교사님들에 관해 더 알고 싶다면, 자넷과 제프 벤지가 쓴 「믿음의 영웅들」 시리즈에서 『에이미 카마이클』과 『로티 문』(이상 예수전도단 출간)을 읽어 봐.

25

라틴어를 배워 보자

영어의 약 60%는 고대 로마 황제들이 사용했던 2,500년 된 언어인 라틴어에서 출발했어. '태양의'(solar)나 '달의'(lunar), '정신적'(mental), '국왕의'(regal) 같은 단어들이 라틴어에서 시작되었지. 어떤 라틴어 단어와 문장은 영어로 변한 게 아니라 아예 그대로 영어가 된 것도 있어. '기타, 등등'을 뜻하는 '엣 세테라'(et cetera)가 그런 경우야.

흔히 사용하는 라틴어 단어와 표현을 소개해 줄게. 잘 기억해 두었다가 친구나 부모님이나 선생님과 대화할 때 써먹으면 재미있겠지?

보나 피데(Bona fide): 진실한, 진정한

내 이야기는 진짜(bona fide) 진실이야.

카니스 메우스 이드 코메디트(Canis meus id comedit):
내 개가 그것을 먹었다.

카르페 디엠(Carpe diem): 현재 이 순간에 충실하라.

클라모(Clamo), 클라마티스(clamatis), 옴네스 클라마무스 프로 그라세 락티스(omnes clamamus pro glace lactis): 나는 소리를 지른다, 너는 소리를 지른다, 우리는 항상 아이스크림을 달라고 소리를 지른다.

크레도(Credo): 믿다.

데오 볼렌테(Deo volente): 하나님이 뜻하시다.

에 플루리부스 우눔(E pluribus unum): 여럿이 모여 하나.

엣 세테라(Et cetera, etc.): 기타, 등등.

엑셈플리 그라티아(Exempli gratia, e.g.): 예를 들어.

사람들은 여러 교통수단으로 도착했다[예를 들어(e.g.), 자동차나 트럭, 오토바이, 미니밴].

팍 우트 가우데암(Fac ut gaudeam): 할 테면 해 봐!

글로리아 인 엑셀시스 데오(Gloria in excelsis deo):
지극히 높은 곳에 계신 하나님께 영광.

이데스트(Id est, i.e.): 즉.

아이는 불쾌함을 드러냈다[즉(i.e.) 아이는 20분간 소리를 질렀다].

라브라 레게(Labra lege): 내 말을 잘 들어.

놀리 하베레 보비스, 비르(Noli habere bovis, vir): 이봐, 진정해!

퍼 세이(Per se): 그 자체로.

그는 책을 읽을 줄은 알지만 문학 자체(per se)의 전문가는 아니다.

포스타템 오브스쿠리 라터리스 네시티스(Postatem obscuri lateris nescitis): 당신은 어두운 면의 힘을 모른다.

셈퍼 피델리스(Semper fidelis): 항상 충성.

시크(Sic): 원문(의 실수) 그대로.
이 문장은 실수가 있긴 하지만, 일부로 원문 그대로(sic) 썼다.

시네 쿼 논(Sine qua non): 필수불가결한 것.

그 쿼터백은 팀의 공격에 꼭 필요한(sine qua non) 선수였다.

싯 피스 노비스쿰(Sit vis nobiscum): 당신에게 힘이 있기를.

솔라 데오 글로리아(Sola deo Gloria): 오직 하나님께만 영광.

솔라 그라티아(Sola gratia): 오직 은혜로.

솔라 크리스토(Solo Christo): 오직 그리스도로.

스테이터스 쿼(Status quo): 현재 상황.

버베이팀(Verbatim): 말 그대로.

바이스 버사(Vice versa): 반대로.

26

성경에 나오는 보물

"이날에 그들의
하나님 여호와께서 그들을
자기 백성의 양 떼같이
구원하시리니 그들이
왕관의 보석같이
여호와의 땅에 빛나리로다"
(스가랴 9:16).

과학자들은 48가지 보석을 밝혀냈어. 그중에서 가장 유명하고 귀한 보석은 다이아몬드와 루비, 에메랄드야. 최근 엄청난 부자가 어린 딸에게 생일 선물로 무려 543억 원짜리 블루문 다이아몬드를 사 주었다고 해. 정말 엄청난 생일 선물이지 않니?

네가 성경 시대에 왕이나 여왕이었다면 큰 부자였을 거야! 이전 왕이나 여왕에게 물려받은 '왕의 보석'을 갖고 있었겠지. 이런 보석을 국보라고 하는데, 국보 외에도 개인적으로 막대한 돈과 비싼 예술품, 대저택, 온갖 보석을 소유했을 거야. 개인 보물은 너만의 것이니 왕실 보물보다 더 큰 의미가 있었겠지. 그것은 너만의 특별한 보석이니까.

성경은 하나님도 마찬가지셨을 거라고 말해. 하나님은 우주의 왕이시기 때문에 모든 별과 나라, 금광, 보석, 동물, 사람이 다 그분의 것이지. 하지만 하나님께도 '특별한 보물'이 있다는 것을 아니? 하나

성경에는
여러 종류의 보석이
나와. 구약을 보면 대제사장의
가슴에 대는 흉패는 열두 가지 보석이
가로 3열, 세로 4열로 박혀 있었지. 각
보석에는 이스라엘 열두 지파의 이름이
새겨져 있었어. 대제사장은 하나님이 귀한
보물로 사랑하고 아꼈던 이스라엘
온 백성을 대표해서 하나님의
성전에서 일했어.

출애굽기를 보면 대제사장의 흉패에 어떤 보석이 붙어 있었는지 일일이 기록되어 있어.

"그것에 네 줄로 보석을 물리되 첫 줄은 홍보석 황옥 녹주옥이요 둘째 줄은 석류석 남보석 홍마노요 셋째 줄은 호박 백마노 자수정이요 넷째 줄은 녹보석 호마노 벽옥으로 다 금테에 물릴지니 이 보석들은 이스라엘 아들들의 이름대로 열둘이라 보석마다 열두 지파의 한 이름씩 도장을 새기는 법으로 새기고" (출애굽기 28:17~21).

"그러나 너희는 택하신 족속이요
왕 같은 제사장들이요
거룩한 나라요
그의 소유가 된 백성이니
이는 너희를 어두운 데서
불러내어 그의 기이한 빛에
들어가게 하신 이의
아름다운 덕을 선포하게
하려 하심이라"
(베드로전서 2:9).

님이 창조하신 그 어떤 것보다도 아끼고 소중히 여기시는 것이 있단다. 하나님의 백성이 바로 그분의 특별한 보물이야. 하나님이 가장 사랑하시는 보석이지. 네가 하나님의 것이라면 너도 그분의 특별한 보물이야. 하나님은 다른 무엇보다도 자기 백성을 사랑하시지(신명기 7:6, 디도서 2:14).

이것은 네가 그리스도인이라면 하나님의 사랑을 더 받기 위해 노력할 필요가 없다는 뜻이야. 그리고 하나님이 그렇게 너를 사랑하시니까 남들의 사랑에 집착할 필요가 없어. 완벽하게 보이거나 행동하려고 애쓸 필요도 없고. 하나님께 너는 이미 그 무엇과도 비교할 수 없는 보물이야. 네가 예수님을 믿는다면 너는 하나님의 가장 특별한 보물이야. 그리스도인은 다이아몬드나 루비, 에메랄드보다도 귀한 보물이야.

왜 그렇게 하면 안 돼요?

"왜 그 텔레비전 프로그램을 보면 안 돼요?"

"왜 그 음악을 들으면 안 돼요?"

"왜 이 앱을 다운로드하면 안 돼요?"

"왜 이 옷을 입으면 안 돼요?"

"왜 이 친구네 집에 가면 안 돼요?"

"왜 이 비디오 게임을 하면 안 돼요?"

혹시 집에서 이런 불평을 자주 하니? 네가 부모님이 정한 규칙에 순종하기를 하나님이 바라신다는 것을 너는 이미 알고 있을 거야(에베소서 6:1~3). 그런데 왜 부모님이 어떤 것은 허락하고 어떤 것은 허락하지 않으시는지 그 이유를 고민해 본 적이 있니? 아마 부모님도 너에게 무언가를 해도 되거나 하지 말라고 하기 전에 다음과 같은 고민을 하셨을 거야.

1 성경에서 이것에 관해 무엇이라고 말하는가?

성경 말씀에 나온 대로 순종해야 해. 예를 들어, 나쁜 말을 해도 될까?(에베소서 5:4)

2 이것은 좋은 것인가?

하나님이 세상을 '심히 좋게' 만드셨다는 사실을 잊지 마. 심지어 아담과 하와의 죄로 세상에 악이 들어

온 뒤에도 하나님의 세상은 여전히 좋은 것으로 가득했어. 예를 들어, 어떤 춤은 악하지만, 춤 자체는 좋으신 하나님을 나타낼 수 있는 좋은 수단이지. 하나님은 온몸으로 기쁨을 표현하기 위한 좋은 방법으로 춤을 주셨단다(시편 30:11, 149:3).

3 이것 때문에 하나님께 감사할 수 있는가?

하나님은 우리에게 즐길 거리를 많이 주셨어. 그리고 우리가 모든 것에 감사하기를 바라시지(우리가 식사하기 전에 감사 기도를 드리는 이유도 이 때문이야). 마음에서 우러나와 감사할 수 없는 것이라면 하지 말아야 해. 예를 들어, 어떤 텔레비전 프로그램을 보며 하나님께 감사할 수 없다면 그런 프로그램은 보지 말아야 해(로마서 14:6, 고린도전서 10:30~31, 디모데전서 4:3~5).

4 이렇게 하는 것이 지혜로운 행동인가?

원래는 괜찮지만 어떤 시간이나 장소에서는 적절하지 않은 행동이 있어. 예를 들어, 사탕을 먹는 것이 잘못은 아니지만, 지혜롭지 않게 사탕을 먹을 수도 있지(예를 들어, 사탕을 너무 많이 먹거나 건강이 좋지 않은데 사탕을 먹는 것 혹은 잠자기 직전에 사탕을 먹는 것). 부모님이 어떤 책이나 영화, 비싼 앱, 옷을 허락하지 않으실 때는 그것들이 특별히 나빠서라기보다 그다지 좋지 않기 때문에 허락하지 않으시는 것일 수도 있어. 너의 나이나 상황에 어울리지 않는 것일 수도 있고(잠언 26:4~5, 고린도전서 10:23~24, 골로새서 4:5).

5 이것이 하나님보다 중요해지지는 않았는가?

죄란 하나님이 만드신 무언가를 하나님보다 더 사랑하는 것을 말해. 물론 하나님은 그분이 만드신 것을 우리가 즐기기를 바라셔. 하지만 우리가 그 무엇보다 하나님을 사랑하기를 바라시지. 아무리 좋은 것이라고 해도 우리가 너무 많이 좋아하면, 그것은 우리에게 나쁜 것이 된단다. 예를 들어, 방 청소를 하라는 엄마의 말을 무시한 채 몇 시간씩 비디오 게임만 한다면 그 게임이 네게 너무 중요해진 거야. 게임 자체는 나쁘지 않아도 네가 그것을 너무 사랑하기 때문에 너에게 나쁜 것이 돼 버린 거야(요한일서 2:16, 골로새서 3:5).

6 이것이 죄를 죄가 아닌 것처럼 보이게 하는가?

분명히 죄인데 죄가 아닌 것처럼 보이게 하는 것이 있어. 예를 들어, 영화나 책 속의 악당은 항상 잘못된 행동을 하는 나쁜 사람이지. 그런데 어떤 영화나 책에서는 이런 악당을 괜찮은 사람으로, 심지어 재미있는 사람으로까지 그려. 그럼 사람들은 그런 악당의 모습을 보며 재미있다고 웃거나 아예 신경도 쓰지 않고 넘어가 버려. 그러다 보면, 죄를 나쁜 것이 아니라 당연한 것으로 여기게 되지. 하지만 엄연히 하나님은 죄를 몹시 미워하셔. 죄는 사람들의 삶을 파괴하고, 관계를 찢어 놓으며, 결국 우리를 죽음으로 몰고 가. 그러니까 죄는 절대 올바른 게 아니야. 이 세상을 위한 하나님의 좋은 계획에서 벗어나게 하는 거야(로마서 6:6).

생각해 봐!

"어찌된 일인지 우리는 완전히 잘못된 것만 죄라는 착각에 빠져 있다. 그리고 옳은 것을 강조하지 않는 사람이 사실은 세상에서 가장 위험한 사람이라는 점을 이해하지 못하고 있다."

_마틴 로이드 존스

28

지혜로운 사람이 되는 길

어른은 일찍 잠자리에 들지 않아도 되고, 자동차도 몰며, 커피도 마시고, 학교에 가지 않아도 되며, 마음껏 여행도 다니니까 부럽지? 하지만 그렇게 할 수 있다고 해서 어른인 것은 아니야. 진짜 성숙한 어른은 하나님과 다른 사람들, 세상 그리고 자기 자신과 올바른 관계를 맺을 줄 아는 사람이지. 성경에서는 이런 사람을 지혜 있는 자라고 해.

지혜를 갖추는 일은 얼핏 쉬워 보이지만, 절대 그렇지 않아. 아담과 하와가 하나님께 반역한 뒤로(창세기 3장) 하나님과 관계를 올바로 맺을 수 있는 사람은 딱 한 명만 빼고 아무도 없었어.

그분은 바로 예수 그리스도시지. 예수님은 완벽하게 지혜로운 삶을 사셨고(누가복음 2:40~52, 11:29~32), 역사상 가장 성숙한 인간이셨지(에베소서 4:13). 그리고 "예수는 하나님으로부터 나와서 우리에게 지혜"(고린도전서 1:30, 이 책의 57장도 봐)가 돼 주셨지. 예수님이 우리의 지혜이시기 때문에 이제 하나님과 우리의 관계는 완전히 회복되었단다.

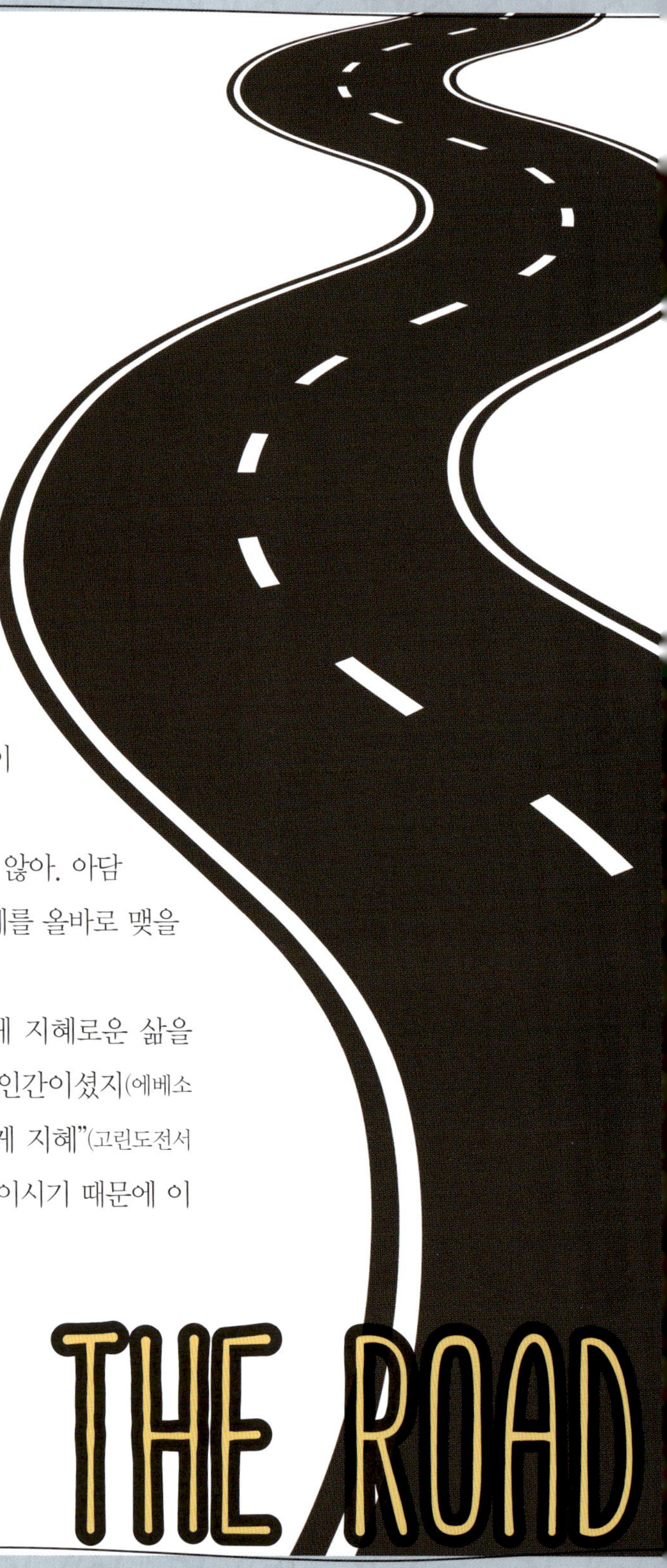

따라서 그리스도인이 성장하려면 먼저 우리의 지혜이신 예수님을 의지해야 해. 그래야 지혜롭게 관계를 맺고, 상황에 대처하는 방법을 알게 되지. 그런데 이런 지혜는 하루아침에 얻을 수 있는 게 아니야. 지혜로워지는 길은 달려가는 길이 아니라 천천히 걸어가는 길이거든. 감사하게도 하나님은 우리를 위해 지혜로운 사람이 되는 길을 친절하게 설명해 주셨어. 잠언 2장에 어린 그리스도인들이 지혜로워지는 여정을 어디서부터 시작해야 하는지 알려 주는 지도가 실려 있어.

1 부모님의 지혜 물려받기(잠언 2:1~2)

아주 어릴 적부터 부모님의 가르침에 귀를 기울이며 두 분의 지혜를 받아들이는 것이 좋아. 부모님, 특히 예수님을 잘 믿는 부모님은 네가 하나님의 말씀과 주변 세상에 관해 잘 배울 수 있도록 도와주실 거야. 귀를 쫑긋하고 부모님의 지혜로운 말씀을 마음에 새겨야 해(함께 읽으면 좋은 구절: 잠언 9:6, 23:19).

OF WISDOM 지혜의 길

2 자신에게 필요한 지혜 구하기(잠언 2:3~4)

좀 더 자라면, 스스로 지혜를 찾기 시작해야 해. 지혜를 달라고 기도하는 거야. 이런 기도는 지혜라는 보물을 찾고자 할 때 정말 중요한 방법이야. 금이나 은보다 더 귀한 지혜를 위한 보물찾기와 마찬가지인 거야. 진정한 지혜의 근원이신 하나님께 구해 봐(함께 읽으면 좋은 구절: 잠언 3:14, 야고보서 1:5).

3 하나님을 두려워하는 마음 품기(잠언 2:5~8)

지혜를 달라고 기도하면 하나님은 지혜로워지기 위해 필요한 것을 주셔. 그것은 바로 하나님을 두려워하는 마음이지. 그 마음은 지혜를 얻기 위한 가장 중요한 재료야. 하나님을 두려워한다는 것은 네가 아닌 하나님이 네 인생의 주인이심을 안다는 뜻이야. 하나님을 두려워하지 않으면 지혜로운 삶을 살 수 없어.

4 이미 아는 지혜를 자신의 것으로 만들기(잠언 2:9~10)

이런 지혜의 재료들을 받아들였다면 이제 모든 좋은 길을 이해할 수 있을 거야. 그것은 지혜가 네 마음속에 자리 잡았다는 뜻이야. 이렇게 네 것으로 삼은 지혜가 너를 변화시켜 줄 거야. 그리고 하나님의 지혜로운 길을 따르는 일이 더 즐거워질 거야. 따라서 다른 사람들에게서 들은 지혜를 너의 것으로 삼는 과정이 필요해.

이것이 지혜로워지는 길이야. 하나님이 창조하신 좋은 세상, 하지만 죄로 일그러진 세상에서 성장하는 길이지.

솔로몬은 얼마나 많은 잠언(지혜로운 글)과 노래를 썼을까?

답: 3천 개의 잠언과 1,005편의 노래(열왕기상 4:32).

솔로몬은 말을 몇 마리나 가졌을까?

답: 12,000마리(열왕기상 10:26).

• • •

잠언을 읽으면 어떻게 성장해야 할지, 어떻게 지혜로운 관계를 맺어야 할지 배울 수 있어. 잠언의 지혜를 배우는 가장 좋은 방법은 잠언을 매일 한 장씩 읽는 거야. 왜냐하면 잠언은 31장으로 되어 있거든. 그래서 1일은 1장, 2일은 2장을 읽는 식으로 하면 한 달이면 다 읽을 수 있어.

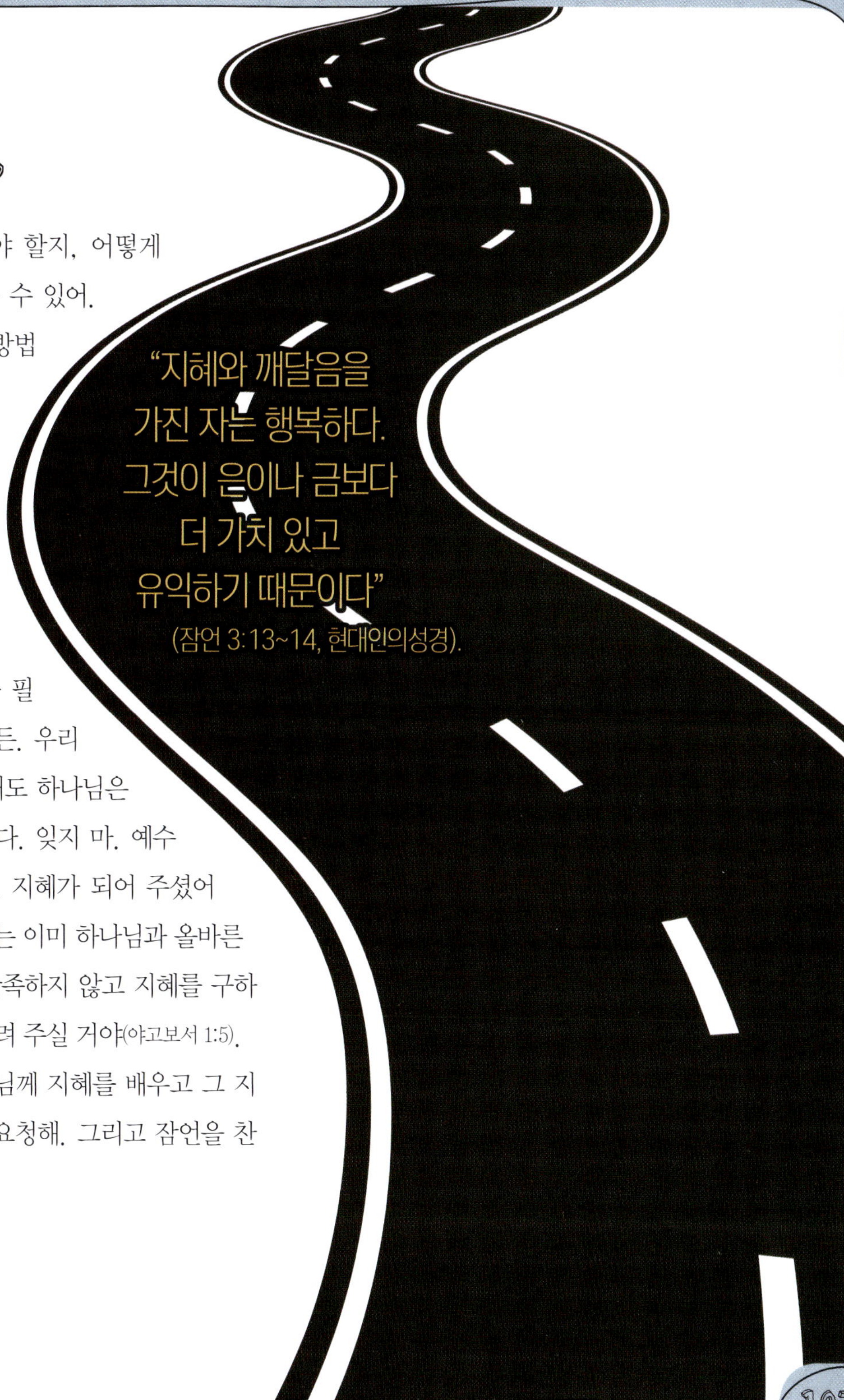

"지혜와 깨달음을 가진 자는 행복하다. 그것이 은이나 금보다 더 가치 있고 유익하기 때문이다"
(잠언 3:13~14, 현대인의성경).

혹시 지혜의 길을 걷다 넘어지더라도 너무 낙심하거나 충격을 받을 필요는 없어. 누구나 그럴 때가 있거든. 우리가 실수하고 어리석은 선택을 할 때도 하나님은 우리에게 꼭 필요한 지혜를 주신단다. 잊지 마. 예수님은 하나님이 주시는 우리의 참된 지혜가 되어 주셨어(고린도전서 1:30). 예수님 덕분에 우리는 이미 하나님과 올바른 관계를 회복했지. 우리가 여기서 만족하지 않고 지혜를 구하면 예수님은 지혜롭게 사는 법도 알려 주실 거야(야고보서 1:5).

현명한 사람이 되고 싶니? 하나님께 지혜를 배우고 그 지혜를 따라 사는 법을 알려 달라고 요청해. 그리고 잠언을 찬찬히 읽고 묵상해 봐.

성경에 나오는 괴물

들소(혹은 오록스)는 1600년대 초에 멸종되었어. 이 무시무시한 소의 키는 180cm가 넘었지.

신화에는 으레 괴물과 사나운 짐승이 등장하지. 고대 그리스 신화도 마찬가지야. 미노타우로스(인간의 몸과 황소의 머리를 가진 괴물)와 히드라(많은 머리가 달린 뱀) 외에도 많은 괴물이 등장하지. 영국에 전해 내려오는 옛날이야기인 "베오울프"에 등장하는 사나운 거인 그렌델은 사람들을 공포에 떨게 했지. 현대 영국 소설인 J. R. R. 톨킨의 『호빗』과 『반지의 제왕』에는 스마우그라는 용과 아조그라는 오크, 발로그와 나즈굴이 등장하지.

성경에도 사나운 짐승이 많이 등장해. 욥기의 마지막 부분은 그야말로 동물원 저리 가라 할 정도지(38:39~41:34). 처음에는 단

성경에서 개는 몇 번이나 등장할까?

답: 41번

순히 사자나 매, 들소 같은 길들여지지 않은 짐승이 등장하는데, 이 구절들에서 사나운 짐승도 하나님이 다스리신다고 말해. 하나님은 여느 동물처럼 사나운 짐승도 돌봐 주셔. 하나님은 귀여운 새끼 강아지나 온순한 판다뿐 아니라 이런 사나운 짐승도 먹이시고, 새끼를 낳게 해 주시며, 그 밖에 필요한 것들을 주시지.

계속해서 욥은 괴물 같은 존재들을 소개하고 있어. 욥기 40장 15절부터 41장 34절까지 두 괴물이 나와. 한 괴물은 거대한 짐승이란 뜻의 '베헤못'이고, 다른 괴물은 유령을 뜻하는 '리워야단'이야. 이런 괴물을 만나고 싶은 사람은 세상에 아무도 없을 거야!

그런데 왜 이런 괴물이 욥의 책에 등장하는 걸까? 그 이유는 우리는 사나운 존재를 통제할 수 없지만 하나님은 그러실 수 있다는 점을 보여 주기 위해서야. 하나님은 처음부터 그런 짐승을 완벽히 통제하셨어. 그래서 괴물뿐 아니라 다른 것에 대해서도 우리는 하나님을 의지할 수 있어. 하나님은 모든 것을 항상 완벽하게 다스리는 분이니까. 심지어 하나님은 좋지 못한 상황도 완벽히 다스리셔. 짐승이며 회오리바람, 질병, 귀신, 사고까지 모든 것이 우주의 왕이신 하나님의 손안에 있는 거야. 하나님은 모든 상황을 아울러서 그분 자신께 유익이 되게 하시지. 물론 하나님께 유익한 것은 우리에게도 유익한 것이지(로마서 8:28).

알고 있니?

어떤 사람은 베헤못을 오늘날 아프리카에서 가장 위험한 짐승 중 하나인 하마라고 생각해.
리워야단은 거대한 악어나 사나운 해양 동물이었을지도 몰라.
그런가 하면 두 괴물 모두 공룡이었을 거라고 생각하는 사람도 있어.

그럼 성경에서 고양이는 몇 번 등장할까?

답: 사자나 표범은 등장하지만 고양이는 한 번도 나오지 않아.

성경에 등장하는 사나운 짐승들을 소개해 볼게.

박쥐(레위기 11:19)
곰(이사야 11:7)
독사(이사야 11:8)
여우(느헤미야 4:3)
왕벌(여호수아 24:12)
표범(예레미야 5:6)
사자(시편 10:9)
도마뱀(레위기 11:30)
타흐마스(맹금류, 신명기 14:15)
들소(신명기 33:17)
고슴도치(이사야 34:11)
쥐(레위기 11:29)
전갈(누가복음 11:12)
바다 괴물(욥기 7:12)
뱀(전도서 10:8)
독수리(레위기 11:13)
멧돼지(시편 80:13)
산 염소(신명기 14:5)
이리(에스겔 22:27)

더 깊은 탐구를 위하여

괴물이 등장하는 좋은 이야기 두 편을 추천하자면 N. D. 윌슨의 「100개의 찬장」(*100 Cupboards*, 국내 미번역) 시리즈에서 1권과 앤드루 피터슨의 「날개깃털 영웅 전설」 1권인 『어둠의 바다 끝에서』(*On the Edge of the Dark Sea of Darkness*, 국내 미번역)를 한번 읽어 봐.

코끼리 유머

코끼리는 성경에 등장하지 않지만 사람들이 즐기는 농담거리야. 친구들과 가족에게 다음과 같은 농담을 해 봐. 단, 순서대로 해야 해.

질문 코끼리를 냉장고에 넣는 방법은?

답 1) 냉장고 문을 연다.
2) 코끼리를 넣는다.
3) 냉장고 문을 닫는다.

질문 기린을 냉장고에 넣는 방법은?

답 1) 냉장고 문을 연다.
2) 코끼리를 뺀다.
3) 기린을 넣는다.
4) 냉장고 문을 닫는다.

질문 주방에 코끼리 한 마리가 있었는지 어떻게 알 수 있을까?

답 땅콩버터에 한 쌍의 발자국이 찍혀 있어.

질문 스포츠카에 코끼리를 몇 마리나 집어넣을 수 있을까?

답 총 네 마리, 앞좌석에 두 마리, 뒷좌석에 두 마리.

질문 주방에 코끼리 두 마리가 있었는지 어떻게 알 수 있을까?

답 땅콩버터에 두 쌍의 발자국이 찍혀 있어.

질문 왜 코끼리는 발톱에 빨간 매니큐어를 칠했을까?

답 체리나무에 숨으려고.

질문 주방에 코끼리 세 마리가 있었는지 어떻게 알 수 있을까?

답 땅콩버터에 세 쌍의 발자국이 찍혀 있어.

질문 타잔이 어떻게 죽었는지 아니?

답 체리를 따다가.

질문 주방에 코끼리 네 마리가 있었는지 어떻게 알 수 있을까?

답 뒷마당에 스포츠카가 주차되어 있어.

30

예의를 지키자

은우(9세): "왜 예의 바르게 행동하는 게 중요한 거예요?"

지훈(11세): "예의는 누군가가 지어낸 귀찮은 규칙이야."

맞아. 예의는 아무 의미 없는 규칙처럼 보이지. 사실 나라마다 규칙이 같은 것도 아니고 말이야. 식탁 위에 팔꿈치를 놓는 것이 그렇게 버릇없는 일일까? 식사 시간에 무릎에 냅킨을 펴 놓는 것은? 다리를 떠는 것은? 그건 생각하기 나름이야. 다른 사람들을 중요하게 생각한다면 예의를 차리게 되지.

예를 들어, 하나님이 다른 사람의 말을 끊지 말라고 명령하신 적이 없는 건 사실이야. 남들이 말할 때 마음대로 끼어드는 것과 좋은 그리스도인이 되는 것은 직접적인 상관이 없어. 하지만 만약 계속해서 대화를 방해하면 친구들과 재미있게 지낼 수 없겠지? 그리고 시간이 지날수록 친구들이 너를 슬슬 피할 거야. 그런데 자기 말만 하기 전에 먼저 친구들의 말에 귀를 기울여 주면 함께 좋은 시간을 보낼 수 있지. 이것이 예의를 지킬 때 일어나는 효과야.

예의는 성경에 일일이 나열되어 있지도 않고, 사실 인생에서 가장 중요한 것도 아니야. 하지만 예의를 지키면 서로 즐겁게 지낼 수 있고, 서로 도움이 되지. 함께 식사하는데 서로 쳐다보지도 않고 휴대 전화만 들여다보고 있다고 생각해 봐. 식탁에 앉은 모든 사람이 쩝쩝대며 음식을 먹는다면? 잠이 들려고 하는데 옆방에 있는 사람이 방이 떠나갈 듯 떠든다면?

이런 행동을 막아 주는 규칙은 그 자체로는 중요하지 않고, 때로는 거추장스럽게 느껴질 수도 있어. 하지만 예수님은 사람이 가장 중요하다고 가르치셨어(마태복음 22:34~40). 이것이 우리가 예의를 지켜야 하는 이유야.

• • •

우리가 예의를 지킨다고 해서 지금보다 하나님의 사랑을 더 받을 수 있는 것은 아니야. 하나님은 이미 우리를 더할 나위 없이 사랑하셔. 하지만 예의는 우리가 다른 사람들에게 하나님의 사랑을 보여 주는 방법이지. **사람들을 섬기고 그들과 함께 즐겁게 살**

기 위해 지켜야 할 예의 몇 가지를 소개할게.

* 다른 사람의 방에 들어갈 때는 먼저 노크를 해야 해.
* 남의 물건은 건드리지 마.
* 다른 사람을 도울 기회를 찾아봐. 도움이 필요한 사람을 외면하지 마.
* 대화할 때는 눈을 마주치거나 고개를 끄덕이며 이야기를 잘 듣고 있다는 반응을 해 줘.
* 다른 사람의 관심을 받으려고 잘난 척해서는 안 돼.
* 뭘 해야 할지 모를 때는 물어봐.
* 누군가를 불렀는데 대답하지 않으면, 기다리거나 가서 찾아봐. 소리는 지르지 말고.
* 모든 사람이 일어서 있거나 일하고 있을 때는 혼자 앉아 있지 말고 그 일에 동참하도록 해.
* 네가 머문 곳을 깨끗하게 정리하고 청소해.
* 생각을 먼저 하고 그다음 행동을 해. 결과를 충분히 고민해 보고 행동하는 거야.
* 손님이나 친구들을 위해 너의 장난감이나 게임기를 내줄 줄도 알아야 해.
* 하고 싶은 것을 하기 전에 먼저 해야 할 것을 해.

* 네 잘못을 인정하고 행동에 대한 책임을 져야 해. 변명하기 시작하면 발전이 없어.

* 너만 재미있다고 되는 게 아니야. 모두가 재미있어야 진짜 재미있는 거야.

* 지루하다고 느낀다면 그것은 분명히 너만 생각했기 때문일 거야.

* 네 앞에 누가 있으면 밀지 말고 기다리거나 돌아서 가.

* 늘 말을 공손하게 해.

알고 있니?

예의는 시대에 따라 변해 왔어.

1950년대 남자들은 건물 안에 들어가거나 여자와 말하기 전에 모자를 벗어야 했어. 그게 예의였지. 또 어른이 말하라고 할 때만 말을 해야 한다고 부모는 아이에게 가르쳐야 했지. 그래서 아이는 어른이 말을 걸 때까지 기다려야 했어. 이처럼 옛날에는 지켜야 할 예의도 달랐어.

예의는 사는 곳에 따라서도 달라져. 유럽의 어떤 나라에서는 밖에서 껌을 씹는 게 나쁜 행동이야. 싱가포르에서는 그것이 아예 불법이지! 극동의 많은 나라에서는 다리를 상대방에게 향하고 앉는 게 예의에 어긋난 행동이라고 해. 그런데 식사 후에 트림하는 건 요리한 사람에게 보내는 최고의 칭찬이라고 해.

새로운 세계를 탐험하기

오랜 세월 독자들의 사랑을 받아온 영국 작가 두 명과 탐험을 떠나 볼까? 이 작가들은 존 번연과 C. S. 루이스야. 번연과 루이스가 쓴 이야기를 읽고 수많은 사람이 새로운 세계로 모험을 떠날 수 있었지.

위험한 여행

1628년 영국에서 태어난 존 번연은 유명한 우화 소설인 『천로역정』을 쓴 작가야. 우화 소설이란 줄거리나 등장인물을 통해 인생에 관한 중요한 교훈을 일깨우는 이야기를 말해. 예를 들어, 『천로역정』에서 '수다쟁이 씨'란 인물은 말만 많고 행동은 하지 않는 사람이지.

『천로역정』에서 존 번연은 크리스천이라는 주인공의 꿈을 이야기하고 있어. 크리스천은 고향인 멸망의 성에서 도망쳐 천국으로 가게 돼. 가는 도중에 크리스천은 좋은 사람과 나쁜 사람뿐 아니라 거인과 용을 만나고 위험한 상황에 부딪히게 되지. 천로역정은 크리스천의 이야기일 뿐만 아니라 온 세상 모든 그리스도인의 이야기이기도 해. 이 이야기는 다음과 같이 시작한단다.

나는 이 세상의 광야 지대를 지나다가 한 동굴이 있는 곳에 이르렀다. 그곳에 누워 잠을 자다가 꿈을 꾸었다. 꿈속에서 어떤 곳에 서 있는 지저분한 옷차림의 한 남자를 보았다. 남자는 자신의 집에서 고개를 돌린 채 손에는 책 한 권을 들고 등에는 커다란 짐 하나를 짊어지고 있었다. 가만히 보니 남자가 책을 펴서 읽다 눈물을 흘리며 몸서리를 쳤다. 그러다 이내 못 참겠는지 비통한 절규를 터뜨렸다.

"도대체 어떻게 해야 할까?"

번연은 이 책을 300년도 더 전에 썼어. 그래서 글을 이해하기가 어려워. 하지만 이해하기 쉽게 쓰인 『천로역정』이 많이 나와 있으니 걱정할 필요는 없어. 몇 가지 영어 번역본을 추천해 줄게.

■ 『위험한 여행』(*Dangerous Journey*, 국내 미번역): 올리버 헌킨이 짧게 편집하고 그림을 곁들인 『천로역정』.
■ 『어린이 천로역정』(*Little Pilgrim's Progress*, 국내 미번역): 헬렌 테일러가 짧게 편집한 『천로역정』.
■ 『리마커블 천로역정』(규장 출간): 게리 슈미트가 그림을 곁들여 현대어로 풀어 썼음.
■ 그 밖에 많은 출판사에서 한국어로 번역한 『천로역정』을 냈음.

번연이 쓴 책 중에서 『거룩한 전쟁』(CH북스 출간)이라는 우화 소설도 있어. 이 이야기를 보면 인간 영혼이라는 도시가 디아볼루스라는 무시무시한 적에게 공격을 받아. 시민들은 적의 작전을 알아내 그를 무찔러야 하지(다시 말해, 이 이야기는 사탄이 어떤 식으로 그리스도인을 유혹해서 죄를 짓게 만들고, 우리가 어떻게 그런 유혹을 물리칠 수 있는지 알려 줘). 에델 배릿이 이 이야기를 현대어로 다시 쓴 『인간 영혼을 위한 전쟁』(*The War for Mansoul*, 국내 미번역)을 추천해(존 번연에 관해 더 알고 싶다면 37장을 읽어 봐).

생각해 봐!

"세상 모든 사람이 아니라고 해도 하나님이 최선이라고 말씀하시는 것이 최선이지." _『천로역정』에서

"밝은 구름은 아무 일도 일으키지 않지만 어두운 구름은 비를 내리지." _『천로역정』에서

"죄 말고는 무엇도 너를 해칠 수 없어. 죄 말고는 무엇도 나를 슬프게 할 수 없어. 죄 말고는 무엇도 너를 패배하게 할 수 없어. 그러니 내 인간 영혼이여, 정신을 바짝 차려라." _『거룩한 전쟁』에서

나니아의 땅

친구들에게 '잭'이라고 불린 클라이브 스테이플스 루이스는 1898년 태어나 1963년 또 다른 유명한 '잭'인 미국 대통령 존 F. 케네디가 죽은 날과 같은 날에 세상을 떠났어. 어릴 적 루이스는 클라이브로 불리는 것을 싫어하고 '잭'이라 불리기를 바랐지(키우던 개의 이름이 '잭시'여서 그랬는지도 몰라).

루이스는 거의 평생 글을 쓰고 영국 케임브리지 대학과 옥스퍼드 대학에서 교수로서 문학을 가르쳤어. 번연처럼 루이스도 젊은 시절에는 하나님을 믿지 않았어. 그러던 어느 날 하나님이 루이스의 마음을 열어 주셨어. 처음에는 하나님이 정말로 존재하신다는 사실을 깨닫게 해 주셨고, 그다음에는 하나님의 아들을 구주로 믿게 해 주셨지. 루이스의 자서전『예기치 못한 기쁨』(홍성사 출간)을 읽어 보면 그가 어린 시절을 어떻게 보내고 어떻게 예수님을 믿게 되었는지 자세히 알 수 있을 거야.

루이스는 예수님을 믿은 뒤 몇몇 친구와 함께 잉클링스(The Inklings)라고 하는 작가 모임을 결성했어(그 모인 사람 중 한 명이『반지의 제왕』을 쓴 J.

R. R. 톨킨이야). 루이스는 예수님과 기독교가 어째서 진리인지에 관해 오랫동안 생각하고 강연도 했지. 그리고 그것을 설명한 위대한 책인 『순전한 기독교』(홍성사 출간)도 썼어.

루이스가 쓴 작품으로는 일곱 권으로 된 『나니아 연대기』(시공주니어 출간)가 가장 유명하지. 이 환상적인 이야기에서 우리는 네 명의 아이(형제자매인 피터와 수잔, 에드먼드, 루시)를 만날 수 있어. 그 외에도 여러 사람이 나니아라는 나라에서 멋진 모험을 하지. 루이스는 이 작품에서 우주 창조, 아담과 하와의 죄, 예수님의 십자가 고난과 부활을 비롯한 성경 이야기를 멋지게 그려 냈어.

나니아 시리즈의 독자들은 각자 좋아하는 인물이 있어(내 아들은 4권에 등장하는 캐스피언 왕자와 7권에 등장하는 충성스럽고 용맹하며 멋진 유니콘 주얼을 가장 좋아해). 하지만 모든 책에서 루이스는 단 한 명의 주인공에게 시선을 집중시키지. 그 주인공은 예수 그리스도를 상징하는, 선하지만 길들여지

알고 있니?

놀라운 발견

2003년 마이클 워드라는 영국 학자는 50년 넘게 숨겨져 있던 『나니아 연대기』의 비밀을 발견했어. 옛날 사람들은 우주에 행성 일곱 개만 있는 줄 알았는데, 어느 날 밤 워드는 C. S. 루이스가 이 일곱 개의 행성에 관해 쓴 "하늘"(The Heavens)이란 시를 읽고 있었지. 그런데 시 속에서 목성에 관한 한 구절이 갑자기 확 눈에 들어왔어. "겨울이 가고 죄를 용서받았다." 순간 워드는 이 문장이 『나니아 연대기』 시리즈 중 『사자와 마녀와 옷장』의 내용을 완벽히 요약한 것이라는 사실을 깨달았어.

지금은 은하계에 아홉 개 행성이 있음이 밝혀졌지만, 당시 사람들은 행성이 일곱 개만 있는 줄 알았어. 그래서 워드는 『나니아 연대기』 시리즈가 일곱 권으로 이루어졌다는 사실을 깨닫고는 심장이 두근거렸지. 그때부터 워드는 쉴 새 없는 연구 끝에 많은 사실을 추가로 알아냈어. 루이스는 『나니아 연대기』의 각 책을 하나의 '행성'과 연결하는 단서를 곳곳에 숨겨 놓았던 거야(아래에서 『나니아 연대기』의 각 책 제목 밑에 거꾸로 쓴 글씨를 읽어 보면 그 책이 어떤 행성과 관련 있는지 알 수 있어).

『나니아 연대기』의 일곱 책을 이야기 순서에 따라 아래와 같이 나열했어. 하지만 출간된 순서대로 읽는 게 가장 좋아(각 제목 옆에 출간 연도를 적어 놓았어).

『마법사의 조카』(1955년)

(금성)

『사자와 마녀와 옷장』(1950년)

(목성)

『말과 소년』(1954년)

(수성)

『캐스피언 왕자』(1951년)

(화성)

『새벽 출정호의 항해』(1952년)

(태양)

『은 의자』(1953년)

(달)

『마지막 전투』(1956년)

(토성)

더 깊은 탐구를 위하여 나니아와 행성들에 관해서 더 알고 싶다면 마이클 워드의 책 『나니아 코드』(*The Narnia Code: C. S. Lewis and the Secret of the Seven Heavens*, 국내 미번역)를 읽어 봐.

생각해 봐!

C. S. 루이스는 자신이 쓴 책에서 이런 말을 했어.

"그리스도인은 우리가 선하기 때문에 하나님이 우리를 사랑하시는 게 아니라 하나님이 우리를 사랑하기 때문에 우리를 선하게 만들어 주실 것이라고 생각한다."
_『순전한 기독교』에서

"식사와 독서는 서로 훌륭한 짝을 이루는 두 가지 즐거움이다." _『예기치 못한 기쁨』에서

"겸손은 자신을 덜 생각하는 것이 아니라 자신에 관한 생각을 아예 하지 않는 것이다."
_『순전한 기독교』에서

"우리는 이 세상이 주는 것으로 만족할 수 없다. 그것은 우리가 천국에서 살도록 지어졌기 때문이다." _『영광의 무게』(홍성사 출간)에서

지 않는 아슬란이란 사자야.

『나니아 연대기』를 이미 읽었지만 루이스와 함께 더 많은 모험을 하고 싶다면, 「우주 3부작」(홍성사 출간)을 추천하고 싶어. 옛날 독자들을 위해 쓰인 이 공상 과학 소설을 펼치면, 주인공어윈 랜섬과 함께 우주 곳곳을 여행할 수 있지. 『나니아 연대기』와 마찬가지로 이 우주 모험 이야기도 성경 속 이야기와 진리를 보여 주고 있어. 「우주 3부작」의 세 책(『침묵의 행성 밖에서』, 『페렐란드라』, 『그 가공할 힘』)이 『나니아 연대기』보다 뛰어나다고 말하는 사람도 있어.

더 깊은 탐구를 위하여

하나님이 다른 사람들의 삶을 어떻게 변화시키셨는지에 관해 더 알고 싶다면 리 스트로벨이 로버트 서그스, 로버트 엘머와 함께 쓴 책 『어린이를 위한 하나님의 은혜』(*Case for Grace for Kids*, 국내 미번역)를 추천해 주고 싶어.

하나님은 어떤 분이실까?

네가 자라면서 배워야 할 것은 그야말로 수만 가지야. 예를 들어, 이를 닦는 법이나 이불을 깔고 개는 법을 배워야 하지. 혹은 자전거를 타는 법이나 책 읽는 법(정말 중요해)도 배워야 해. 배워야 할 게 한두 가지가 아니야.

이런 것을 배우는 게 좋기는 하지만 반드시 알아야 할 점이 한 가지 있어. **바로, 하나님을 알아야 한다는 거야. 하나님은 네 인생에서 그저 중요한 분이 아니라 네 인생 자체이신 분이야.**

그렇다면 하나님은 어떤 분이실까? 살아 있는 인간 중에 하나님의 얼굴을 직접 본 사람은 아무도 없어. 그리고 2천 년 전 예수님이 이 땅에 계실 때 그분을 보고 그분의 말씀을 들은 사람 중에 지금껏 살아 있는 사람은 아무도 없지.

하나님을 본 적도 없는데 하나님이 어떤 분이신지 어떻게 알 수 있을까? 그리고 어떻게 하나님을 개인적으로 알 수 있을까? 간단히 답하면, 하나님을 보여 달라고 기도하면 돼. 성경은 하나님을 알고자 구하고 찾으며 두드리는 사람은 누구나 응답을 받는다고 약속하지. 예수님은 이 땅을 떠나 하늘로 돌아가실 때 최고의 선물을 주셨어. 그 선물은 바로 예수님의 영이신 성령님이야. 성령님은 우리에게 하나님이 얼마나 필요한지를 보여 주시고, 우리를 향한 하나님의 사랑을 깨우쳐 주시며, 하나님이 어떤 분이신지를 알려 주셔. 예수님은 요한복음, 특히 14~16장에서 성령님에 관해 말씀해 주셨지. 지금도 네가 예수님을 믿고 죄를 용서해 달라고 요청하면, 예수님이 자신을 너에게 선물로 주셔. 예수님의 영이 직접 네 안에 들어와 사시게 된다는 뜻이야. 그 영이 하나님에 관해 가르쳐 주실 거야.

성령님은 주로 성경을 통해 하나님에 관해 가르쳐 주신단다. 성경은 하나님이 자신의 백성에게 주신 말씀이기 때문이지. 성경은 하나님이 정확히 어떤 분이신지를 그림처럼 생생하게 알려 준단다.

성경에서 하나님은 다음과 같이 자신을 소개하셨어.

우리의 아버지이신 하나님

"아버지가 자식을 불쌍히 여기시듯이 여호와께서 자기를 두려워하는 자를 불쌍히 여기시니"(시편 103:13).

하나님은 자녀를 보호하고 필요한 것을 주시지. 그것은 하나님이 우리의 아버지이시기 때문이야. 세상이 창조되기 전부터 예수 그리스도의 아버지이셨던 하나님은 우리에게도 완벽한 아버지가 되어 주시지.

우리의 심판관이신 하나님

"세상을 심판하시는 이가 정의를 행하실 것이 아니니이까"(창세기 18:25).

심판관이신 하나님은 죄를 미워하셔. 하나님은 자녀에게 해가 되는 것이라면 뭐든 싫어하시지. 하나님은 언제나 옳은 일만 하셔. 그것은 어떤 규칙을 지키기 위해서가 아니라 하나님이 원래 그런 분이시기 때문에 그런 거야. 하나님은 언제나 완벽히 옳고 정의로우며 공평하신 분이야.

우리의 태양이신 하나님

"여호와 하나님은 해요 방패이시라 여호와께서 은혜와 영화를 주시며"(시편 84:11).

이 땅의 모든 생명은 태양계 중심에 있는 별인 태양에서 에너지를 얻고 있어. 태양의 빛과 열이 이 땅의 모든 생명체에 영양분을 공급한단다. 이와 마찬가지로, 하나님은 우리 삶의 중심이셔. 하나님은 음식과 옷 같은 것뿐 아니라 사랑이나 용서처럼 우리 마음에 필요한 것까지 모두 주시는 분이지.

우리의 그늘이신 하나님

"주는…빈궁한 자의 요새이시며 환난 당한 가난한 자의 요새이시며 폭풍 중의 피난처시며 폭양을 피하는 그늘이 되셨사오니"(이사야 25:4).

아담과 하와가 죄를 짓고 에덴동산에서 쫓겨난 뒤로 삶은 힘

생각해 봐!

"아주 조금이라도 하나님을 아는 것이 하나님에 관한 사실을 아주 많이 아는 것보다 낫다."_J. I. 패커

우리는 하나님을 알려 하기보다 하나님에 관한 사실을 알려고 노력하기가 쉬워. 제임스 패커(1926년 출생)는 자신의 가장 유명한 책을 통해 사람들이 오직 하나님께만 집중할 수 있도록 도왔어. 그 책에서 패커는 하나님의 음성을 듣고 그분을 믿으며 따르고 예배하라고 소리를 높였지.
패커는 친구를 아는 것처럼 하나님을 아는(그리고 하나님이 우리를 아시는) 것이 하나님에 관한 사실을 아는 것보다 훨씬 중요하다고 설명했지.

들어졌어. 숙제하기가 힘들다는 생각이 들 때가 있지? 친구들과 잘 사귀고 우정을 유지하기도 쉽지 않고. 또 '제가 틀렸어요'라고 인정하기가 얼마나 어려운지 몰라. 엄마 아빠의 말씀에 순종하기도 힘들고. 뜨거운 태양 아래서 달리기를 하는 것 같은 느낌이 들 때가 있어. 그럴 때면 우리는 그늘에서 쉬어야 해. 그래서 하나님은 우리에게 이렇게 말씀하셨어. "외롭거나 힘든 일을 만날 때 내게 기대렴. 내가 너를 위로해 줄게. 내가 햇볕을 가려 주는 그늘이 되어 줄게."

어린양이신 예수님

"보라 세상 죄를 지고 가는 하나님의 어린 양이로다"(요한복음 1:29).

구약에서 죄인들은 하나님이 짐승에게 대신 벌을 주고 자신들의 죄를 용서해 주신다는 뜻으로 어린 양을 제물로 바쳤어. 물론 이 어린 양은 그냥 짐승일 뿐, 정말로 우리 대신 벌을 받아 줄 수는 없었어. 하지만 예수님은 하나님이 보내신 진짜 어린 양이시란다. 예수님이 돌아가신 덕분에 그분을 믿는 모든 사람의 죄가 정말로 없어졌지.

사자이신 예수님

"울지 말라 유대 지파의 사자 다윗의 뿌리가 이겼으니"(요한계시록 5:5).

예수님은 희생을 당한 어린 양이신 동시에 승리를 거둔 사자시지. 동물의 왕인 사자는 강력한 힘을 소유했어. 그것은 오직 사자이신 예수님만이 이 세상을 향한 하나님의 선한 계획을 모두 이룰 힘을 가지셨다는 뜻이야. 그 무엇도 이 사자를 멈추게 할 수 없어. C. S. 루이스의 말처럼 "그는 길든 사자가 아니야."

포도나무이신 예수님

"나는 참 포도나무요 내 아버지는 농부라 무릇 내게 붙어 있어 열매를 맺지 아니하는 가지는 아버지께서 그것을 제거해 버리시고 무릇 열매를 맺는 가지는 더 열매를 맺게 하려 하여 그것을 깨끗하게 하시느니라"(요한복음 15:1~2).

예수님은 모든 그리스도인에게 생명의 근원이 되신단다. 예수님은 포도나무이시고 우리는 거기서 뻗어 나온 가지지. 우리는 예수님께 붙어 있어야 살고 자랄 수 있어. 우리는 예수님을 떠나서는 하나님을 기쁘게 해 드릴 수 없어. 우리가 그리스도인으로서 뭘 하든 예수님 없이는 제대로 할 수 없어.

선구자이신 예수님

"우리가 이 소망을 가지고 있는 것은 영혼의 닻 같아서 튼튼하고 견고하여 휘장 안에 들어 가나니 그리로 앞서가신 예수께서"(히브리서 6:19~20).

예수님은 이미 이 타락한 세상을 떠나 하늘 아버지께로 가셨어. 하지만 예수님은 천국에 들어가신 뒤에 문을 쾅 닫아 버리지 않으시고, 하나님의 백성을 위해 그 문을 활짝 열어 두셨단다. 선구자처럼 예수님은 우리가 가야 할 길을 만들어 놓으셨어. 예수님께 붙어 있으면 우리도 예수님처럼 안전하게 하늘 아버지께로 갈 수 있지.

바람과 같으신 성령님

"바람이 임의로 불매 네가 그 소리는 들어도 어디서 와서 어디로 가는지 알지 못하나니 성령으로 난 사람도 다 그러하니라”(요한복음 3:8).

성경은 ‘숨’이나 ‘바람’과 같은 단어로 ‘영’을 표현해. 비바람이 세차게 불어 나무가 휘는 모습을 보면 “저 바람 좀 봐”라고 말하지. 하지만 우리가 실제로 바람을 보는 건 아니야. 우리는 바람이 하는 일을 보는 거지. 성령님에 대해서도 마찬가지야. 성령님은 이 땅에서 하나님의 일을 비밀스럽게 수행하시지. 성령님이 움직이시는데도 우리는 그분이 어떻게 움직이시는지 볼 수 없어. 하지만 성령님은 보이지 않게 조용히 사람들을 하나님의 선한 뜻 쪽으로 움직이게 하신단다.

새와 같으신 성령님

“태초에 하나님이 천지를 창조하시니라 땅이 혼돈하고 공허하며 흑암이 깊음 위에 있고 하나님의 영은 수면 위에 운행하시니라”(창세기 1:1~2).

어미 새가 알이 있는 둥지 위로 날개를 활짝 편 사진을 본 적이 있니? 어미 새는 아직 부화하지 않은 알을 품고 있는 거야. 어미 새는 알을 따뜻하게 보호하고 있어. 어미 새는 알이 새 생명으로 잘 탄생하도록 보살피고 있어. 마찬가지로, 성령님은 태초부터 이 지구를 품어서 세상을 탄생시키고 계셨어. 그리고 지금도 죄 때문에 죽은 인간들에게 계속해서 영적 생명을 불어넣고 계시지.

도와주시는 성령님

“내가 아버지께 구하겠으니 그가 또 다른 보혜사를 너희에게 주사 영원토록 너희와 함께 있게 하리니 그는 진리의 영이라 세상은 능히 그를 받지 못하나니 이는 그를 보지도 못하고 알지도 못함이라 그러나 너희는 그를 아나니 그는 너희와 함께 거하심이요 또 너희 속에 계시겠음이라"(요한복음 14:16~17).

예수님은 이 땅에서 33년 동안 사시면서 친구들을 가르치고 도와주셨어. 그렇다면 예수님이 하나님께로 돌아가신 뒤에는 누가 그들을 도왔을까? 예수님은 자기 대신 도와줄 분으로 성령님을 보내 주겠다고 약속하셨어. 그래서 지금까지도 계속해서 성령님이 하나님의 백성을 돕고 가르치며 격려하고 강하게 해 주신단다.

기름과 같으신 성령님

"사무엘이 기름 뿔병을 가져다가 그의 형제 중에서 그에게 부었더니 이날 이후로 다윗이 여호와의 영에게 크게 감동되니라"(사무엘상 16:13).

선지자 사무엘은 언젠가 왕이 될 사람이란 뜻으로 어린 다윗에게 기름을 부었어. 이것은 다윗이 특별한 일을 할 사람으로 하나님께 선택되었다는 뜻이야. 그때 성령님이 다윗에게 찾아와 하나님이 시키시는 일을 할 힘을 주셨어. 지금도 성령님은 모든 그리스도인에게 이처럼 기름을 부어 주시고, 하나님이 시키시는 일을 할 힘을 주신단다.

33

하나님이 계신 것을 증명할 수 있을까?

하나님의 존재를 증명할 수 있을까? 이것은 증명이란 말을 어떻게 정의했느냐에 따라 달라져. 하나님과 사진을 찍어서 다른 사람에게 보여 줄 수는 없잖아. 그렇지만 하나님이 존재하신다는 증거는 사방에 가득해. 하나님이 존재하신다고 인정하지 않고는 도무지 설명할 수 없는 것들이 있지. 일단 말씀을 읽으면 하나님을 분명하게 볼 수 있지만, 그냥 네 주변만 유심히 둘러봐도 하나님을 분명히 볼 수 있어.

BOOKS, PLAYS, AND MOVIES

책, 연극, 영화

책과 연극, 영화 속 이야기가 다 예수님의 삶을 떠올리게 한다는 것을 아니? 그러고 보면 우리 인간은 마음속 깊은 곳에서 우리를 구원해 줄 왕과 친구를 갈망하는 게 분명해. 다음과 같은 인물은 하나같이 우리가 갈망하는 분, 바로 예수님을 닮았어.

범죄자로 오해를 받으면서도 끝까지 선을 위해 싸우는 **서부의 사나이**

아기였을 때 세상에 와서 악의 세력과 맞서 싸우는 **슈퍼맨**

영화 "드래곤 길들이기"에서 겸손하고 부드러운 마음으로 악을 무찌르는 주인공 **히컵**

자신을 희생해 다른 사람들을 구하는 **아이언 자이언트**

미움받고 오해를 받으면서도 불쌍한 사람들을 위해 자신의 전부를 바치는

발토

『두 도시의 이야기』에서 남을 대신해 죽는 **시드니 카튼**

『레미제라블』에서 무가치한 자들에게 자비를 보여 주기 위해 평생을 바치는

장발장

다른 사람의 죄를 위해 자신의 목숨을 내놓는 『나니아 연대기』의

아슬란

약하면서도 세상을 구하기 위해 악을 소멸하기 위한 짐을 지는 『반지의 제왕』의 **프로도**

"라이온 킹"에서 자식을 구하기 위해 목숨을 내놓는 **무파사**

"겨울왕국"에서 악한 사람들을 위해 자신을 희생함으로 세상을 살린 진정한 사랑의 영웅 **안나**

세상을 위해 싸우다가 죽지만 되살아나는 "트랜스포머"의

옵티머스 프라임

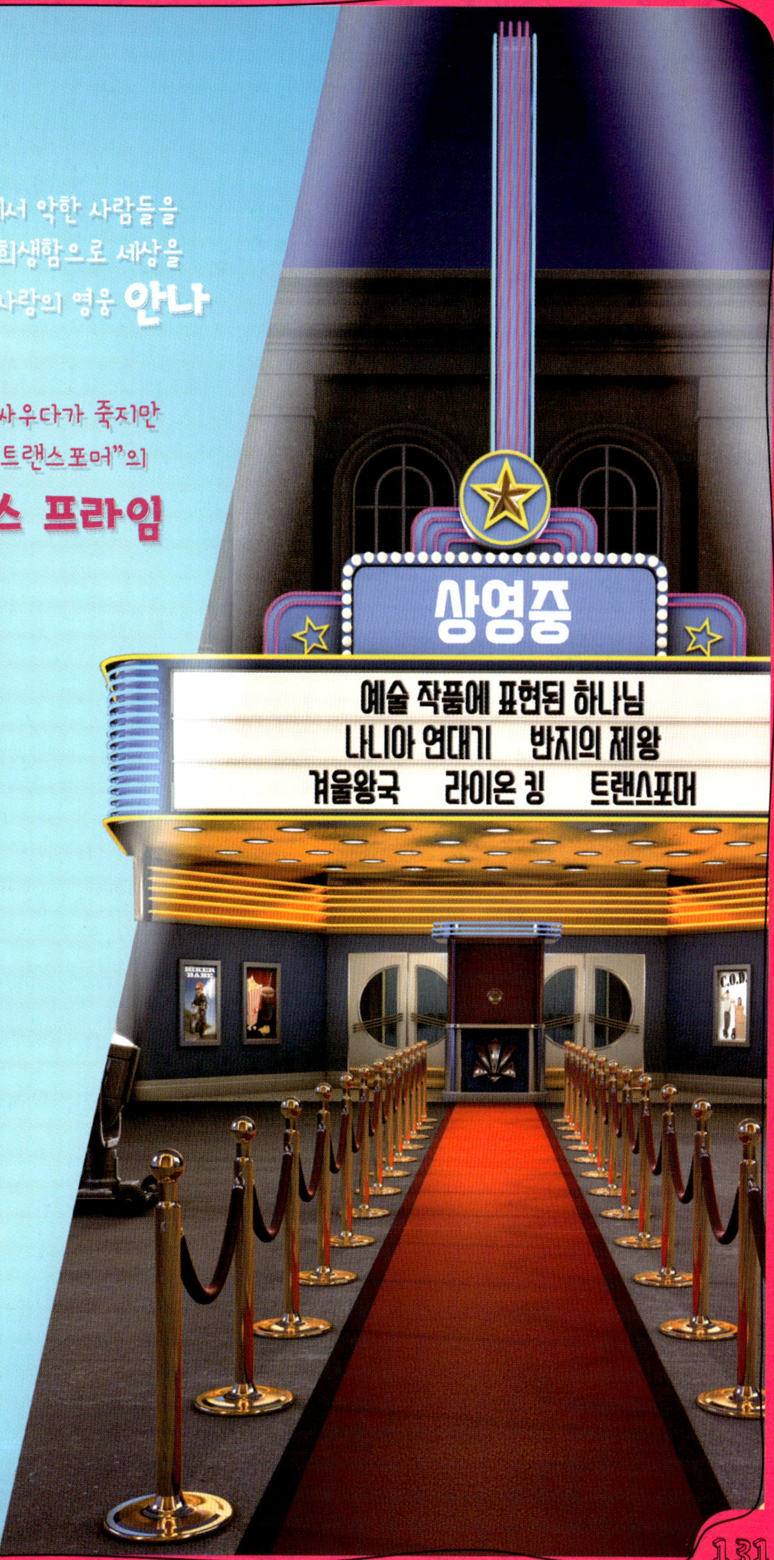

ANCIENT HISTORY AND SOCIAL STUDIES

고대 역사와 사회 연구들

우리는 창세기의 창조와 홍수 이야기를 알지만 사실, 다른 나라에도 창세기와 비슷한 창조와 홍수 이야기가 있어. 성경에 기록된 이 실화를 예전에는 세상 모든 사람이 알고 있었단다.

1849년 고고학자 오스텐 헨리 레이어드는 "에누마 엘리시"라는 창조 이야기가 기록된 고대 바벨론의 점토를 발견했어. 가짜 신들을 믿는 이 나라의 창조 이야기는 창세기 1~2장에 기록된 이야기와 다음과 같은 면에서 비슷해.

- 창조 이전에 어둠이 존재했다.
- 해와 달, 별이 창조되기 전에 빛이 비쳤다.
- 물이 위의 물과 아래의 물, 이렇게 둘로 나뉘었다.
- 물과 땅, 행성, 사람들이 창조된 뒤에 쉼이 있었다.

다른 고대 문서들에도 세상의 대부분을 파괴한 홍수에 관한 이야기가 기록되어 있어. 그중에서 가장 유명한 이야기는 "길가메시 서사시"야. 하지만 아르카디아, 아시리아, 켈트, 칼데아, 이집트, 독일, 그리스, 이누이트, 리투아니아, 마오리, 페르시아, 로마, 러시아, 사모아,

스칸디나비아, 수메르, 트란실바니아, 터키, 웨일스까지 세계 곳곳에서 홍수에 관한 고대의 기록이 발견되고 있단다.

● ● ●

돈 리처드슨 선교사는 『영원을 사모하는 마음』(*Eternity in Their Hearts*, 국내 미번역)이라는 책에서 여러 장소와 시대에서 한 분이신 참된 하나님에 관한 많은 증거를 발견할 수 있다고 말했어.

- 많은 국민 혹은 종족이 만물을 창조한 신이 한 명이라고 믿고 있어. 예를 들어, 남미의 잉카족, 인도의 산탈족, 에티오피아의 게데오족, 중앙아프리카의 음바카족이 그러해.

예를 들어, 1920년대 음바카 부족의 한 사람이 한 분이신 참된 창조주에 관한 이야기를 하면서 그 창조주를 '코로'라고 불렀어. "창조주 코로께서 아주 오래전 우리 선조에게 하신 말씀에 따르면, 코로께서는 온 인류를 위해 놀라운 일을 할 아들을 이미 세상에 보내셨습니다. 하지만 나중에 우리 선조는 코로의 아들에 관한 진리에서 등을 돌렸습니다."

- 다음 문명에서도 모두 잃어버린 책에 관한 이야기가 전해져 내려오지. 그 책을 되찾기만 하면 큰 도움이 될 거라고 해. 미얀마 북부의 카친족, 태국과 라오스 인근의 라후족, 미얀마와 윈난성 사이의 와족, 태국과 미얀마 사이의 쿠이족, 중국의 리수족, 미얀마의 카렌족.

1795년 한 카렌족 사람이 놀랍게도 잃어버린 책을 이렇게 설명했어. "저자는 최고의 신, 이와(Y'wa, 어때? 발음이 여호와와 비슷하지?)라고 합니다.

생각해 봐!

"태양이 떠오르듯
기독교의 진리는
명확하다. 나는 그것을
보았고, 그것을 통해
모든 것을 본다."
_C. S. 루이스

최고의 신이시죠."

● 보르네오섬의 디야크족은 1년에 한 번 등불과 닭을 실은 배에 '도사쿠'(Dosaku, 내 죄)까지 실어 강 하류로 멀리 떠내려 보낸다고 해. 배가 눈에서 멀어지면 마을 사람들은 "슬라맛! 슬라맛(Selamat, 우리는 무사하다)!"이라고 외친다고 해.

● 중국의 한자는 200개 이상의 기본 글자로 단어를 만들지. 그런데 '의'를 뜻하는 한자는 '나'를 뜻하는 글자 위에 '양'을 뜻하는 글자를 얹어서 만들었어. 어때? 하나님의 어린 양 아래에 놓인 사람들이 하나님께 의로운 사람으로 인정받는다는 성경의 메시지와 아주 비슷하지?

● 한자에서 '큰 배'를 뜻하는 단어는 배와 사람들, 숫자 8(노아의 방주에 탔던 사람 수)로 이루어져 있어.

더 깊은 탐구를 위하여 기독교에 관한 궁금증을 더 풀고 싶다면, 리 스트로벨이 로버트 서그스, 로버트 엘머와 함께 쓴 책 『어린이를 위한 믿음』(*Case for Faith for Kids*, 국내 미번역)을 추천해 주고 싶어.

마음으로 부르는 노래들

“너의 하나님 여호와가…너로 말미암아 기쁨을 이기지 못하시며…너로 말미암아 즐거이 부르며 기뻐하시리라”(스바냐 3:17).

하나님은 노래를 부르셔! 그리고 우리도 노래 부르기를 원하시지. 노래와 시가 구약의 3분의 1 가까이 된다는 사실을 아니? 이유가 뭘까? 하나님은 우리가 온 마음으로 그분을 사랑하고 예배하기를 바라시기 때문이야.

시편이란 ‘찬양의 노래’를 뜻해. 시편이 예배하고 찬양하는 데 어떤 도움을 주는지 살펴볼까?

1. 시편은 우리의 감정을 표현할 수 있도록 도와줘

좋은 시절을 축하하고 찬양하며 감사하는 시편이 있어(예를 들어, 시편 98편). 슬플 때 부를 슬픔의 시편도 있지(예를 들어, 13편). 시편은 슬픔(31:9), 절망(69:20), 기쁨(16:11), 외로움(10:14), 창피함(69:19), 하나님에 대한 존경

찬양의 시편

찬양의 시편은 하나님이 어떤
분이시고, 어떤 일을 행하셨는지
떠올리며 축하하는 시편이야.

예: 33, 100, 111, 113, 114, 117, 145, 146, 147, 150편

감사의 시편

감사의 시편은 하나님이 백성을
도우신 일을 축하하는 시편이야.

예: 18, 21, 30, 32, 34, 92, 103, 107, 116, 118, 124, 138편

슬픔의 시편

슬픔의 시편은 죄와 절망, 적 때문에
느끼는 슬픔과 답답함을 하나님께
쏟아 내는 시편이야.

예: 3, 6, 7, 9, 12, 13, 25, 32, 38, 44, 51, 52, 55, 56, 57, 58, 62, 69, 70, 86, 89, 102, 120, 137, 140, 141, 143편

성경 전체에서 딱 중간에 있는
장은 무엇일까?

답: 시편 118편

성경에서 가장 짧은 장은
무엇일까?

답: 시편 117편(2절)

성경에서 가장 긴 장은
무엇일까?

답: 시편 119편(176절)

과 두려움(33:8), 즐거움(32:11), 무서움(23:4), 갈망(38:9)을 비롯해 모든 감정을 표현하도록 도와줘.

2. 시편은 하나님을 늘 기억하게 해 줘

기쁠 때나 슬플 때나 하나님은 언제나 우리와 함께 계셔. 시편은 계속해서 그렇게 말하고 있어. 시편의 처음부터 끝까지, 심지어 애통의 시편에서도 자녀를 위해 무언가 좋은 일을 하시는 하나님을 만날 수 있지. 자, 시편을 읽을 때마다 하나님을 찾아봐. 하나님이 어디 계신가? 하나님이 무엇을 하고 계시는가? 하나님이 그 일을 어떻게 하고 계시는가? 하나님이 무슨 약속을 해 주셨는가? 하나님은 어떤 분이신가? 하나님이 무슨 말씀을 하고 계시는가? 왜 하나님은 믿을 만한 분이신가?

3. 시편은 하나님을 찬양하게 해 줘

시편은 하나님께 무슨 말을 하고 하나님을 어떻게 찬양해야 할지 알려 주지. 하나님은 우리가 친하게 다가오기를 바라셔. 그냥 "사랑해요, 하나님"이라고 말해도 좋지만 하나님께 할 말을 찾다 보면 끝도 없이 많지. "사랑해요, 하나님"이라는 말은 처음 불을 붙이는 성냥과도 같아. 하나님은 그 밖에도 찬양의 불에 땔감이 되어 줄 시와 노래를 주셨어. 시편을 읽으면 마음의 난로에 바삭바삭한 새 땔감을 집어넣는 것과 같아. 하나님이 그 땔감으로 네 마음속의 작은 불꽃을 거대한 찬양의 불길로 키워 주실 거야.

생각해 봐!

"시편은
하나님과 그분의
진리에 대한 마음 깊은
곳의 반응을 의미
있고도 기억에 남게
표현하게 해 주는
하나님의 선물이다.
이것은 우리가 마음과
정신을 집중해
'예!'라고 말하며
하나님의 진리를
받아들인다는 표현이다."

_제임스 몽고메리 보이스

35

별을 봐

"그가 별들의 수효를 세시고 그것들을 다 이름대로 부르시는도다"

(시편 147:4).

영화계의 스타에 관한 글을 읽고 싶다면 책을 잘못 골랐어. 하지만 성경에도 별 이야기는 있지. 밤하늘에 빛나는 별에 관한 이야기 말이야.

성경 시대에는 요즘보다 별과 별자리를 훨씬 많이 사용했어. 일단, 당시에는 휘황찬란한 도시의 불빛이나 오염이 없어서 지금보다 별을 훨씬 더 선명하게 볼 수 있었지. 성경 시대에는 별을 보고 날짜나 계절을 알았어. 생각해 봐. 달력이나 휴대 전화가 없는데 날짜를 어떻게 알았을까? 당시에는 인쇄된 지도가 없었지만 사람들은 별자리를 보고 어느 방향으로 가야 할지 알 수 있었어(창세기 1:14~16, 마태복음 2:9, 사도행전 27:20).

성경에는 여러 개의 별자리와 별이 등장해

플레이아데스성단

이것은 황소자리에 있는 별의 무리야(성경에는 "묘성"이라고 나와).
북반구에서 먼저 (5각형처럼 생긴) 마차부자리를 찾아봐.
마차부자리에서 가장 빛나는 별은 카펠라(밝은 노란색 별)야.
11월에 카펠라는 해가 진 다음 몇 시간 뒤에 보인단다.
카펠라 남쪽에 있는 밝은 주홍별인 알데바란을 찾아봐.
플레이아데스성단은 알데바란을 기준으로 북서쪽에 있어
(이 성단은 욥기 9장 9절과 38장 31절, 아모스 5장 8절에 등장해).

다음 페이지에서 계속

큰곰자리

큰곰자리는 '북두칠성'으로 알려진 유명한 별의 무리를 포함하고 있지. 북두칠성의 손잡이가 큰곰자리의 '꼬리'에 해당해(욥기 9:9, 38:32).

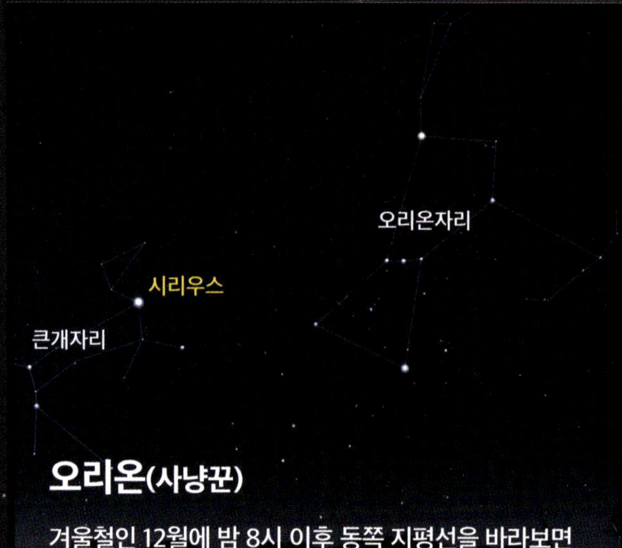

오리온(사냥꾼)

겨울철인 12월에 밤 8시 이후 동쪽 지평선을 바라보면 오리온을 볼 수 있어. 여름철인 8월에는 동이 트기 직전에 오리온이 떠오르지. 오리온의 '허리띠'는 일렬로 늘어선 밝은 세 별로 이루어져 있어(오리온은 욥기 9장 9절과 38장 31절, 아모스 5장 8절에 나와).

궁성

성경에는 궁성이라는 알 수 없는 별자리도 나와. 아마도 천랑성인 시리우스가 포함된 별자리인 큰개자리를 말하는 것으로 보여(욥기 38장 32절에는 "별들"이라고 나와). 시리우스는 하늘에서 가장 밝은 별을 찾으면 돼. 오리온의 '허리띠'를 구성하는 세 별은 이 푸른빛이 도는 흰 별을 향하고 있어.

알고 있니?

기적의 별

"유대인의 왕으로 나신 이가 어디 계시냐 우리가 동방에서 그의 별을 보고 그에게 경배하러 왔노라"(마태복음 2:2).

거의 2,000년 동안 사람들은 동방 박사들을 베들레헴까지 이끌고 온 '별'이 정확히 무엇이었는지 궁금해했어. 그때만 한 번 나타났던 새로운 별이었을까? 그리고 어떻게 별을 보고 베들레헴 마을의 수많은 집 가운데서 한 집을 정확히 찾아낼 수 있었을까? (생각해 봐. 너희 집이 어떤 별 아래 있다고 설명하면 과연 사람들이 너희 집을 찾아올 수 있을까?)

2015년 천문학자들과 연구했던 성경학자 콜린 니콜은 성경과 천문학에 다 맞아떨어지는 답을 찾아냈어. 그 답은 바로 '베들레헴의 별'이 당시에는 그냥 '별들'이라고 불렸던 큰 혜성일 가능성이 높다는 거야.

니콜의 연구에 관해 더 알고 싶다면 인터넷으로 검색을 해 보거나 니콜의 책 『위대한 그리스도의 혜성』(*The Great Christ Comet*, 국내 미번역)을 읽어 봐.

36

먹어야 할까 말아야 할까?

하나님은 단지 우리의 굶주린 배를 채워 주려고만 음식을 만드신 게 아니야. 하나님은 한 가지 모양, 색깔, 맛을 지닌 음식만 만드실 수도 있었어. 매일 아침 점심 저녁으로 한 가지 음식만 먹는다고 상상해 봐. 너무 지겨울 것 같지 않니?

다행히 하나님은 우리가 단지 굶주림만 해결하지 않고 식사를 즐길 수 있도록 다양한 맛과 색깔, 식감의 음식을 만들어 주셨단다(디모데전서 6:17).

그리고 예수님은 다른 사람들과 함께 식사하기를 좋아하셨어(누가복음 7:34). 성경 시대에는 보통 하루에 두 끼니를 먹었어. 아침은 조금만 먹고 저녁을 배불리 먹었지. 룻기 2장 14절과 사무엘상 25장 18절을 보면 당시 메뉴가 무엇이었는지 엿볼 수 있단다.

깨끗한가 불결한가?

구약을 보면 음식에 관한 많은 규칙이 나와. 예를 들어, 출애굽기에서는 고기와 동물의 젖을 아예 먹지 말라고 했어. 또 성경 시대에는 음식을 두 가지로 나누어, 먹어도 되는 '깨끗한' 음식과 먹지 말아야 하는 '불결한' 음식이 정해져 있었지. 안타깝게도 베이컨을 비롯한 돼지고기 요리는 밥상에 오를 수 없었

솔로몬의 궁전에서는 하루에 음식을 얼마만큼 소비했을까?

답: 밀가루 360말, 곡물 720말, 소 30마리, 양이나 염소 100마리, 노루와 사슴, 새(열왕기상 4:23).

쇼핑 목록

네가 성경 시대에 살았다면 아마 너희 집 식탁에
다음과 같은 음식이 올라왔을 거야.

과일과 채소

사과(아가 2:5)
콩(사무엘하 17:28)
참외(이사야 1:8)
야자열매(역대상 16:3)
무화과(느헤미야 13:15)
포도주스(민수기 6:3)
포도(마태복음 7:16)
부추(민수기 11:5)
렌틸콩(팥)(창세기 25:34)
참외(민수기 11:5)
올리브(신명기 24:20)
양파(민수기 11:5)
석류(신명기 8:8)
건포도(사무엘상 25:18)

고기

암소(창세기 32:15)
사슴(신명기 14:5)
산비둘기(레위기 12:8)
생선(누가복음 24:42)
염소(창세기 27:9)
어린 양(사무엘하 12:4)
메뚜기(마가복음 1:6)
수소(열왕기상 19:21)
메추라기(사무엘상 26:20)
집비둘기(레위기 12:8)
메추라기(시편 105:40)
양(신명기 14:4)
송아지(누가복음 15:23)

빵과 곡식, 견과류

아몬드(감복숭아)(창세기 43:11)
보리(신명기 8:8)
빵(떡)(마가복음 8:14)
밀가루(열왕기상 17:12)
조(에스겔 4:9)
피스타치오(유향나무 열매)
(창세기 43:11)
볶은 곡식(룻기 2:14)
귀리(에스겔 4:9)
무교병(출애굽기 12:20)
밀(신명기 8:8)

유제품

버터(젖)(욥기 29:6)
치즈(사무엘상 17:18)
엉긴 젖(이사야 7:15)
달걀(누가복음 11:12)
우유(사사기 5:25)

그 외

계피(출애굽기 30:24)
깟씨(고수의 씨)(출애굽기 16:31)
쿠민(근채)(마태복음 23:23)
회향(마태복음 23:23)
마늘(민수기 11:5)
꿀(창세기 43:11)
박하(마태복음 23:23)
겨자(마태복음 13:31)
올리브오일(기름)
(에스라 6:9, 신명기 8:8)
소금(에스라 6:9)
식초(룻기 2:14)

어. (맛있어 보이는) 새우와 게 같은 갑각류와 조개류도 먹을 수 없었지. (맛있어 보이지 않는) 쥐와 박쥐, 두더지 같은 유해 동물도 먹을 수 없는 것이었어(레위기 11장과 신명기 14장에서 자세히 확인할 수 있어).

하나님이 이런 규칙을 세우신 데는 나름의 이유가 있단다. 이스라엘 백성은 하나님의 백성이었어(레위기 11:45). 그래서 그들은 하나님처럼 거룩하게 살아야 했지(사무엘하 7:23). 하나님은 자기 백성이 다른 신을 믿는 주변 국가 사람들과 완전히 다른 것을 먹기 바라셨어. 그리고 하나님이 도와주셔야만 진정으로 깨끗해질 수 있다는 점을 백성에게 가르쳐 주기 바라셨지. 구약 시대에는 하

무교병 만들기

성경 시대에 유월절 날 먹는 빵에는 누룩(이스트)을 넣지 않았어. 이런 부풀려지지 않은 빵을 무교병이라고 해. 무교병 만드는 법을 알려 줄게.

RECIPE 레시피

무교병

무교병 네 장 만들기

재료

밀가루 2컵, 소금 1/2 작은술
버터 3과 1/2 큰술, 우유 3/4컵
올리브오일 한 큰술(프라이팬에 두를 때 사용)

조리 순서

1. 버터와 우유를 팬에 넣고 버터가 녹을 때까지 가열한다(전자레인지도 사용 가능).
2. 밀가루의 양을 재서 중간 크기의 그릇에 담는다. 양을 정확히 재기 위해 밀가루를 계량컵에 넣고 컵 위로 튀어나온 부분을 쓸어 낸다.
3. 밀가루에 소금을 넣고 섞는다.
4. 소금을 넣은 밀가루에 액체가 된 버터와 우유를 붓는다.
5. 섞은 것이 부드러워질 때까지 몇 분간 반죽한다. 반죽이 너무 끈적거리면 밀가루를 조금 더 넣는다.
6. 반죽을 랩에 싸서 상온에서 약 30분간 숙성시킨다.
7. 도마 위에 밀가루를 조금 뿌린다. 숙성된 반죽을 4등분한다. 각 조각을 공처럼 둥글게 빚은 다음 0.6cm 두께로 둥글게 편다.
8. 팬에 기름을 조금 두르고 중간 불로 달군다.
9. 반죽을 팬에 놓고 약 1분간 익힌다. 뒤집어서 반대편을 익힌다.
10. 남은 세 조각도 같은 방법으로 익힌다.

레위기 11장

깨끗한 식사를 위한 지침

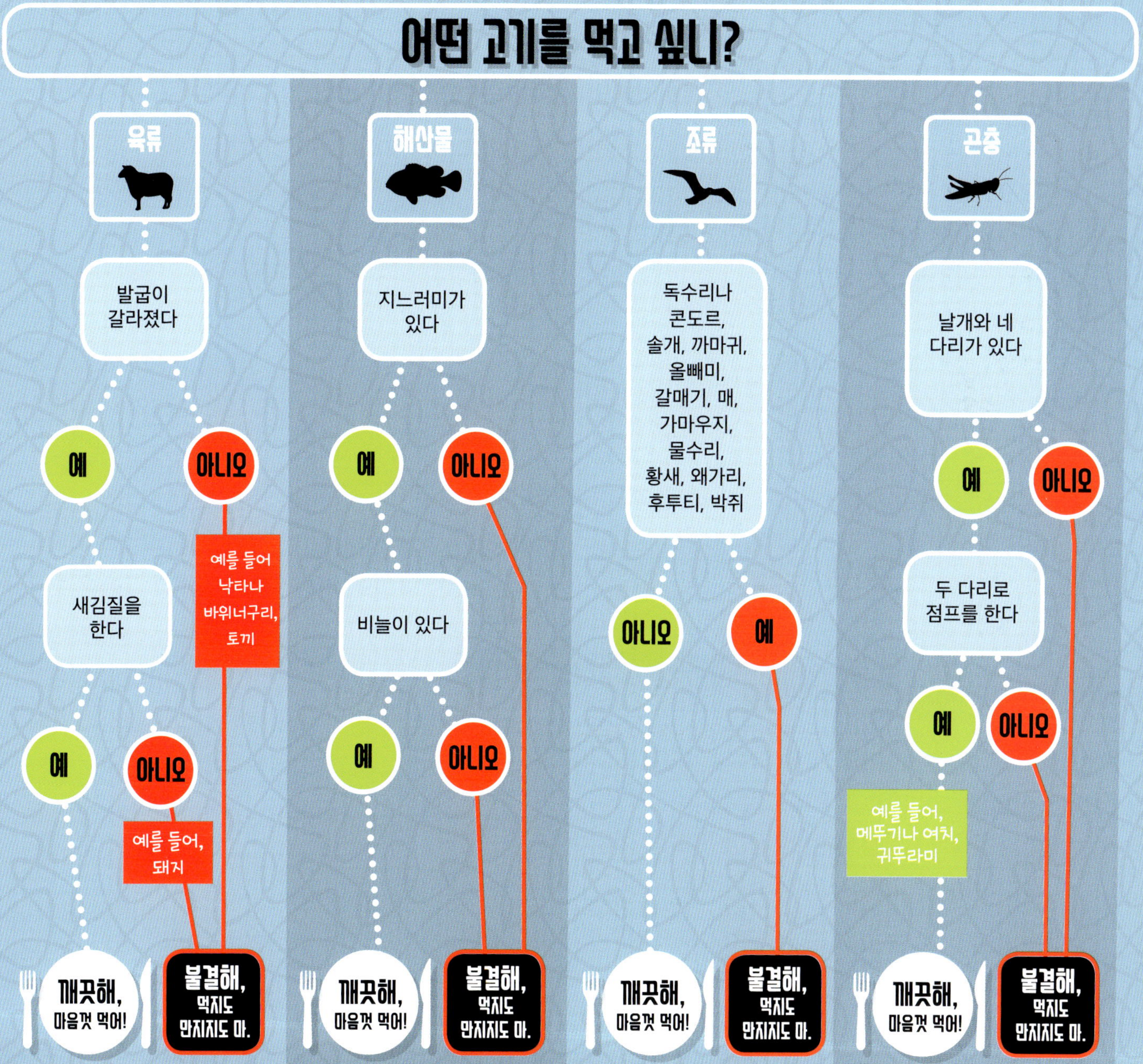

생각해 봐!

하나님이 거룩하시다는 게 무슨 뜻일까?

성경에서 '거룩하다'고 말하는 것은 다른 것들과는 다르다는 뜻이야. 다른 모든 것과 완전히 달라서 세상에 딱 하나밖에 없다는 뜻이지. 예를 들어, 제사장은 성전에서 일할 때 특별한 그릇이나 단지, 냄비를 사용했어. 집에서 흔히 사용하는 것이 아니라 '오직' 성전에서만 사용하는 특별한 그릇이었지. 다시 말해, 이 그릇은 '거룩했어'(역대상 22:19). 그런데 무엇보다도 하나님이야말로 진정으로 거룩하신 분이지. 하나님은 그 어떤 것도 감히 따를 수 없을 정도로 뛰어나신 분이야. 그리고 하나님은 오직 한 분만 계시지(하나님의 거룩하심이 우리에게 보이는 것을 영광이라고 해).

나님의 백성이 깨끗해지고자 제물을 바쳤어. 하지만 신약 시대에 와서는 예수님이 우리 대신 희생 제물이 되어 주셔서 그 분을 믿는 사람이라면 겉뿐만 아니라 마음속까지도 깨끗해질 수 있게 되었지.

예수님은 음식에 관한 구약의 법도 모조리 바꿔 놓으셨어. 예수님은 이제 모든 음식을 깨끗하게 생각해도 좋다고 말씀하셨지. 예수님이 하신 말씀을 보면, 사람을 정말 더럽게(악하게) 하는 건 입으로 들어오는 음식이 아니라 우리 마음에서 나오는 악이야(마태복음 15:10~20, 사도행전 10:9~15).

주요리로 구운 두더지를 먹고, 디저트로 튀긴 박쥐를 먹는다고 생각해 봐. 구역질이 나오지 않니? 그런데 하나님께는 우리의 악한 생각과 말, 행동이 그렇게 구역질이 날 만큼 더러운 것이야. 하지만 예수님은 사람들의 역겨운 죄를 대신 지시고 십자가에서 죽으셨단다(이사야 53:4~6, 고린도후서 5:21).

그 덕분에 이제 모든 음식이 깨끗해졌어. 그리고 하나님의 자녀인 너도 이제는 때 하나 없이 깨끗해. 심지어 네가 죄를 짓는다고 해도 하나님은 너를 역겨워하지 않으셔. 이제 너는 하나님의 완벽한 아들이신 예수님의 것이 되었기 때문에 하나님은 너를 항상 기뻐하신단다(마태복음 3:17, 요한복음 13:10, 17:24).

하나님께 삶을 드린 남자들 2

얀 후스

얀 후스는 1369년 즈음에 태어나서 1415년에 세상을 떠났어. 보헤미아(지금의 체코) 남부의 가난한 집에서 태어났지. 가난이 지긋했던 후스는 돈을 벌고 힘 있는 친구들을 사귀고 싶은 마음에 신부가 되기로 마음먹었어. 그래서 프라하에서 공부를 하고 결국 프라하 베들레헴 성당의 설교자가 되었지. 베들레헴 성당은 엄청나게 크고 유명한 교회였어. 어느 날 하나님은 후스의 마음을 열어 복음을 믿게 해 주셨지.

이제 후스는 성경을 진정으로 이해하기 시작했어. "내게 숨이 붙어 있는 한, 성경 속에 있는 모든 것을 간직하고 믿으며 주장하기를 원한다." 그때부터 후스의 삶도 변하기 시작했지. 후스는 돈 같은 것은 벌 생각 없이 소박한 삶을 살기 시작했어. 그리고 예수님을 전하기보다 돈을 긁어모을 생각만 하는 교회 지도자들에게 쓴소리를 했지. 그들이 그만하지 않으면 가만두지 않겠다고 했지만 후스는 눈 하나깜짝하지 않았어.

결국 1414년 교회 지도자들은 이야기를 하자며 후스를 불렀어. 그들은 털끝 하나 다치지 않게 해 주겠다고 약속했지만 그것은 거짓이었지. 그들은 찾아온 후스를 감옥에 넣고 후스가 '이단'(성경에 없는 가르침)을 전했다고 모함했어.

1415년 7월 6일, 후스는 죄가 없는데도 유죄 판결을 받았어. 살아있는 채로 불에 타 죽기 전 후스는 악한 교회 지도자들에게 이렇게 말했어.

"제발 나를 죽이는 대신 더는 죄 없는 사람들에게 죄를 짓지 마라! 나는 오직 나를 구원하신, 숨이 끊어지는 날까지 복음을 전하라고 명령하신 전능하신 하나님과 주 예수 그리스도만을 믿는다. 모두 그분의 복된 이름을 찬양하라!"

후스는 그날 순교를 당했지만, 그의 삶은 오랫동안 훌륭한 본보기가 되었어. 그의 죽음 덕분에 많은 그리스도인이 목숨이 위태로운 상황에서도 옳은 편에 설 용기를 얻었어. 그런 그리스도인 중에 마르틴 루터라는 청년이 있었지.

마르틴 루터

마르틴 루터는 1483년 독일에서 태어나 1546년에 세상을 떠났어. 당시에는 성경책이 많지 않았기 때문에 오랫동안 루터는 직접 성경을 읽을 수 없었어. 안타깝게도 다른 사람들이 루터에게 하나님에 관해 가르쳐 준 것들은 다 새빨간 거짓말이었어. 그래서 루터는 하나님을 벌을 주기 좋아하는 무서운 분으로만 생각했었어. 그것은 루터의 부모님 탓도 있어. 부모님은 루터가 땅콩 하나를 훔쳤다고 무지막지하게 때렸거든.

어릴 적에 루터는 종교 활동을 열심히 하면 하나님이 자신을 더 좋아해 주실 거라고 생각했어. 그래서 결국 루터는 수도사가 되어 수도원에서 살았지. 루터는 가혹한 훈련만이 하나님이 원하시는 것이라고 생각했어. 그래서 배를 곯아 가며 온종일 기도했지. 수도원 돌바닥 청소 같은 가장 힘든 일을 나서서 하기도 하고, 머리에서 김이 날 정도로 하나님의 말씀도 열심히 공부했어. 하지만 여전히 마음이 편하지 않았어. 하나님이 자신을 사랑하신다는 확신이 도무지 들지 않았던 거야.

그러던 어느 날 루터는 성경에서 다음과 같은 로마서 구절을 읽게 되었어.

“하나님께서 주시는 의가 복음에 계시되어 있습니다. 성경에 ‘의인은 믿음으로 인하여 살 것이다’라고 기록되어 있듯이, 하나님께로부터 오는 의는 처음부터 끝까지 믿음으로 얻을 수 있는 것입니다”
(로마서 1:17, 쉬운성경).

하나님은 루터의 마음을 열어, 사람이 노력을 통해서가 아니라 예수님을 믿어야 구원을 받을 수 있다는 사실을 이해하게 해 주셨어. 루터는 하나님이 예수님 때문에 자신을 벌주지 않으시고 완전한 ‘의인’으로 여겨 주신다는 사실을 깨달았지. 그것을 깨달은 순간, 루터는 이렇게 고백했어. “다시 태어나서 낙원의 문으로 들어간 것만 같았다.”

하지만 루터의 시련은 끝나지 않았어. 루터는 사람들에게 오직 그리스도를 믿는 믿음만으로 구원받을 수 있다고 말하기 시작했어. 그러자 교회 지도자들은 절대 그렇지 않다며 길길이 날뛰었지. 그들은 예수님을 믿기만 해서는 안 되고 착한 일도 해야 하나님을 기쁘게 해 드리고 천국에 들어갈 수 있다고 주장했어. 그래서 그들은 얀 후스에게 했던 것처럼 루터에게 조금도 다치지 않게 할 테니 만나자고 했어. 하지만 루터의 친구들은 후스('거위'라는 뜻도 있음)가 당한 일을 기억하며 “그자들이 너의 거위를 잡아먹을 거야!”라고 경고했지.

하지만 1521년 루터는 하나님을 믿고서 당당히 할 말을 하기 위해 보름스라는 도시로 갔어. 거기서 교회 지도자들은 이렇게 물었지.

“어떻게 성경의 뜻을 오직 당신만 이해한다는 거요? 수많은 유명한 사람보다 당신이 더 잘 안다는 거요?…솔직히 답해 보시오. 틀린 점

생각해 봐!

믿음과 행실

틀림:

구원 =

믿음 + 착한 행실

맞음:

구원 + 믿음

= 착한 행실

이 수두룩한 당신의 책들을 버리겠소?"

루터는 이렇게 대답했어.

"성경 말씀과 분명한 확신이 없다면…제 양심이 하나님의 말씀에 사로잡혀 있지 않다면 그럴 수도 있을 것입니다. 하지만 저는 제 주장을 하나도 바꿀 수 없고 바꿀 생각도 없습니다. 양심을 버리는 것은 옳지 않기 때문입니다. 하나님, 저를 도와주세요. 아멘."

교회 지도자들은 루터를 비난했어. 루터는 집에 오는 길에 납치되었는데, 알고 보니 친구들이 그렇게 한 것이었어. 친구들은 루터를 몰래 바르트부르크성으로 데려가서 거의 1년간 숨겨 두었지. 그 기간에 루터는 신약 전체를 당시 서민들이 쓰던 독일어로 번역했어. 마침내 보통 사람도 복음을 직접 읽을 수 있게 된 거지.

그 뒤로 루터는 25년을 더 살았어. 루터 덕분에 수많은 사람이 예수 그리스도에 관한 복음을 듣고 믿게 되었지. 루터는 사십 대에 결혼해서 여섯 명의 자녀를 낳았어. 루터는 일주일에 여러 번 설교하기도 하고 많은 찬송가와 책도 썼단다!(루터가 쓴 책은 무려 55권이나 돼.) 죽음을 앞둔 루터는 자신이 성공한 비결을 이렇게 소개했어. "나는 아무것도 하지 않았다. 말씀이 다 했다."

존 번연

존 번연(1628~1688년)은 마르틴 루터보다 약 80년 뒤에 살았던 사람이야. 그리고 루터가 살던 곳에서 130km 떨어진 지역(잉글랜드 베드퍼드 근처)에서 어린 시절을 보냈어. 어릴 적 번연은 성경에 관해 잘 알았지만 예수님을 믿지는 않았어. 번연은 나중에 이런 글을 남겼어. "나는 욕하고 거짓말하며 하나님의 거룩하신 이름을 모독하는 친구들과 어울렸다." 이 시기에 번연은 몇 번이나 죽을 고비를 넘겼어. 하지만 하나님은 그때마다 번연을 살려 주셨어. 번연을 위한 또 다른 계획을 세워 놓고 계셨던 거야.

믿음의 선배인 후스나 루터와 마찬가지로 번연도 예수님이 이미 우리를 위해 완벽한 삶을 살고 우리 죄를 위해 돌아가셨다는 사실을 깨달았어. 번연이 쓴 글을 좀 볼까?

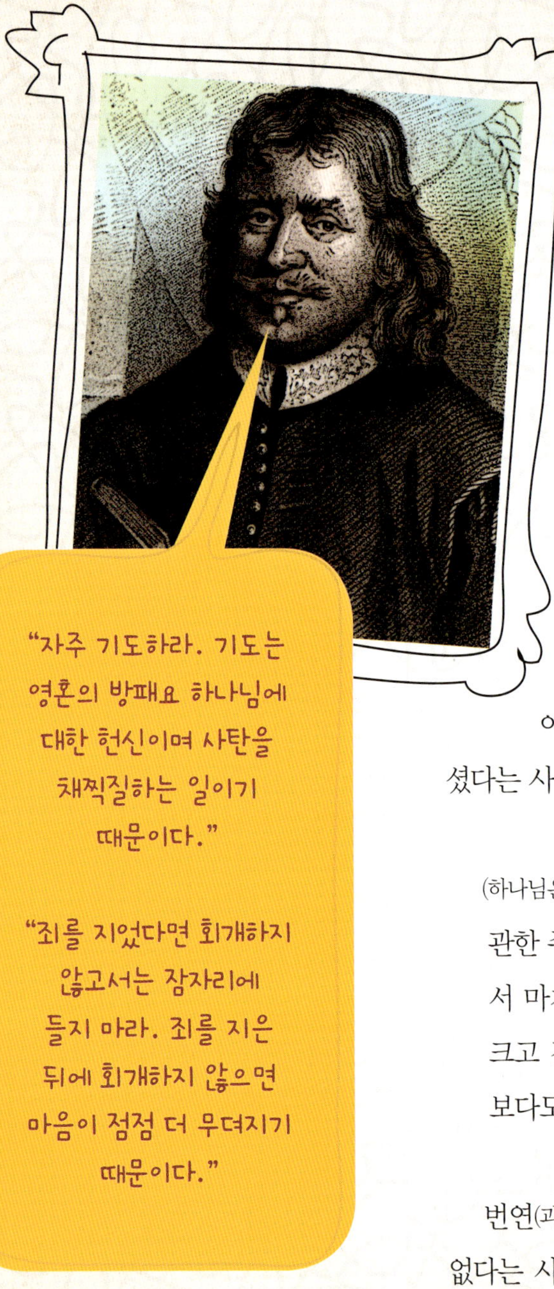

> (하나님은) 내 손에 마르틴 루터의 책을 주셨다. 그것은 갈라디아서에 관한 주석서였다…볼수록 나의 상황이 그의 상황과 비슷했다. 그래서 마치 그의 책을 내가 쓴 듯한 느낌을 받았다. 나는 그의 책에서 크고 깊은 영향을 받았다…나는 성경 외에 이전에 읽었던 어떤 책보다도 마르틴 루터의 이 책이 좋다.

번연(과 루터)은 사람이 아무리 착하게 살아도 하나님의 눈에 들 수 없다는 사실을 깨달았어. 그리스도야말로 '우리의 의'(우리의 선)이시지. 이 복음은 번연의 마음을 완전히 바꾸고, 그의 입술도 움직이게 했어.

번연은 가난한 땜장이(솥과 냄비 따위를 고치는 사람)였을 뿐이지만 예수님에 관한 복음을 전하기 시작했고, 정말 많은 사람이 그 말에 귀를 기울였어. 그러고 보면 번연은 정말 뛰어난 설교자였던 게 분명해!

하지만 당시 영국 교회에서는 아무나 설교하는 것을 허락하지 않았어. 그래서 번연은 감옥에 갇혀 가족과 생이별을 하고 말았지. 나라에서는 예수님에 관한 설교를 하지 않으면 풀어 주겠다고 했지만, 그는 예수님을 배신할 수 없었어.

평생 감옥에서 지내는 건 정말 힘든 일이었어. 감옥 안은 비좁았고, 음식은 맛도 없고 양도 적었거든. 하지만 번연은 조금도 흔들리지 않고 용감하게 말했어. "오늘 내가 감옥에서 나가면 내일 다시 복음을 전할 겁니다!" 그는 "하나님께 불순종하느니 내 눈에 흙이 들어갈 때까지 감옥 안에서 살 겁니다"라고 말했단다.

번연은 12년 동안이나 옥살이를 했어. 하지만 감옥에 있는 동안 번연은 가만히 있지 않고 영어로 쓰인 책 중에서 가장 유명한 『천로역정』을 썼단다(자세한 내용은 31장을 봐). 『천로역정』은 300년간 200개가 넘는 언어로 꾸준히 출간되어 수많은 사람에게 읽혔지.

하나님의 종을 사슬로 묶을 수는 있어도 절대 하나님의 메시지는 묶을 수 없어.

더 깊은 탐구를 위하여

역사 속의 위대한 신앙인에 관해 더 알고 싶다면 벤 알렉스가 쓴 「믿음의 영웅」 시리즈에서 『아씨시의 프란시스』와 『디트리히 본회퍼』(디모데 출간)를 읽어 봐.

하나님을 엿보는 법

"하나님을 알 만한 일이
사람에게 환히 드러나 있습니다.
하나님께서 그것을 환히
드러내 주셨습니다.
이 세상 창조 때로부터,
하나님의 보이지 않는 속성,
곧 그분의 영원하신 능력과
신성은, 사람이 그 지으신
만물을 보고서 깨닫게 되어
있습니다.
그러므로 사람들은 핑계를
댈 수가 없습니다"
(로마서 1:19~20, 새번역).

비 오는 날에는 창문에 김이 서려서 뿌옇게 되지? 그럴 때는 밖을 봐도 나무와 집, 차가 흐릿하게 형체만 보이지.

성경은 우리가 하나님을 그런 식으로 본다고 말하고 있어(고린도전서 13:12). 물론 하나님을 두 눈으로 볼 수 있는 사람은 세상에 없지. 하지만 하나님은 이 세상을 일종의 흐릿한 창문처럼 창조하셨어. 우리는 이 창문을 통해 하나님이 어떤 분이신지 엿볼 수 있단다(시편 19:1).

그렇다면 이 세상에서 어떻게 하나님을 엿볼 수 있을까?

일단, 성경을 읽어 봐. 성경을 보면 세상의 어떤 부분에서 하나님에 관해 배울 수 있는지 알 수 있어. 세상을 담은 사진을 보면서 창조주 하나님에 관해 생각해 보는 것도 좋은 방법이지.

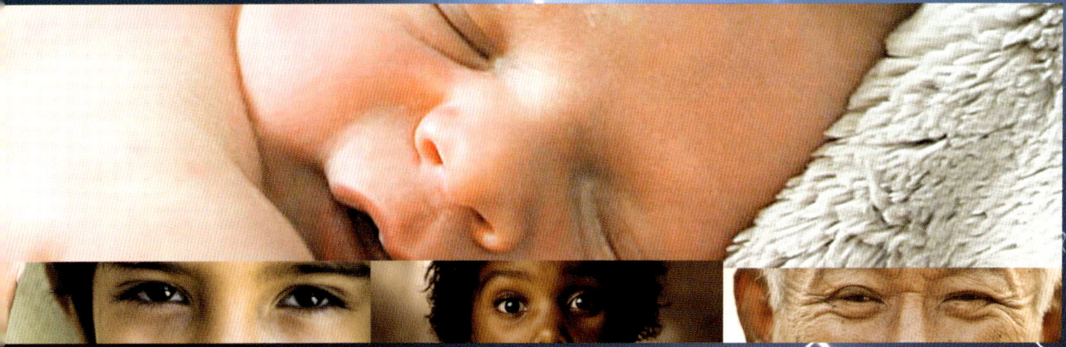

마르틴 루터는 우리가 "부분적으로는 하나님의 작품을 통해, 주로는 하나님 말씀을 통해" 하나님을 볼 수 있다고 말했어. 하나님이 지으신 세상을 보면 하나님이 어떤 분이신지 알 수 있지만, 성경을 보면 하나님을 더 분명히 알 수 있다는 말이지. 성경에서는 예수 그리스도를 볼 때 하나님을 가장 분명히 볼 수 있다고 해. 하나님이 어떤 분이신지 알고 싶다면 예수님을 뚫어져라 쳐다봐. 마태복음이나 마가복음, 누가복음, 요한복음(사복음서라고 해)을 읽을 때 하나님이 어떤 분이실지를 미리 생각하고서 그 생각에 맞는 예수님의 모습을 찾으려 하지 말고, 먼저 예수님을 보고 예수님의 말씀을 들어 봐. 예수님이 하나님이 어떤 분이신지 정확하고도 완벽하게 보여 주실 거야(히브리서 1:1~4).

욥기 36:24~33, 욥기 37:5~12, 시편 8:1~4, 시편 19:1~6, 시편 29:3~11, 예레미야 5:22

예레미야 31:35, 사도행전 14:15~17, 사도행전 17:26~28, 로마서 1:20, 로마서 2:14~16

답: 욥기 36:24~33(천둥과 번개를 동반한 비), 욥기 37:5~12(겨울 폭풍), 시편 8:1~4(외계, 달, 별들), 시편 19:1~6(하늘, 외계), 시편 29:3~11(바람), 예레미야 5:22(해변), 예레미야 31:35(해, 달, 별, 바다의 규칙성), 사도행전 14:15~17(비, 계절, 추수), 사도행전 17:26~28(나라들), 로마서 1:20(하나님이 창조를 통해 세상에 주신 복들), 로마서 2:14~16(양심).

41

선지서를 읽을 때 기억할 점

엄마: "동생한테 가서 그만 놀고 들어와서 방 좀 치우라고 해라."

너: "엄마가 들어와서 방 좀 치우래."

동생: (계속 논다)

너: "엄마가 그만 놀고 방 치우라고 하셨다니까."

동생: "뭐라는 거야?"

너: "엄마가 당장 들어오라고 하셨다고!"

옆의 대화를 보니 어떤 기분이 드니? 옛날 선지자도 비슷한 상황을 겪었어. 선지자로서 일한다는 것이 절대 만만치 않았어. 하나님은 이스라엘 백성을 자신의 백성으로 삼으시고서 따라야 할 법을 주셨어. 하지만 밤새도록 밖에서 놀고 싶어 하는 동생처럼, 이스라엘 백성도 하나님과 선지자들의 말을 듣지 않을 때가 많았지. 이스라엘 백성은 자기가 하고 싶은 대로 하려고 했어. 구약 성경에 나오는 선지자의 역할을 다음처럼 생각하면 이해하기 쉬울 거야.

선지자는 심판과 비슷했어

선지자는 오늘날의 심판과 비슷하게, 하나님의 백성이 하나님의 법을 무시하고 제멋대로 날 뛸 때마다 호루라기를 불었어. 선지자는 하나님의 백성이 하나님 말씀을 듣고 따르도록 돕는 사람이었어. 그 당시 왕은 마음에 들지 않는 사람을 명령 한마디로 처형할 수 있었는데, 어떤 선지자는 그런 힘이 있는 악한 왕을 꾸짖기도 했단다.(실제로 몇몇 선지자는 그렇게 했다가 목숨을 잃기도 했지!)

하지만 하나님은 절대 자기 백성을 포기하지 않으셨어. 구약을 보면 하나님은 백성에게 끊임없이 사자를 보내셨지. 그런데 다행히 하나님의 사자들은 좋은 소식을 전하기도 했단다.

선지자는 스포츠 해설자와 비슷했어

선지자는 경고만 한 게 아니라 언젠가 하나님이 복을 주실 거라는 약속도 전했어. 그런 의미에서 선지자는 경기가 어떻게 흘러갈지 예측하는 스포츠 해설자와도 비슷했어. 선지자는 죄를 지은 백성에게 격려의 메시지를 전했어. "하나님은 지금도 변함없이 여러분을 사랑하고 계십니다. 그러니까 더는 죄를 짓지 마십시오. 하나님이 언젠가 완벽한 구세주요 왕을 보내셔서 여러분의 죄를 깨끗이 씻어 주시고 헝클어진 모든 것을 바로잡아 주실 것입니다." 선지자는 죄가 세상을 망쳐 놓았지만 내일의 소망이 있다고 말했어. 선지자가 쓴 글은 사실 간단한 내용이었지만, 많은 사람이 그 글 읽기를 꽤 힘들어했어.

선지자는 감독과 비슷했어

스포츠 경기에서 감독이 선수들에게 사인을 보내는 모습을 본 적이 있니? 어떤 때는 암호 같은 걸 외치기도 하고, 어떤 때는 손을 이상하게 움직이기도 하지. 감독과 선수들은 그 뜻을 알지만 관중과 상대 팀 선수들은 알 수가 없어. 그건 감독과 선수들이 오랜 시간 동안 함께 훈련하며 많은 이야기를 나누었기 때문이야. 다른 사람이 모르

알고 있니?

성경의 1/3은 예언

성경의 약 3분 1은 예언이야. 그러니까 성경 66권 중 약 18권이 예언을 기록한 책인 셈이지. 예언을 글로 쓴 선지자도 있고, 말로 전한 선지자도 있었어. 글로 쓴 선지자는 성경에서 대선지서와 소선지서라는 책을 썼단다('대'는 양이 많다는 뜻이고 '소'는 양이 적다는 뜻이야). 이사야와 예레미야, 에스겔, 다니엘, 호세아, 아모스 등이 이런 선지자야.

는 사인과 암호가 그들에게는 아주 익숙한 것이었지. 선지자들이 한 말이나 쓴 글도 마찬가지야.

성경에서 선지자들이 쓴 책을 읽어 봤다면 그 내용을 이해하기가 쉽지 않다는 것을 알 거야. 하지만 선지자와 하나님의 백성은 그 의미를 잘 알고 있었지. 그건 그들이 같은 시대, 같은 장소에 살면서 많은 경험을 함께했기 때문이야. 그러니까 선지자들이 쓴 글을 읽을 때는 항상 당시 상황을 조사하며 읽을 필요가 있어. 책이나 해설이 있는 성경책, 목사님이나 교회 선생님의 도움을 받으면 좋겠지?

• • •

선지서를 읽고 이해하기가 쉽지 않을 거야. 하지만 다음과 같이 해 보면 조금은 쉬워질 거야.

다음 구절을 읽고 163페이지에 나오는 물음에 답해 봐.

이사야 1:1~20, 30:15
예레미야 18:1~11, 29:13
호세아 14:1~7
아모스 5:4~15
미가 6:1~8

신약에서 가장 많이 인용된 구약의 책은 뭘까?
답: 이사야(419번), 두 번째는 시편(414번).

선지서를 읽을 때는 이런 질문을 던져 봐.

1. 나는 하나님께 순종하고 있는가? 내 삶에서 무엇이 바뀌어야 할까?

2. 하나님은 백성이 어떻게 했을 때 은혜와 자비, 복을 주겠다고 하셨는가? 또 어떨 때 용서하고 구원해 주겠다고 하셨는가? 죄를 짓는 백성에게 품은 하나님의 마음은 어떠한가? 하나님이 내게는 어떤 약속을 해 주셨는가?

3. 선지서에서 이해하기 어려운 부분이 있는가? 어떤 인물이나 사건, 장소에 대해 더 알아봐야 하는가?

42

유전자 속에 담긴 비밀

"하늘이 하나님의 영광을 선포하고 창공이 그의 놀라운 솜씨를 나타내는구나!"

(시편 19:1, 현대인의성경)

혹시 과학이나 수학을 좋아하니? 좋든 싫든 과학과 수학은 모두 하나님이 정말 존재하신다는 증거를 보여 준단다. 물론 하나님이 실제로 계신다는 것을 '과학으로' 증명할 수는 없어. 하지만 만약 하나님이 계시지 않는다면, 다음과 같은 사실을 설명할 길이 있을까?

단순해 보이지만 엄청나게 복잡한 인간의 몸

너의 몸은 수많은 세포로 이루어져 있어. 그리고 이 모든 세포에는 DNA가 포함되어 있지. DNA는 조리법과도 같아. 다시 말해, DNA에는 생김새나 몸의 각 부분이 어떻게 이루어졌는지 알려 주는 '유전자'가 담겨 있지. DNA는 성별, 눈과 머리카락의 색깔, 귓불과 턱의 모양, 보조개의 유무 등 사람에 관한 모든 것을 결정해.

재미있는 사실은, 세상 모든 인간의 DNA가 99.9% 똑같다는 거야. 단지 나머지 0.1%가 차이를 만들어 내는 셈이지.

한 인간의 '게놈'에 관한
정보를 담은 실제 책장

하지만 더 놀라운 사실은 사람의 DNA('게놈'이라고도 해)에 무려 30억 개가 넘는 정보 덩어리('염기쌍'이라고 불러)가 포함되어 있다는 거야.

이 정도 정보는 약 3GB(기가바이트)의 데이터에 해당하는 양이야. 세포 하나에 이렇게 많은 정보가 담겨 있는 거지. 책으로 치면, 작은 세포 하나에 천 페이지에 달하는 책이 200권 가까이 들어 있는 셈이야. 한 사람이 이만한 정보를 다 읽으려면 9년이 걸리지.

이 페이지를 펴기 전만 해도 네가 1,500경(15,000,000,000,000,000,000) 페이지에 해당하는 정보를 품고 있다는 생각은 해 본 적도 없을 거야.(학교에서 시험 볼 때 이 정보를 모두 활용할 수 있다면 얼마나 좋을까!)

우리 세포 하나에 이렇게 많은 정보가 들어 있다는 걸 어떻게 설명할 수 있겠니? 우리 모두를 창조하신 하나님이 안 계신다면 도무지 설명할 수 없지. 우리는 강하고 지혜로우신 창조주께 '심히 기묘하게' 지음을 받은 존재야(시편 139:14).

분명한 규칙

하나님은 우주가 분명한 규칙에 따라 움직이도록 창조하셨어. 예를 들어 볼까?

시어도어 힐 박사는 조지아 공대에서 수학을 배우는 제자들에게 집에 가서 (1) 동전을 200번 던져서 결과를 적거나 (2) 실제로 동전을 던지지는 않고 마음대로 결과를 적어 보라고 했어. 다음 날, 놀랍게도 박사는 숙제를 살짝 훑기만 해도 학생이 실제로 동전을 던졌는지 아닌지를 알아챘단다.

학생들은 앞면이나 뒷면이 최소한 6번 이상 연속으로 나올 확률이 생각보다 훨씬 높다는 걸 몰랐지.

자연의 이런 규칙성을, 프랭크 벤포드(1883~1948년) 박사의 이름을 따서 '벤포드의 법칙'이라고 불러. 이 법칙에 따르면 아무렇게나 나열된 것 같은 숫자에도 엄연한 규칙이 존재한단다. 우주에 운이란 건 없어.

이외에도 유명한 법칙들이 있어. 예를 들어, 네가 절벽에서 뛰어내리면 장담컨대 중력 법칙에 따라 너는 세상과 작별하게 될 거야. 빛의 속도를 재 보면 항상 30만km/s지. 지금부터 24시간쯤 기다리면 해는 하늘에서 다시 지금과 똑같은 위치에 떠 있을 거야.

하나님의 세계는 하나님이 정하신 법칙대로 움직인단다.

한 치의 오차도 없는 법칙

중력이 꽤 약한 힘이라는 걸 아니? 작은 자석 하나면 중력을 거슬러 클립을 들어 올릴 수 있지. 그런데 중력이 그렇게 약하다면 왜 얼음판에 넘어졌을 때 그렇게 아플까?

너무 큰 중력

물체가 두 배로 무거워지면 중력도 두 배로 커지기 때문이야(즉, 네 몸무게가 많이 나갈수록 얼음판에 더 세게 넘어진다는 거지). 그래서 쥐처럼 작은 생명체는 자기 몸길이보다 몇 배나 높은 곳에서 떨어져도 전혀 다치지 않아.

하지만 마틴 리스란 과학자에 따르면, 만약 우주의 중력이 지금보다 훨씬 강하다면 "어떤 동물도 곤충보다 클 수 없고, 작은 동물도 서 있으려면 두꺼운 다리를 가져야 한다. 지금의 우리처럼 크다면 중력 때문에 몸이 부서질 수밖에 없다…별들은 서로 빽빽이 모여 있어 충돌이 자주 일어날 것이다. 이런 세상에서는 안정적인 행성계가 존재할 수 없다. (지구로서는 다행히) 우리 태양계에서는 발생하기 힘든 일이지만, 지나가는 별이 계속해서 행성의 궤도를 방해할 것이기 때문이다."

모든 힘과 지식을 지닌 설계자가 없다면, 중력이 너무 강하지도 약하지도 않고, 딱 적당한 정도로 있을 수가 없어(욥기 36:26). 설계자이신 하나님이 원자부터 은하계까지 모든 것이 유지되게 하신단다(골로새서 1:17).

더 깊은 탐구를 위하여 하나님과 자연에 관해 더 알고 싶다면, 리 스트로벨이 쓴 책 『청소년을 위한 창조 사건』(그루터기하우스 출간)을 읽어 봐.

43

기도하는 법

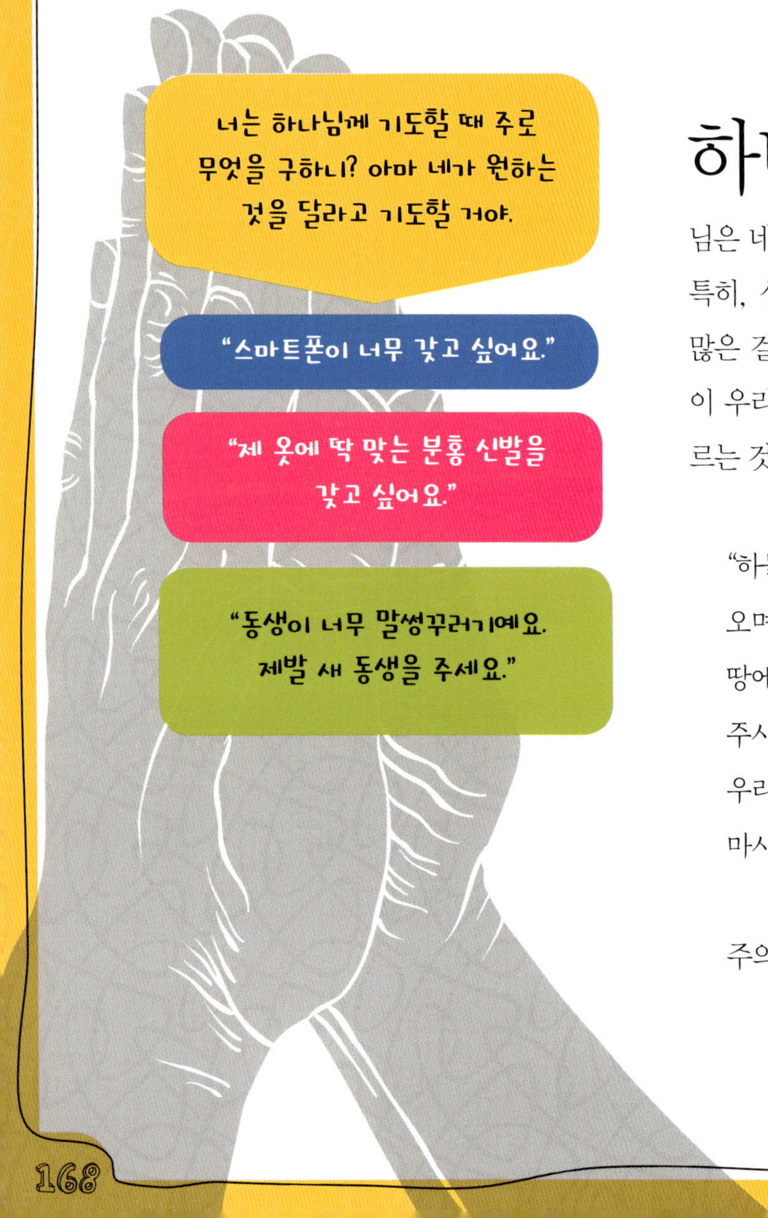

너는 하나님께 기도할 때 주로 무엇을 구하니? 아마 네가 원하는 것을 달라고 기도할 거야.

"스마트폰이 너무 갖고 싶어요."

"제 옷에 딱 맞는 분홍 신발을 갖고 싶어요."

"동생이 너무 말썽꾸러기예요. 제발 새 동생을 주세요."

하나님은 네가 원하는 것뿐만 아니라 정말로 중요한 것도 구하기를 바라셔. 그리고 감사하게도 하나님은 네가 어떤 기도를 드려야 하는지 친절하게 알려 주셨어. 특히, 성경에 나오는 가장 유명한 기도를 보면, 기도에 관해 많은 걸 배울 수 있어. 이 기도는 바로 '주의 기도'야. 예수님이 우리에게 기도의 모델로 주셨기 때문에 주의 기도라고 부르는 것이지.

> "하늘에 계신 우리 아버지여 이름이 거룩히 여김을 받으시오며 나라가 임하시오며 뜻이 하늘에서 이루어진 것같이 땅에서도 이루어지이다 오늘 우리에게 일용할 양식을 주시옵고 우리가 우리에게 죄 지은 자를 사하여 준 것같이 우리 죄를 사하여 주시옵고 우리를 시험에 들게 하지 마시옵고 다만 악에서 구하시옵소서"(마태복음 6:9~13).

주의 기도에서 다음과 같은 점을 배울 수 있단다.

여름 캠프에 가 본 적이 있니? 며칠 동안 밖에서 지내면 정말 재미있지? 새 친구도 사귀고 신나는 게임도 하고 간식도 많이 먹고 말이야! 하지만 캠프는 생각보다 힘들 수도 있어. 다음 편지를 읽어 보면 꽤 힘든 게 느껴질 거야.

엄마 아빠에게

엄마 아빠, 너무 보고 싶어요. 엄마 아빠가 여기 있으면 더 맛난 음식을 먹을 수 있을 텐데요. 과자라도 좀 보내 주면 안 돼요? 따뜻한 옷도 있으면 좋겠어요. 캠프 기간 내내 비가 와서 길이 질퍽하고 위험해졌어요. 어제는 한 친구가 넘어져서 응급실로 실려 갔어요. 다행히 며칠 남지 않았네요. 토요일에 꼭 일찍 오셔야 해요. 이왕이면 금요일에 오시면 더 좋고요!

사랑하는 안드레

주의 기도는 캠프장에서 보내는 편지와 비슷해. 그러니까 이 기도는 하나님이 그리워서 마음으로 외치는 기도야. 주의 기도 중 처음 두 문장은 하나님이 어서 오셔서 망가진 세상을 고쳐 달라고 간청하는 내용이지. 하지만 하나님은 아직 모든 것을 새롭게 하지 않으셨기 때문에 마지막 두 문장에서 일단 이 세상에서 필요한 것(도움이나 용서, 보호)을 달라고 하나님께 요청하는 거야.

생각해 봐!

하루는 이발사가 마르틴 루터의 머리를 깎아 주다가 기도하는 법을 알려 달라고 부탁했어. 나중에 루터는 이발사에게 다음과 같은 글을 써서 주었단다.

"좋은 이발사는 가위와 머리카락에 온 신경과 눈을 집중하고, 수염이나 머리카락을 어디까지 잘랐는지 잊어버리지 않습니다. 말을 너무 많이 하거나 딴생각을 하거나 한눈을 팔면 손님의 입이나 코, 심지어 목까지 잘라 버릴 수 있습니다. 그래서 이발을 잘하려면 온몸과 신경을 완벽히 집중해야 합니다. 저는 주의 기도로 기도할 때 그렇게 합니다."

예수님의 기도를 본보기로 삼기

예수님이 가르쳐 주신 기도를 본보기로 삼아 너의 기도를 써 봐.

	예수님의 기도	나의 기도
1	하늘에 계신 우리 아버지여, 이름이 거룩히 여김을 받으시오며.	온 세상이 하나님이 거룩하신 줄 알고 하나님만 예배하게 되기를 기도해요.
2	나라이 임하옵시며 뜻이 하늘에서 이룬 것같이 땅에서도 이루어지이다.	모든 것을 바로잡아 주세요. 이 세상의 모든 것을 다시 새롭게 해 주세요.
3	오늘날 우리에게 일용할 양식을 주옵시고.	의식주를 포함해서 매일 저희에게 필요한 것을 주세요. 하나님은 저희에게 무엇이 필요한지 정확히 아시잖아요.
4	우리가 우리에게 죄 지은 자를 사하여 준 것같이 우리 죄를 사하여 주옵시고.	저희가 지은 죄를 다 용서해 주시고, 저희에게 잘못한 사람들도 용서할 수 있게 도와주세요.
5	우리를 시험에 들게 하지 마옵시고 다만 악에서 구하옵소서.	저희가 죄를 짓지 않도록 항상 하나님과 가까이 지내게 도와주세요.

성경에는 다른 기도도 많이 나온다는 걸 아니? 이런 기도를 읽고 곰곰이 생각해 보면 기도에 관해 많은 걸 배울 수 있어. 그건 그렇고, 기도는 다음과 같이 몇 가지 종류로 나눌 수 있단다.

하나님의 이름이 널리 알려지길 원해요

히스기야는 이렇게 기도했어. "하나님만이 참된 하나님이심을 온 세상이 알 수 있도록 저희를 도와주세요"(열왕기하 19:19).

예레미야는 이렇게 기도했어. "하나님이 자비로우신 분임을 온 세상이 알 수 있도록 저희를 용서해 주세요"(예레미야 14:7).

솔로몬과 하박국은 둘 다 이렇게 기도했어. "물이 바다를 덮는 것처럼 하나님의 영광이 온 땅을 덮기를 원해요"(시편 72:19, 하박국 2:14).

하나님을 찬양해요

다윗은 이렇게 기도했어. "온 마음으로 하나님을 찬양해요" (시편 103:1).

마리아는 이렇게 기도했어. "저를 위해 위대한 일을 행하신 하나님을 찬양하고 기뻐해요" (누가복음 1:46~50).

하나님, 감사해요

바울은 이렇게 기도했어. "하나님, 제가 아는 사람들이 예수님을 닮게 해 주셔서 감사해요" (데살로니가후서 1:3).

아삽은 이렇게 기도했어. "하나님, 늘 우리 곁에 계셔 주셔서 감사해요"(시편 75:1).

하나님, 저를 용서해 주세요

다니엘은 이렇게 기도했어. "하나님의 말씀을 무시하고 거역한 저희를 용서해 주세요"(다니엘 9:5~6, 19).

에스라는 이렇게 기도했어. "산처럼 높이 쌓인 저의 부끄러운 죄를 용서해 주세요"(에스라 9:6).

하나님, 다른 사람들을 도와주세요

이름이 밝혀지지 않은 한 여자는 이렇게 기도했어. "예수님, 제 딸을 돌봐 주세요"(마태복음 15:22~28).

바울은 이렇게 기도했어. "제 친구들이 주변 사람들을 사랑하게 도와주세요"(데살로니가전서 3:12).

하나님, 저를 도와주세요

한나는 이렇게 기도했어. "하나님, 저를 기억하고 불쌍히 여겨 주세요"(사무엘상 1:10~11).

아사는 이렇게 기도했어. "저를 도울 수 있는 분은 하나님밖에 없어요. 하나님만 의지할게요" (역대하 14:11).

44

일은 선물이다

쓰레기차가 떠나가는 소리가 들리자 나는 침대에서 용수철처럼 튀어나왔어. 그때 나는 열두 살이었는데 내가 맡은 일을 까마득히 잊고 있었지 뭐야. 그 일은 바로 쓰레기를 버리는 거였어! 사실, 내가 그 일을 잊어버린 건 그때가 처음이 아니었단다. 그 바람에 우리 집 마당에는 쓰레기가 산더미처럼 쌓여 버렸어. 결국 아빠는 내게 경고하셨어. "이번 주에 쓰레기를 버리지 않으면 다음 주까지 네 방에 그 쓰레기를 둘 거야!"

이것이 내가 파자마 차림으로 쓰레기차를 쫓아간 이유야! 무슨 일이 있어도 쓰레기차를 따라잡아야 했지. 그렇지 않았다간 내 방이 쓰레기장이 될 판이었으니까.

하지만 내 문제는 단순히 해야 할 일을 잊어버린 게 아니었어. 사실, 나는 그 일을 하고 싶지 않았어. 다행히 그 뒤로 하나님은 그분과 일에 관해 내게 많은 걸 가르쳐 주셨지. 내가 뭘 배웠는지 들어 볼래?

1. 하나님은 일하는 분이셔

하나님이 일하시기 때문에 우리도 일하는 거야. 우리는 하나님을 닮게 창조된 사람이거든. 성경을 보면 하나님은 토기장이(이사야 64:8), 재단사(창세기 3:21), 농부(이사야 5:1), 전사(하박국 3:10~15), 목자(시편 23:1~4), 집주인(시편 23:5~6) 같은 다양한 일꾼으로 등장하셔. 우리가 뭔가를 만들기 위해서 일하는 것은 흙으로 우리를 만드신 분을 따라 하는 것이란다. 예술가들은 붓이나 진흙, 금속 같은 걸로 작품을 만들지. 음악가들은 소리로 음악을 만들고 연주하지. 소설가와 시인, 리포터, 철학자는 말로 이야기와 글을 만들지. 의사들은 여러 물질과 의료 기구를 사용해 병을 진단하고 고치지. 요리사들은 고기와 채소, 과일, 양념 등으로 맛난 음식을 만들지. 다 나열하자면 끝이 없을 거야. 모든 인간은 일하시는 하나님을 닮게 창조되었기 때문에 뭔가를 만들 능력이 있단다(창세기 1:1, 27을 읽어 봐).

2. 하나님은 일을 주는 분이셔

일은 어디에서 왔을까? 혹시 처음 사람이 죄를 지어 일이 시작되었다고 생각하니? 사실, 일은 벌처럼 느껴질 때가 많지? 하지만 일은 하나님이 처음부터 우리에게 주신 선물 중 하나야. 하나님은 에덴동산에서 아담에게 많은 일거리를 주셨단다. 일은 처음부터 하나님이 주신 선물이었어.

물론 죄 때문에 일이 힘들어지기는 했지. 하지만 하나님은 지금도 우리가 일하기를 원하셔. 그러니까 옷을 개고, 잔디를 깎고, 화장실을 청소

"무슨 일을 하든지
마음을 다하여
주께 하듯 하고
사람에게 하듯
하지 말라"
(골로새서 3:23).

하고, 방을 치우는 일이 좀 지루하고 힘들다 해도 그 모든 일이 하나님의 선물임을 잊지 마(창세기 1:26, 2:15, 3:17~19을 읽어 봐).

3. 하나님은 사장님이셔

하나님은 각 사람에게 특정한 일을 맡기셔. 예를 들어, 하나님은 사울과 다윗에게는 왕의 일을 맡기셨고, 에스겔에게는 선지자의 일을 맡기셨어. 브살렐과 오홀리압은 장인과 예술가로 임명하셨지(출애굽기 35:30~35).

그런데 혹시 하나님이 너의 사장님이라는 걸 알고 있니? 부모님이 시키신 일을 할 때 사실 너는 누구 밑에서 일하는 걸까? 무슨 일을 하든 너는 하나님을 위해 일하고 있는 거야(골로새서 3:23~24).

• • •

나 같은 실수를 하지 않았으면 좋겠어. 파자마 차림으로 쓰레기차를 쫓아가는 건 절대 추천하고 싶지 않아. 그 대신 숙제를 하거나 집안일을 거들거나 어떤 일이든 즐겁게 하려고 노력하렴. 하나님을 사랑하는 마음으로 열심히 하는 거야.

솔로몬의 성전을 짓기 위해 얼마나 많은 일꾼이 돌을 잘랐을까?

답: 15만 명(열왕기상 5:15, 역대하 2:18)

45

인류의 역사, 가장 놀라운 사랑 이야기

인류의 역사는 사랑 이야기야. 성경은 이 이야기가 어떻게 시작되었는지를 알려 주지. 바로, 하나님에게서 시작되었어. 창세기 1장 1절은 "태초에 하나님이 천지를 창조하시니라"고 말해. 그런데 하나님은 세상을 창조하시기 전에 무엇을 하고 계셨을까?

사랑이 존재하다 (하나님이 세상을 만드시기도 전에)

예수님은 기도하시던 중에 "아버지께서 창세전부터 나를 사랑하시므로"(요한복음 17:24)라고 말씀하셨어.

하나님은 세상을 창조하시기 전부터 사랑을 하셨어. 하나님은 항상 아들을 사랑하셨지. 아들은 항상 아버지를 사랑하셨고. 그렇게 성부와 성자, 성령은 항상 서로를 사랑하셨단다. 하나님은 한 번도 혼자 계신 적이 없고, 앞으로도 절대 혼자 계시지 않아. 그래서 사도 요한은 "하나님은 사랑이심이라"(요한일서 4:8)고 말했지. 사랑은 하나님이 항상 해 오시던 일이야(요한복음 14:31을 읽어 봐).

사랑을 나눠 주시다(세상 속에서)

하나님은 사랑을 나눠 주고 싶으셨어. 그래서 하나님의 놀라운 사랑을 보여 주는 세상을 창조하셨지. 그리고 사랑을 나눠 줄 첫 남자와 여자로 아담과 하와를 창조하셨어. 아담과 하와는 하나님이 지으신 놀라운 세상을 즐기고 돌보면서 하나님의 사랑을 느꼈지. 또한 아담과 하와는 자신들처럼 하나님을 사랑하는 자녀를 낳았어. 그들은 이 세상이 그 자녀로 가득한 모습을 보며 하나님의 사랑을 더 깊이 깨달았어. 아담과 하와는 무엇보다도 하나님을 사랑했단다. 그래서 태초에는 모든 것이 완벽했어. 망가진 것이 하나도 없었어. 눈물도 고통도 질병도 죄도 그리고 아주 잠깐이지만 숙제도 없었어(디모데전서 6:17과 시편 19:1~2, 창세기 2:16~17을 읽어 봐).

사랑이 거부당하다(동산에서)

하지만 아담과 하와는 결국 끔찍한 짓을 저지르고 말았어. 하나님이 정하신 법이 아닌 자기가 정한 법을 따라 살기로 마음먹은 거야. 그래서 하나님이 절대 먹지 말라고 하신 과일을 깨물어 먹고 말았지. 아담과 하와는 하나님보다 하나님이 만들어 주신 것을 더 사랑하고 말았어. 성경에서는 이걸 '우상 숭배'라고 불러. 하나님의 사랑은 변하지 않았지만, 이 일로 하나님이 지으신 완벽한 세상은 이제 더는 완벽하지 않게 되었어(창세기 3:1~7을 읽어 봐).

사랑이 계속되다(동산 밖에서도)

아담과 하와가 하나님을 거부한 뒤에도 하나님은 계속해서 그들을 사랑하셨어. 우리 같았으면 그들을 버리거나 아예 없애 버리고 처음부터 다시 시작했을지도 몰라. 하지만 하나님은 계속해서 그들을 사랑하셨어. 하나님의 사랑은 조금도 변하지 않았지. 하지만 아담과 하와는 죄를 지었기 때문에 전처럼 하나님의 사랑을 누릴 수 없었어. 하나님은 두 사람을 동산에서 내보내시면서 앞으로는 삶이 훨씬, 더 훨씬 힘들어질 거라고 말씀하셨어. 그리고 하나

생각해 봐!

"삼위일체이신
(세 분이지만 한 분인 상태)
하나님은 함께하기를
좋아하신다.
그래서 하나님은
창조하시는 것이다.
하나님은 간직하려고
사랑하시는 것이 아니라
나눠 주려고 사랑하신다."
_마이클 리브스

님과 그들의 관계도 깨지고 말았지. 하지만 하나님은 이렇게 깨진 관계가 영원히 그렇지는 않을 거라고 약속해 주셨어.

그 뒤로 아담과 하와의 자손이 세상을 가득 채우기 시작했어. 하지만 하나님이 말씀하신 대로 삶은 고단해졌어. 안타깝게도 대부분 사람은 하나님을 온 마음으로 사랑하지 않았단다. 결국, 오래지 않아 세상은 죄와 고통, 미움으로 들끓게 되었어(창세기 3:21~24, 6:5을 읽어 봐).

참다못하신 하나님은 각 동물의 대표와 노아의 가족만 빼고 온 세상을 홍수로 청소하셔서 죄를 심판하셨어. 하지만 홍수 후에도 오래지 않아 세상은 하나님을 거부하고 하나님보다 하나님이 만들어 주신 것들만 사랑하는 사람들로 다시 가득 찼지(창세기 7:1~4, 9:20~21, 11:1~8을 읽어 봐).

사랑이 구원하다(아브라함을 통해)

하지만 하나님의 사랑은 조금도 변하지 않았어. 이제 하나님은 그 죄인 중에서 한 명을 뽑아 세상을 구원할 작전을 펼치셨지. 그 사람의 이름은 아브람(나중에 아브라함으로 이름이 바뀌어)이었고, 그의 가족을 통해 세상 모든 사람이 하나님의 사랑과 은혜를 누리게 돼. 로마서 4장 3절은 아브라함에 관해 말하고 있어. "아브라함이 하나님을 믿으매 그것이 그에게 의로 여겨진바 되었느니라." 하지만 안타깝게도 아브라함과 그의 가족도 계속 죄를 지었어(창세기 12:1~3을 읽어 봐).

사랑이 공급해 주다(이스라엘 백성에게)

그래도 아브라함과 그 자손은 엄연히 하나님의 백성이었어. 하나님은 그들을 사랑하셨단다. 그래서 하나님은 배를 곯고 노예로 고생하던 그들을 구해 주셨어. 하나님은 그들에게 먹을 음식과 물, 입을 것을 주시고, 심지어 고향으로 삶을 아

노아의 가족은 방주 안에서 얼마나 오래 있었을까?

답: 1년 조금 넘게(창세기 7:11, 8:14)

름다운 땅까지 약속해 주셨어. 그런데도 하나님의 백성(이스라엘 백성)은 하나님을 가장 사랑하지 못하고, 세상 사람들에게 하나님의 사랑을 제대로 보여 주지도 못했어. 이스라엘 백성은 하나님이 주신 좋은 것들과 사랑에 빠졌고, 그런 것이 조금이라도 부족해지면 곧바로 불평을 해댔지(창세기 37~47장, 출애굽기 1~15장, 민수기 14장을 읽어 봐).

결국 하나님은 적들을 보내셔서 이스라엘 백성에게 주셨던 것을 다 빼앗으셨어. 이런 일이 벌어지자 이스라엘 백성은 하나님께 도와 달라고 아우성을 쳤지. 마음씨 좋으신 하나님은 구조대를 보내셨고, 그들의 삶은 다시 좋아졌어. 하지만 좋은 시절은 오래가지 않았단다. 리더가 죽자 백성은 다시 하나님을 사랑하지 않기 시작했어. 결국 하나님은 또다시 적을 보내실 수밖에 없었어. 안타깝게도 이런 일이 되풀이되었어(이 상황에 관해 자세히 알고 싶다면 사사기를 읽어 봐). 하나님의 백성에게 필요한 건 그들을 오랫동안 다스려 줄 좋은 리더였어.

결국 하나님은 그들을 다스릴 왕을 주셨어. 하지만 다윗과 솔로몬 같은 최고의 왕들도 하나님을 완벽히 사랑하지는 못했단다. 그들은 하나님보다 하나님이 만들어 주신 것들을 더 사랑하곤 했어. 이스라엘 백성도 그런 리더를 따라서 죄를 지었어. 하나님의 사랑을 온 세상에 보여 주기는커녕 말이야!(이런 왕에 관해서는 사무엘상하와 열왕기상하를 읽어 봐.)

사랑이 계속해서 다가오다(선지자들을 통해)

하나님은 이스라엘 백성에게 선지자들을 보내셔서 여전히 그들을 사랑하신다는 사실을 알려 주셨어(선지자에 관해 더 알고 싶다면 41장을 봐). "하나님보다 하나님이 만들어 주신 것을 더 사랑하는 짓은 그만둬! 하나님은 너희를 사랑하시는 만큼 너희도 그분을 사랑하기를 원하셔." 선지자들이 그렇게 외쳤지만 하나님의 백성은 도통 귀를 기울이지 않았어. 그래서 결국 하나님은 이스라엘에 침입한 적들이 백성을 머나먼 외국 땅까지

어느 왕이 이스라엘을 가장 오래 다스렸을까?

답: 므낫세, 55년(열왕기하 21:1)

끌고 가게 놔두셨지.

사랑이 회복시키다(포로 생활에서)

고향에서 멀리 떨어진 외국 땅으로 끌려간 이스라엘 백성은 하나님께 불쌍히 여겨 달라고 애원했어. 결국 사랑의 하나님은 그들을 고향으로 돌아오게 하셨어. 그런데 그들이 돌아온 고향 땅은 하나님의 사랑을 전혀 알지 못하는 악한 사람들이 차지하고 있었어. 그런데도 이스라엘 백성은 그들에게 하나님의 사랑을 전하지 않고 자신들만 그 사랑을 누리려고 했어. 그뿐만 아니라 계속해서 온갖 죄를 지었단다.

이제 어떻게 해야 할까? 그들에게는 적들에게서만이 아니라 죄에서 구해 줄 왕이 필요했어. 그들이 하나님을 다시 사랑하고 온 세상에 그분의 사랑을 전하도록 도와줄 진정한 왕이 필요했던 거야.

사랑이 도착하다(예수님의 탄생과 삶을 통해)

하나님은 자신의 아들을 이 땅에 보내셨어. 그 아들은 물론 예수님이시지. 예수님은 아브라함과 다윗 왕의 가문에서 태어나셨어. 예수님의 어머니는 마리아이지만 아버지는 따로 없었어. 그것은 우주의 하나님이 예수님의 아버지이셨기 때문이야! 완벽한 왕이신 예수님은 항상 하나님을 완벽히 사랑하시고, 하나님 말씀에 완벽히 순종하셨어. 예수님은 절대 죄를 짓지 않는 완벽한 하나님 백성의 모습을 보여 주셨어.

사랑이 희생하다(예수님의 고난과 죽음을 통해)

예수님은 하나님의 사랑을 완벽히 보여 주셨어. 우리는 예수님이 행하신 기적을 통해 사랑으로 고쳐진 세상이 어떤 모습인지를 볼 수 있어. '새 하늘과 새 땅'이라고 불리는 그 세상에는 죽음도 고통도 질병도 없어. 물론 죄는 더더욱 없지. 예수님은 십자가 위

왕위에 가장 짧게 있었던 이스라엘 왕은 누구일까?

답: 시므리, 7일(열왕기상 16:15)

추천 찬양

나를 위한 그분의 예복
그 고통, 아무도 알 수 없네.

하나님의 사랑하시는 아들
예수님이 마치 원수처럼
정죄를 받으셨네.

그분이 나처럼 저주를 받아
혼자가 되셨네.

내가 그분처럼 집으로
돌아갈 수 있게 되었네.

크리스 앤더슨의 "나를 위한 그분의 예복"
(His Robes for Mine)

에서 죽으실 때 이 세상 모든 사람의 죄를 대신 짊어지셨어. 예수님은 십자가 위에서 몸의 고통만이 아니라 우리가 지은 죄 때문에 하나님과 (관계가 깨지는) 멀어지는 고통을 참아 내셨어. 하나님은 죄지은 사람들이 하나님 품으로 돌아올 수 있도록 아무 죄도 없는 아들을 세상에 보내신 거야.

사랑이 이기다(예수님의 부활을 통해)

마침내 세상에서 가장 놀라운 일이 일어났어! 십자가에 못 박혀 죽으신 예수님이 동산의 무덤을 박차고 나오신 거야. 예수님이 다시 살아나셨어. 인간이 다시 한번 완벽한 모습으로 동산에 우뚝 선 거야. 첫 번째 인간은 실패했지만, 이 새로운 인간은 완벽한 성공을 거두었어. 이 새로운 아담은 첫 아담이 망쳐 놓은 세상을 회복시켰어. 사랑이 죽음을 이긴 거야! 예수님은 모든 사람을 위해 죽으셨고, 성부 하나님은 이 죽음을 받아 주셨어. 이제 예수님을 믿는 사람은 누구나 영원히 살 수 있게 되었어.

사랑이 퍼지다(교회를 통해)

예수님이 죄인을 위해 베푸신 놀라운 사랑이 복

된 소식, 바로 복음이야! 예수님은 하늘 아버지께로 돌아가시기 전에 제자들에게 하나님이 아담과 하와에게 하셨던 명령을 따르라고 말씀하셨어. "하나님의 사랑을 온 세상에 보여 주고 온 세상에 전하라! 예수님을 믿고 죄에서 구원받은 하나님을 사랑하는 사람들이 이 땅에 가득하게 하라!"

신약 성경 사도행전부터 유다서까지는 예수님의 제자들이 이 명령을 어떻게 따랐는지를 보여 준단다. 예수님의 제자들은 이스라엘 땅에서 세상의 중심(당시에는 로마)까지 하나님의 사랑을 전했어. 하지만 한 가지 문제가 남아 있었어.

사랑이 완전히 승리할 것이다(회복된 세상에서)

하나님이 마지막 날에 모든 것을 새롭게 하시기 전까지 우리는 하나님을 끝까지 믿고 따라야 해. 안타깝게도 우리는 아직 악한 세상에서 살고 있어. 그래서 우리는 여전히 죄를 짓고, 때로는 하나님을 온 마음으로 사랑하지 못해. 하지만 언젠가 하나님이 모든 걸 완벽하게 바로잡아 주실 거야.

예수님이 다시 오셔서 모든 고통과 죄를 완전히 없애 주실 거야. 예수님이 여전히 죄를 짓는 우리와 죄 많은 이 세상을 완전히 변화시켜 주실 거야. 그중 가장 좋은 것은 우리가 예수님과 영원히 함께 살게 된다는 거야. 그날, 모든 것이 하나님이 처음부터 원하셨던 모습으로 돌아갈 거야. 우리는 하나님이 다스리시는 좋은 세상에서 영원히 행복하게 살 거야. 무엇보다도 하나님을 누리게 될 거야.

그리고 그날은 끝이 아니야. 그날은 진정한 시작일 뿐이야.

더 깊은 탐구를 위하여 성경 이야기에 관해 더 알고 싶다면 케빈 드영이 쓴 『세상에서 가장 위대한 이야기』(성서유니온 출간)를 읽어 봐.

46

진정한 우정을 나누는 친구 사귀기

혹시 너의 SNS에 친구가 몇 명이나 되는지 말해 줄 수 있니? 혹시 천 명이 넘는 친구가 있니? 그런데 실제로 친하게 지내는 친구는 어떤 사람이니? 친구를 사귀는 건 전혀 어렵지 않단다. 친구를 사귀고 싶다면 먼저 친구가 되어 주면 돼.

그런데 우정이란 무엇일까?

우정은 하나님이 주신 거야

좀 어려운 이야기이지만 하나님은 성부와 성자, 성령이 하나인 분이란다. 이 세 분이 똘똘 뭉쳐서 우정을 나누고 계시지. 이 세 분은 세상이 시작되기도 전부터 쭉 그렇게 지내 오셨어. 하나님을 닮은 우리도 그분처럼 다른 사람과 우정을 나누는 것을 좋아해. 하나님이 우리를 그렇게 창조하셨어. "사람이 혼자 사는 것이 좋지" 않기 때문에 하나님은 아담을 위해 하와를 창조하셨어(창세기 2:18).

우정은 자연스러운 거야

성경은 친한 친구를 "생명을 함께하는 친구"(신명기 13:6)라고 불러. 다윗(맞아, 골리앗을 죽인 그 다윗)은 사울 왕의 아들 요나단과 절친한 친구가 되었어. 사무엘상 18장 1절이 둘 사이를 어떻게 표현하는지 볼까? "요나단의 마음이 다윗의 마음과 하나가 되어." 둘은 너무 잘 맞았어!

처음 보자마자 우정이 싹트는 경우는 그리 많지 않아. 하지만 친구를 사귀는 걸 그리 어렵게 생각할 필요는 없어. 이렇게 한번 시작해 봐.

1. 억지로 친구로 삼으려고 하지 마.
2. 예수님을 사랑하는 친구를 달라고 하나님께 기도해(고린도후서 7:6).
3. 주변 사람들에게 잘해 줘. 너한테 잘해 주는 친구를 찾으려고 하지 말고 네가 먼저 친구가 되어 줘.
4. 하나님이 기뻐하시는 선택을 하려고 노력해(잠언 16:7).
5. 무엇보다도 하나님과 우정을 나눠야 해(요한복음 15:13, 로마서 5:10).

생각해 봐!

C. S. 루이스는 우정에 관해 이런 말을 했어.

"우정은 세상에서 가장 좋은 것이다. 우정이야말로 내 인생 최고의 행복이다. 젊은 사람이 내게 어디서 살아야 하는지 묻는다면 '친구들과 가까이 살기 위해 웬만한 것은 다 포기하라'고 말해 주고 싶다."

"친구를 얻으려면 뭐라도 있어야 한다. 하다못해 도미노나 애완 쥐에 대한 열정이라도 있어야 한다. 아무것도 없는 사람은 아무것도 나눌 수 없다. 아무 데도 가지 않는 사람은 길동무를 얻을 수 없다."

알고 있니?

경고!

성경은 우리가 친구를 닮기 때문에 누구를 친구로 삼을지 깊이 고민하라고 충고해(고린도전서 15:33).

하나님은 다음과 같은 사람을 조심하라고 말씀하셔.

- ☛ **화를 잘 내는 사람**(잠언 22:24~25)
- ☛ **훔치는 사람**(잠언 29:24)
- ☛ **하나님의 뜻을 거부하는 사람**(잠언 14:7)
- ☛ **교만한 사람**(잠언 16:19)
- ☛ **말썽을 일으키는 사람**(잠언 24:1~2)
- ☛ **험담하길 좋아하는 사람**(잠언 20:19)

우정에는 책임이 따른단다

우리는 친구를 사귀고 싶어 해. 그렇다면 친구란 무엇일까? 어떤 사람이 친구일까? 성경은 친구들이 서로 도울 책임이 있다고 말해.

1. 친구라면 좋을 때나 힘들 때나 서로 사랑하고 섬겨야 해(잠언 17:17, 18:24, 27:10).
2. 친구라면 함께 시간을 보내고 마음속에 있는 이야기를 솔직히 털어 놓을 수 있어야 해(출애굽기 33:11, 요한복음 15:15).
3. 친구라면 예수님을 닮아 가도록 서로 격려해야 해(잠언 27:5~6, 17).
4. 친구라면 쉽게 삐치지 않아(잠언 10:12, 17:9).
5. 친구라면 서로 헐뜯는 말이 아닌 높여 주는 말을 해야 해(잠언 20:19, 에베소서 4:29).

너는 어떤 친구니?

47

성경을 요약하기

누군가가 너에게 무엇을 믿느냐고 물으면 뭐라고 대답할래? 물론 우리는 성경을 믿지. 하지만 알다시피 성경은 아주 긴 책이야. 그래서 성경을 요약하면 큰 도움이 돼.

요약이란 긴 걸 짧게 줄이는 더하기와도 같아. 예를 들어, 아래 나오는 숫자 여섯 개를 더하면 하나의 숫자로 만들 수 있지.

$$1+2+3+4+5+6=21$$

성경에서 가르치는 것을 짧게 요약하면 왜 좋을까? 첫째, 요약하면 기억하기가 편해. 짧을수록 기억하기가 쉽지. 둘째, 요약하면 틀린 것을 판단하기가 쉬워. 맞는 게 뭔지 정확히 모르면 어떻게 틀린 것을 알 수 있겠니?

그런데 성경 안에 성경 전체가 요약되어 있다는 걸 아니? 사복음서(마태복음, 마가복음, 누가복음, 요한복음)의 내용을 짧게 압축한 구절이 꽤 많아. 그런 구절을 몇 개 소

개해 볼게.

"형제 여러분, 내가 여러분에게 전한 기쁜 소식에 대하여 다시 한번 여러분을 깨우치려고 합니다. 여러분은 이 기쁜 소식을 받아 그 위에 여러분의 신앙을 굳게 세웠습니다. 만일 여러분이 내가 전한 말을 굳게 지키고 헛되이 믿지 않았으면 그 기쁜 소식으로 여러분은 구원을 받을 것입니다. 나는 내가 받은 가장 중요한 것을 여러분에게 전하였습니다. 그것은 그리스도께서 성경 말씀대로 우리 죄를 위해 죽으시고 무덤에 묻히셨다가 3일 만에 다시 살아나셨다는 것입니다. 그리고서 그분은 베드로에게 나타나셨고 그 후 열두 제자에게 나타나셨으며" (고린도전서 15:1~5, 현대인의성경).

"경건의 비밀은 정말 놀랍습니다. 이것을 부정할 사람은 아무도 없습니다. 그리스도는 육신으로 나타나셔서 영으로는 의롭다는 것이 입증되셨습니다. 그리고 천사들에게 보이셨고, 모든 민족에게 전파되셨으며 온 세상 사람들의 믿음의 대상이 되셨고 영광 중에 하늘로 올라가셨습니다"(디모데전서 3:16, 현대인의성경).

"예수 그리스도는 내가 전한 기쁜 소식대로 다윗의 후손이시며 죽은 사람들 가운데서 다시 살아나신 분입니다. 그대는 그분을 기억하시오"(디모데후서 2:8, 현대인의성경).

사도 바울이 이런 글을 쓴 지 약 130년 뒤, 지금의 프랑스 지역에서 목사이자 선교사로 활동했던 이레나이우스는 성경의 중요한 내용을 요약했어. 이레나이우스는 그리스도인이라면 다음과 같은 진리를 믿어야 한다고 말했지.

> 천지와 바다, 그 안의 만물을 만드신 전능하신 성부 하나님, 우리를 구원하기 위해 육체가 되신 하나님의 아들 예수 그리스도, 선지자들을 통해 구원의 계획을 알려 주신 성령님을 믿어야 한다. 또한 우리 주 예수 그리스도가 이 땅에 오셔서 처녀에게서 태어나시고 고난을 받으시고 돌아가셨다가 죽음에서 부활하시고 하늘에 오르셨으며, 훗날 모든 것을 이루시고 모든 사람의 육체를 새롭게 살리시려고 아버지의 영광 속에서 하늘에서 오실 것을 믿어야 한다.

4세기가 되었을 때 많은 그리스도인이 자신의 믿음을 짧은 글로 요약했어. 이것이 나중에 '사도신경'이 되었지. 왜 '사도신경'이라고 부르냐면, 사도들(예수님의 제자들)이 썼기 때문이 아니라 사도들의 가르침을 요약한 것이기 때문이야.

50

좋은 결정을 내리는 법

'어떻게 해야 하지?
친구 생일 파티에
가야 할까?
여름성경학교에
가야 할까?'
지현이는 손에 쥔
두 초대장을 보며
고민했어.

선택은 쉽지 않았어. 학교에서 같은 반인 한 친구와 친해지고 싶었는데 마침 이 친구가 자기 생일 파티에 오라며 초대장을 주었어. 하지만 가장 친한 친구들이 다니는 교회에서도 여름성경학교를 한다고 해. 거기에도 꼭 가고 싶어.

어떻게 해야 할까? 하나님은 지현이가 어떤 선택을 하길 바라실까? 하나님은 이런 문제에도 신경을 쓰실까? 결정하는 일이 항상 쉽지는 않아. 그리고 나이를 먹을수록 점점 더 많은 결정을 스스로 내려야 하지.

"생일 용돈으로 만 원을 받았는데 어떻게 써야 할까?"

"어떤 운동을 배울까?"

"친구들이 하는 나쁜 짓을 함께해야 할까?"

"부모님이 집에 계시지 않을 때는 인터넷을 하지 말라고 하셨는데, 숙제를 위해서 잠깐 하는 건 괜찮지 않을까?"

"하나님은 내가 어른이 되어서 뭘 하기를 바라실까?"

결정을 내릴 때마다 기억해야 할 성경의 원칙 몇 가지를 소개해 줄게.

1 하나님 말씀에 따라 선택을 내려. 하나님이 뭔가(도둑질이나 속임수, 거짓말, 비열한 짓 등)를 하지 말라고 하시면 무조건 하지 말아야 해. 물론 하나님 말씀을 듣고 순종하려면 결심과 노력이 필요하지만, 성경을 보면 최소한 무엇이 옳은지 그른지는 알 수 있어(야고보서 4:17을 읽어 봐).

2 하나님이 기뻐하실 선택을 해. 하나님을 알수록 그분이 무엇을 좋아하시는지도 알 수 있어. 예를 들어, 하나님은 자비로운 결정을 기뻐하셔. 두 가지 선택 사항 중에서 하나가 더 자비로운 것이라면 그걸 선택하는 게 더 좋을 가능성이 높아(에베소서 5:8~10을 읽어 봐).

3 도움을 구해. 특히 하나님이 돕지 않으시면 위 두 가지 원칙을 지킬 수 없어. 하나님께 지혜를 달라고 기도하면 꼭 주실 거야! 부모님이나 목사님, 주일학교 선생님, 믿을 만한 친구들에게도 도움을 요청해(야고보서 1:5~6을 읽어 봐).

4 이렇게 다 하고 나서 하나님이 가장 좋은 결정을 내리게 도와주실 줄 믿고 과감히 결정을 내려(잠언 16:1, 9, 20을 읽어 봐).

5 너는 완벽한 결정을 내릴 수 없어. 하지만 하나님은 모든 걸 다스리시니까 걱정할 필요가 없어. 하나님이 너를 인도해 주신다고 약속하셨으니까 하나님만 믿어(마태복음 10:29~30을 읽어 봐).

생각해 봐!

하나님께 지혜를 구하고 있니?

선택할 수 있는 여러 사항을 놓고 고민하고 있니?

누군가에게 도움을 구하고 있니?

하나님이 인도해 주실 것을 믿니?

하나님이 명령하신 대로 순종하고 있니?

하나님을 기쁘게 해 드리려고 하니?

그렇다면, 어떤 결정을 내리겠니?

51

성경 시대에 즐기던 놀이

옛날 아이들도 요즘처럼 놀이를 좋아했어. 그 아이들도 '메헨'이나 '세네트', '개와 자칼' 같은 보드게임을 하고 놀았단다. 심지어 성경에도 놀이에 관한 이야기가 있지. 몇 가지만 소개해 볼게.

씨름(창세기 32:24~26)

활쏘기(사무엘상 20:20)

수수께끼(사사기 14:18)

밖에서 놀기(스가랴 8:5)

즐겁게 춤추기(욥기 21:11~12)

이야기하기(시편 78:3~4)

달리기(고린도전서 9:24)

만담(사사기 15:16)

산책(시편 23:2~3)

병거 몰기(빌립보서 3:13~14)

아닌 척하기(마태복음 11:17)

연주하기(누가복음 7:32)

권투(고린도전서 9:26)

캠핑(느헤미야 8:17~18)

파티(에스더 9:19)

별명 짓기(마가복음 3:17)

동물을 데리고 놀기(욥기 41:5)

성경은 모든 것에 때가 있다고 말해. 재미있게 놀며 웃을 때도 있어(전도서 3:4). 어릴 적에는 훌륭한 어른이 될 준비도 해야 하지만 즐겁게 놀 줄도 알아야 해(고린도전서 13:11). 친구나 가족과 함께하면 좋은 놀이를 하나 소개해 줄게.

개와 자칼

고대에 사람들이 하고 놀았던 '개와 자칼'이란 게임을 정확히 어떻게 하는지 아무도 몰라. 하지만 다음과 같이 했을 것이라고 추측할 수 있어.

준비물: 게임판, 게임판과 똑같은 크기의 스티로폼, 풀이나 테이프, 말로 사용할 이쑤시개 10개, 동전 3개

컬러 복사한 게임판을 풀이나 테이프로 스티로폼에 붙여 게임판을 만든다.

목표: 두 팀으로 나누어 게임판 양쪽에 각각 앉는다. 한쪽 편은 개가 되고 다른 쪽 편은 자칼이 되어 게임을 한다. 각자 1~29까지 구멍이 있다. 각 사람은 이쑤시개를 5개씩 받아 1~5까지 구멍에 넣는다. 게임의 목표는 5개 이쑤시개를 모두 29번 구멍까지 통과시키는 것이다. 모든 이쑤시개를 먼저 통과시키면 이긴다.

다음 페이지에 있는 게임판을 컬러 복사를 해 사용하세요!

규칙:

1. 자기 차례에 동전 세 개를 던져 다음과 같이 말을 이동한다.

▶ 앞면이 하나가 나오면 이쑤시개 하나를 한 칸 이동한다.

▶ 앞면이 두 개가 나오면 이쑤시개 하나를 두 칸 이동한다.

▶ 앞면이 세 개가 나오면 이쑤시개 하나를 세 칸 이동한다.

▶ 뒷면이 세 개가 나오면 이쑤시개 하나를 다섯 칸 이동한다.

2. 한 번에 이쑤시개 하나만 움직일 수 있다. 다섯 개 중 무엇을 움직여도 상관없다. 단, 첫 번째 이쑤시개가 11번 구멍을 통과하기 전까지는 두 번째 이쑤시개를 움직일 수 없다. 그리고 두 번째 이쑤시개가 11번 구멍을 통과하기 전까지는 세 번째 이쑤시개를 움직일 수 없다(**다른 규칙: 처음부터 끝까지 한 번에 이쑤시개 하나만 움직일 수 있다. 다시 말해, 첫 번째 이쑤시개가 29번 구멍을 통과하기 전까지는 두 번째 이쑤시개를 움직일 수 없다).**

3. 두 이쑤시개를 한 구멍에 넣을 수 없다. 이쑤시개를 움직일 수 없으면 다른 사람에게 차례가 넘어간다.

4. 이쑤시개가 화살표가 표시된 구멍에 이르면 화살표를 따라 이동한다(**다른 규칙: 화살표 방향을 바꿔 게임해도 된다).**

5. 파란 구멍에 이르면 동전을 한 번 더 던진다(**다른 규칙: 파란 구멍에 이르면 자기 차례를 한 번 건너뛴다).**

52

그리스어 알파벳을 배워 보자

그리스어는 예수님이 태어나신 로마 제국에서 가장 흔하게 쓰였던 언어야.

예수님이 살아 계실 때는 모든 사람이 그리스어를 알았어. 심지어 원래 다른 언어를 사용하던 사람들도 그리스어를 사용할 줄 알았어. 사실, 히브리어로 쓰인 구약 성경 전체가 당시 그리스어로 번역되었었지. 하나님은 로마 제국의 모든 사람이 예수님에 관한 기쁜 소식을 이해할 수 있도록 이 그리스어가 널리 사용되게 하셨어.

그래서 1세기에 쓰인 신약 성경도 당시 가장 널리 사용되던 그리스어로 쓰였어. 그 때문에 당시 살았던 사람 대부분은 성경을 읽고 이해할 수 있었단다.

좀 어려울 수도 있겠지만 너도 그리스어를 한번 배워 볼래? 다음 페이지에 나온 표를 보고 ⑴ 그리스어 소문자, ⑵ 철자의 이름, ⑶ 짝을 이루는 영어 철자를 외워 봐(힌트: 몇 가지 철자는 발음이 비슷해서 함께 외우기가 좋아. 예를 들어, 제타와 에타, 떼타, 이오타 혹은 피, 키, 프시가 그렇지. 영어 알파벳은 로마자에서 왔기 때문에 쓰는 순서가 같아. 예를 들어, 람브다, 뮈, 뉘 혹은 오미크론, 피, 로, 시그마, 타우, 윕실론이 영어 순서와 같지).

대문자	소문자	이름	발음	해당 영어
Α	α	알파	ㅏ	a
Β	β	베타	ㅂ	b
Γ	γ	감마	ㄱ	g
Δ	δ	델타	ㄷ	d
Ε	ε	엡실론	단모음 ㅔ	단음 e
Ζ	ζ	제타	ㅈ	z
Η	η	에타	ㅔ	장음 e 혹은 a
Θ	θ	떼타	ㅌ(ㅎ)	th
Ι	ι	이오타	단모음 ㅣ	단음 i
Κ	κ	캅파	ㅋ	k
Λ	λ	람브다	ㄹ	l
Μ	μ	뮈	ㅁ	m
Ν	ν	뉘	ㄴ	n
Ξ	ξ	크시	ㅋㅅ	x
Ο	ο	오미크론	ㅗ	단음 o
Π	π	피	ㅍ	p
Ρ	ρ	로	ㄹ	r
Σ	σ	시그마	ㅅ	s
Τ	τ	타우	ㅌ	ü, y
Υ	υ	윕실론	ㅟ	
Φ	φ	피	ㅍ(ㅎ)	f
Χ	χ	키	ㅋ(ㅎ)	ch
Ψ	ψ	프시	ㅍㅅ	ps
Ω	ω	오메가	ㅗ	o

알파벳을 어느 정도 익혔다면, 필기도구를 준비해. 그리고 소문자를 순서대로 써 보는 거야. 1분 안에 쓸 수 있겠니? 한번 해 봐. 자, 시작!

다음 단어를 한번 읽어 봐. 한글 단어의 발음을 따라 그리스어 철자로 쓴거야.

Γιλιν ______________

Σαζα ______________

Ναλα ______________

Βυπη ______________

Βεγοπα ______________

Βαβο ______________

Γιδο ______________

그리스어를 사용해 친구에게 너만의 비밀 메시지를 써 볼 수 있겠니?

알고 있니?

예수님이 태어나실 즈음 하나님은 복음이 온 세상에 전파될 수 있는 완벽한 상황을 만드셨단다. BC 25년에서 AD 180년까지 세상은 '팍스 로마나'(로마의 평화)라고 해서 전에 없던 풍요와 평화를 누렸어. 그때는 예수 그리스도의 복음이 퍼지지 못하도록 방해하는 큰 전쟁이 한 번도 일어나지 않았어.

이보다 훨씬 오래전인 BC 500년 로마는 113개 지역을 연결하는, 40만㎞가 넘는 유명한 도로망을 건설하기 시작했어. 그리고 로마 제국 안에서는 여권 없이도 다른 나라 국경을 넘어갈 수 있었지. 그래서 선교사들은 복음을 전하고자 수많은 나라로 이루어진 엄청나게 넓은 땅을 마음대로 오고갈 수 있었어.

"여러분은 다 그리스도 예수님 안에서 하나가 되었으므로 유대인이나 그리스 사람이나 종이나 자유인이나 남자나 여자나 차별이 없습니다"

(갈라디아서 3:28).

53

예수님과 함께 식사하기

가족 모임은 정말 신나지?
물론 누가 더 공부를 잘하는지
비교당하거나 오랜만에 만난
친척과 서먹서먹하지 않는다면
말이야. 가족 모임에 참석하지
않는다고 해도 너는 분명히
그 가족에 속했지만, 이렇게 함께
모여 맛있는 음식을 먹으며 즐겁게
웃고 떠들면 정말 좋지.

그런데 교회에서도 이렇게 축하하는 시간이 있다는 걸 아니? 그것을 성찬식(주의 만찬)이라고 해. 예수님을 믿는 너는 언제나 하나님의 가족이야. 그리고 성찬식은 하나님의 가족인 교회가 모이는 특별한 시간이지. 보통 교회에서 한 달에 한 번 성찬식을 하지만, 매주 성찬식을 하는 교회도 있단다. 성찬식에서 사람들이 왜 포도주와 빵을 먹는지 잘 모르겠지? 함께 기도하고 찬양도 부르고 말이야. 도대체 왜 그러는 걸까? 어렵게 생각할 필요 없어. 아주 간단해. 이제부터 설명해 줄게.

너는 하나님의 가족이기 때문에 하나님은 네게 놀라운 것들을 약속해 주셨어. 이런 약속을 '언약'이라고 해. 하나님은 너의 하나님이 되어 주셔서 너를 자기 백성으로 삼아 주겠다고 약속하셨지. 이제 하나님은 자녀를 돌봐 주는 사랑 많은 아버지처럼 늘 너와 함께하시며 너를 돌봐 주실 거야.

성경에서 가장 오랫동안 축하 잔치를 벌인 사람은 누구일까?

답: 아하수에로 왕은 180일 동안이나 축하 잔치를 벌였어(에스더 1:3~4).

성경에서는 주로 식사를 하면서 이런 언약을 축하했단다(창세기 31:43~54). 출애굽기에서 하나님은 그분의 백성과 언약(옛 약속이라고 해서 '구약'이라고 불러)을 맺으셨어. 그때 모세는 이렇게 말했지.

"모세가 그 피를 가지고 백성에게 뿌리며 이르되 이는 여호와께서 이 모든 말씀에 대하여 너희와 세우신 언약의 피니라 모세와…이스라엘 장로 칠십 인이 올라가서 이스라엘의 하나님을 보니…하나님이 이스라엘 자손들의 존귀한 자들에게 손을 대지 아니하셨고 그들은 하나님을 뵙고 먹고 마셨더라"(출애굽기 24:8~11).

신약에서 예수님이 백성과 언약을 맺으실 때도 이런 일이 일어났어. 이 언약은 새로운 약속이라고 해서 '신약'이라고 불러. 구약과 마찬가지로 이 새로운 언약에서도 식사가 빠지지 않았어. 예수님은 제자들과 함께하는 이 잔치(주의 만찬)에서 잔을 들고 말씀하셨어. "이것은 죄를 사하여 주려고 많은 사람을 위하여 흘리는 나의 피, 곧 언약의 피다"[마태복음 26:28(새번역), 누가복음 22:20도 봐].

지금 모든 그리스도인, 그러니까 예수님이 우리 죄를 용서해 주기 위해 돌아가셨다는 사실을 믿는 모든 사람은 이 새로운 언약 백성이야. 이것은 우리가 사랑받는 자녀로서 예수님의 식탁에 앉을 수 있다는 뜻이지. 교회에서 성찬식에 참여할 때 우리는 새 언약의 음식을 즐기는 것과 같아. 가족과 음식을 나누며 즐겁게 웃고 떠드는 것처럼, 성찬식은 예수님이 그 백성의 죄를 용서해 주시려고 흘리신 피를 기억하고 감사하는 특별한 시간이야. 즉, 성찬식은 우리와 함께 식탁에 앉겠다고 약속해 주신 예수님과 축하하는 시간인 거야(마태복음 18:20).

우리는 – 함께 먹고 – 기념하며 – 즐긴다.

원수를 대하는 가장 좋은 방법

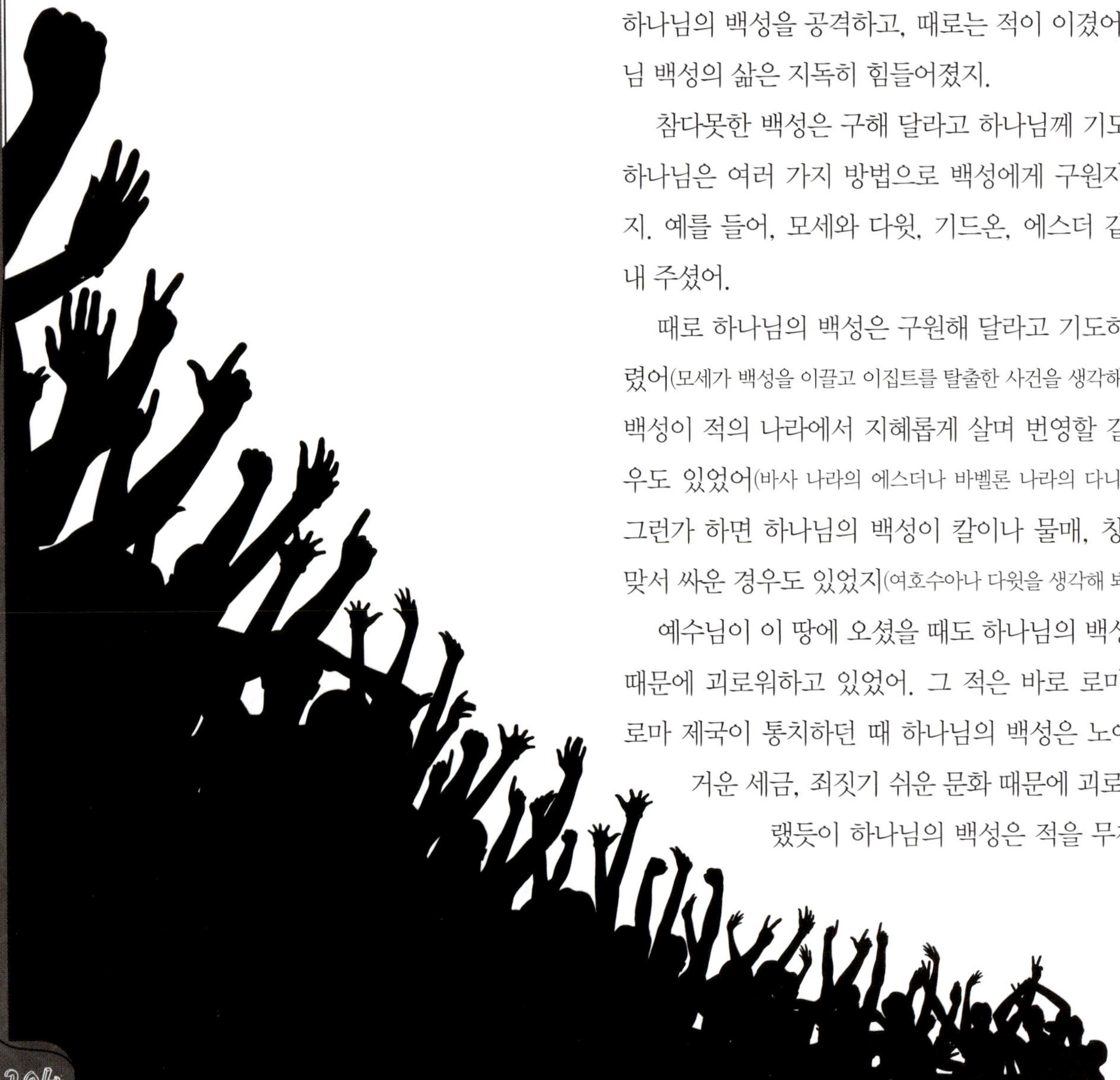

구약을 많이 읽어 본 사람은 알겠지만 하나님의 백성은 항상 적 때문에 괴로워했어. 이집트, 블레셋, 미디안, 앗수르, 바사까지 이스라엘의 적은 끝이 없었어.

매번 기본적으로 다음과 같은 상황이 되풀이되었어. 적이 하나님의 백성을 공격하고, 때로는 적이 이겼어. 그러면 하나님 백성의 삶은 지독히 힘들어졌지.

참다못한 백성은 구해 달라고 하나님께 기도했어. 그러면 하나님은 여러 가지 방법으로 백성에게 구원자를 보내 주셨지. 예를 들어, 모세와 다윗, 기드온, 에스더 같은 사람을 보내 주셨어.

때로 하나님의 백성은 구원해 달라고 기도하며 그냥 기다렸어(모세가 백성을 이끌고 이집트를 탈출한 사건을 생각해 봐). 하나님의 백성이 적의 나라에서 지혜롭게 살며 번영할 길을 모색한 경우도 있었어(바사 나라의 에스더나 바벨론 나라의 다니엘을 생각해 봐). 그런가 하면 하나님의 백성이 칼이나 물매, 창을 들고 적과 맞서 싸운 경우도 있었지(여호수아나 다윗을 생각해 봐).

예수님이 이 땅에 오셨을 때도 하나님의 백성은 여전히 적 때문에 괴로워하고 있었어. 그 적은 바로 로마 제국이었어. 로마 제국이 통치하던 때 하나님의 백성은 노예제, 가난, 무거운 세금, 죄짓기 쉬운 문화 때문에 괴로워했어. 늘 그랬듯이 하나님의 백성은 적을 무찌르고 자신들을 구해 달라고 하나님께 기도했어. 과연 하나님은 어떤 방법으로 구원해 주실까? 그걸 정확히 아는 사람은 아무도 없었어. 그래서 신약 시대의 사람들은 여러 가지 방법을 시도했어. 그중에 예수님 당시에 유행한 세 가지 방법이 있어. 신약 성경에 나오는 세 집단은 각각 다른 방법을 사용했단다.

집단 1: 괜히 문제를 일으키지 마라

'사두개인'이라는 사람들은 로마 관리들과 어울려 돈과 권력을 얻은 이스라엘의 지도자였어. 그들은 에스더나 다니엘처럼 지위와 힘을 이용해 적을 변화시키려고 했지. 하지만 그들은 성경을 제대로 믿지 않다가 그저 자신의 권력만 유지하려는 집단으로 변질되고 말았어. 그들은 로마를 변화시키지도 못했고, 오히려 로마가 그들을 바꾸어 놓았지. 그들은 에스더나 다윗처럼 되지 못했어.

집단 2: 네 힘으로 최대한 거룩해져라

요즘 우리는 '바리새인' 하면 교만한 위선자를 떠올리지. 하지만 신약 시대에 바리새인은 구약의 에스라나 느헤미야처럼 모두가 하나님의 법을 지키기 바라는 사람이었어. 바리새인은 하나님의 백성이 착하게 살려고 노력하면, 하나님이 그 기도를 들으시고 로마를 무찔러 주실 거라고 믿었지. 하지만 안타깝게도 바리새인은 행동으로만 하나님 말씀에 순종하려고 했을 뿐, 마음은 하나님에게서 한없이 멀리 있었단다. 바리새인은 에스라나 느헤미야를 전혀 닮지 못했지.

집단 3: 칼을 빼 들라

'열심당원'은 예수님 당시의 로빈 후드라고 할 수 있어. 구약의 유명한 영웅처럼 그들도 온 이스라엘 백성이 무기를 들고 적(로마)과 싸우기를 바랐지. 온 백성이 함께 싸우면 하나님이 예전처럼 하늘에서 내려와 적을 무찔러 주실 거라고 믿었어. 하지만 열심당원이 싸우려고 일어날 때마다 로마가 이겼지. 열심당원이 취하는 방법으로는 여호수아와 삼손, 다윗이 그랬던 것처럼 큰 승리를 거둘 수 없었어.

하나님의 파격적인 방법

하지만 하나님은 새롭고도 파격적인 방법을 사용하셨지. 그것은 사람들이 생각도 못 했던 놀라운 방법이었어. 하나님은 적을 바꾸거나 멀리하거나 적과 싸우는 대신 그들을 섬기고 그들을 위해 목숨을 내어 주셨어. 구원자이신 예수님은 사람들, 심지어 로마인까지도 치료해 주셨단다!(마태복음 8:5~13) 그리고 예수님은 적의 죄까지도 용서해 주셨어(누가복음 23:24). 어떻게 예수님은 그렇게 하실 수 있었을까?

예수님은 적을 친구로 삼으시려고 생명을 내어 주는 방법으로 적을 이기셨어(로마서 12:20). 예수님의 죽음이 무엇을 바꿔 놓았는지 눈여겨보면서 로마서 5장 6~11절을 찬찬히 읽어 봐. 읽으면서 바로 우리 자신이 하나님의 적이었다는 사실을 기억해(로마서 5:10). 하지만 예수님은 우리를 짓밟으시기는커녕 우리 대신 짓밟히셨지. 예수님은 우리가 받아야 할 벌을 대신 받으신 거야(로마서 5:10). 그 덕분에 우리는 하나님 안에서 기뻐할 수 있게 되었단다(로마서 5:11).

이렇게 예수님이 너를 친구로 삼아 주셨으니 이제 너도 다른 사람을 사랑해야 해. 심지어 네가 '적'이라고 여기는 사람도 사랑해 주어야 해. 예수님이 하신 말씀을 잘 들어 봐. "너희 원수를 사랑하며 너희를 박해하는 자를 위하여 기도하라"(마태복음 5:44). 예수님은 원수를 이렇게 대하셨고, 우리가 우리 원수에게 이렇게 대하기를 바라신단다.

"우리가 아직 연약할 때에 기약대로 그리스도께서 경건하지 않은 자를 위하여 죽으셨도다 의인을 위하여 죽는 자가 쉽지 않고 선인을 위하여 용감히 죽는 자가 혹 있거니와 우리가 아직 죄인 되었을 때에 그리스도께서 우리를 위하여 죽으심으로 하나님께서 우리에 대한 자기의 사랑을 확증하셨느니라 그러면 이제 우리가 그의 피로 말미암아 의롭다 하심을 받았으니 더욱 그로 말미암아 진노하심에서 구원을 받을 것이니 곧 우리가 원수 되었을 때에 그의 아들의 죽으심으로 말미암아 하나님과 화목하게 되었은즉 화목하게 된 자로서는 더욱 그의 살아나심으로 말미암아 구원을 받을 것이니라 그뿐 아니라 이제 우리로 화목하게 하신 우리 주 예수 그리스도로 말미암아 하나님 안에서 또한 즐거워하느니라"(로마서 5:6~11).

너를 싫어하거나 귀찮게 하거나 짜증 나게 하는 사람이 있니? 그 사람을 사랑하고 섬길 방법 다섯 가지를 생각나게 해 달라고 기도해 봐. 네가 그렇게 하면 어떤 일이 일어날까? 혹시 알아? 그 사람이 너의 친구가 될지.

55

예수님은 정말로 부활하셨을까?

예수님의 부활은 갈림길과도 같아. 갈림길에서 계속 가려면 어느 길로 갈지 선택해야 하잖아? 부활에 관해서도 우리가 선택할 부분이 있는데, 그것은 무엇을 믿을지에 관한 선택이야. 예수님이 하나님이시고 실제로 죽었다가 살아나셔서 우리를 위해 죽음을 이기셨다고 믿을지, 아니면 성경과 예수님을 거짓으로 여겨 등을 돌릴지 선택하는 거야(고린도전서 15:14, 17).

성경을 보면 예수님이 약속하신 대로 죽었다가 살아나셨다는 몇 가지 증거를 찾을 수 있어. 예를 들어, 다음과 같은 증거가 있지.

1 빈 무덤

모든 사람, 심지어 예수님을 죽인 자들도 무덤이 비었다는 점만큼은 인정했어(마태복음 28:11~15). 무덤이 비지 않았다면 예수님의 적들은 아직 무덤에 누워 계신 예수님을 가리키며 부활이 거짓말이라고 했을 거야. 무덤이 비어 있다면 가능성은 두 가지밖에 없지. 예수님의 몸이 부활했다. 혹은 예수님의 시신을 도둑질당했다.

2 경비들의 거짓말

예수님의 무덤을 지켰던 로마 병사들은 자신들이 잠자는 사이에 예수님의 제자들이 시신을 훔쳐 갔다고 주장했어(마태복음 28:13). 하지만 병사들이 정말로 잠자고 있었다면 무덤에서 일어난 일을 어떻게 알 수 있었을까? 눈을 감고 자면서 볼 수는 없잖아. 그렇다면 예수님의 시신이 도난당했다는 병사들의 말은 거짓말이 분명해.

3 증인

사복음서에는 모두 예수님이 부활하신 날 이른 아침에 예수님의 무덤에 갔던 여자들의 증언이 적혀 있어(마태복음 28:1~8, 마가복음 16:1~8, 누가복음 24:1~11, 요한복음 20:1~2). 그런데 로마 시대에는 여자가 법정에서 증언할 수 없었어. 만약 제자들이 예수님의 부활에 관한 이야기를 지어낸 것이라면, 왜 굳이 여자를 증인으로 내세웠을까? 예수님의 부활이 실제로 일어난 일이 아니고서는 그렇게 할 리가 없지.

4 목숨을 던진 제자들

거짓말인 줄 뻔히 아는 일을 위해 목숨을 바칠 사람이 세상에 있을까? 절대 없지(고린도전서 15:14, 19). 만약 제자들이 예수님의 부활 이야기를 지어낸 거라면 감옥에서 "제발 날 죽이지 마! 다 지어낸 거야. 부활 따위는 없었어!"라며 손이 발이 되도록 비는 제자가 최소한 한 명이라도 있었어야 정상이지. 하지만 그런 제자는 단 한 명도 없었어(사도행전 5:26~33). 그렇다면 부활에 관한 이야기는 진짜가 틀림없어.

5 검증할 수 있는 기록

사복음서가 모두 예수님이 돌아가신 지 30~60년 안에 쓰였다는 데 토를 다는 사람은 거의 없어. 만약 마태와 마가, 누가, 요한이 부활에 관한 거짓말을 퍼뜨리기 위해 복음서를 쓴 것이라면 당시에 그 책을 읽고 자신이 직접 본 사실과 다르다며 반발하는 사람이 많이 나타났을 거야. 하지만 그런 사람은 한 명도 나타나지 않았어. 마태와 마가, 누가, 요한의 기록이 거짓이라고 주장한 사람이 아무도 없었던 거지. 부활은 엄연한 사실이었어. 수많은 사람이 그 자리에서 예수님이 부활하신 것을 보았고, 사복음서에 기록된 일이 실제로 일어났다는 것을 분명히 알았지.

56

사복음서 이해하기

너랑 가장 친한 친구는 어떻게 생겼니? 친구를 그림으로 그릴 수 있니? 나이에 따라 머리는 원으로, 팔다리는 선으로 그려도 좋고, 좀 더 자세히 그려서 색칠을 해도 좋아. 그런데 뛰어난 화가라면 길이와 넓이에 깊이를 더해서 생동감 넘치는 3D 그림을 그릴 수도 있어.

그런데 하나님은 아들이신 예수님을 그릴 때 2D나 3D도 아닌 4D로 그리셨어! 그러니까 성경에는 예수님에 관한 책 네 권이 있어. 이것을 복음서라고 하는데, 마태복음과 마가복음, 누가복음, 요한복음이지. 각 복음서는 예수 그리스도의 삶과 죽음, 부활에 관한 이야기가 담겨 있지. 하지만 카메라 네 대가 같은 물체를 각각 다른 각도에서 촬영하는 것처럼 각 복음서는 같은 이야기를 다른 각도에서 전해 준단다.

알고 있니?

몇 백 년 동안 그리스도인들은 각 복음서를 특별한 기호로 표시했어. 마태복음은 날개가 있는 사람으로 표시했는데, 이건 하나님의 아들이 인간이 되신 걸 가리켜. 마가복음은 날개가 있는 사자로 표시했는데, 이건 예수님이 강하신 왕이라는 걸 의미해. 또 누가복음은 날개가 있는 수소로 표시했는데, 예수님은 강하시지만 우리 죄를 위한 제물이 되셨다는 뜻이야. 요한복음은 독수리로 표시했어. 이건 예수님이 하늘에서 높임을 받은 분이라는 걸 가리켜.

마태복음

예수님에 관한 강조점:

길이

얼마나 긴가?

마태는 마치 기자처럼 긴 구약 역사를 되짚으면서 예수님이 오랫동안 기다려 온 메시아라는 점을 보여 줘(마태복음 5:17). 마태복음을 읽을 때는 예수님이 구약의 모든 약속을 어떻게 이루셨는지 눈여겨보면 돼.

문체: **기자**

총 28장

핵심 구절: 1:21, 28:18~20

"아들을 낳으리니 이름을 예수라 하라 이는 그가 자기 백성을 그들의 죄에서 구원할 자이심이라 하니라" (마태복음 1:21).

마가복음

예수님에 관한 강조점:

깊이

얼마나 깊은가?

마가는 예수님이 이 땅에 내려오셔서 "자기 목숨을 많은 사람의 대속물로" (마가복음 10:45) 주신 과정을 행동 중심의 이야기로 전해 주고 있어. 마가복음을 읽을 때는 예수님이 자기 죽음에 관한 이야기를 얼마나 자주 하셨는지 눈여겨봐.

문체: **이야기꾼**

총 16장

핵심 구절: 10:45

"인자가 온 것은 섬김을 받으려 함이 아니라 도리어 섬기려 하고 자기 목숨을 많은 사람의 대속물로 주려 함이니라" (마가복음 10:45).

누가복음

예수님에 관한 강조점:

넓이

얼마나 넓은가?

누가가 의사였다는 사실을 아니? 그래서 그런지 누가는 구주의 사랑이 얼마나 넓은지를 아주 꼼꼼히 기록했어(누가복음 19:9~10). 누가복음을 읽을 때는 예수님이 가난한 사람과 아픈 사람, 약한 사람, 어린아이까지 얼마나 다양한 사람을 구원하기 위해 오셨는지 눈여겨봐.

문체: **역사학자**

총 24장

핵심 구절: 2:11, 19:10

"인자가 온 것은 잃어버린 자를 찾아 구원하려 함이니라"(누가복음 19:10).

요한복음

예수님에 관한 강조점:

높이

얼마나 높은가?

요한은 높임 받으신 하나님의 아들 예수님이 온 세상에 하나님을 보여 주고, 그분께로 가는 길을 활짝 열기 위해 높은 하늘에서 내려오신 사건을 쉽게 풀이해 주고 있어(요한복음 14:6). 요한복음을 읽을 때는 예수님이 가장 높으신 하나님의 영광을 어떻게 보여 주고 계시는지 눈여겨봐.

문체: **신학자**

총 21장

핵심 구절: 1:14, 3:16, 20:30~31

"하나님이 세상을 이처럼 사랑하사 독생자를 주셨으니 이는 그를 믿는 자마다 멸망하지 않고 영생을 얻게 하려 하심이라"(요한복음 3:16).

예수님의 역사(acts)가 계속되다

누가는 누가복음 다음으로 사도행전(Acts)도 썼어. 사도행전의 앞부분(1:1~12:24)은 예수님에 관한 복된 소식이 유대인뿐만 아니라 (사마리아인 같은) 혼혈 유대인과 이방인에게까지, 모든 사람에게 퍼져 나간 과정을 보여 주고 있어.

사도행전의 뒷부분(12:25~28:31)은 복음이 예루살렘에서 로마까지(무려 2,308km) 순식간에 전해진 과정을 그리고 있어!

57

네가 풀 수 없는 매듭

젊은 시절 알렉산더 대왕에게는 한 가지 문제점이 있었어. 소아시아(현재의 터키 지역) 전체를 정복하고 싶은데 큰 승리를 한 번도 거두지 못했다는 거야. 군대의 사기를 끌어올리려면 눈부신 승리가 필요했지. 자신이 소아시아 전체를 다스릴 만큼 강하다는 사실을 어떻게든 증명해 보여야 했어.

그러던 어느 날 알렉산더 대왕은 고르디움이라는 도시에 도착했어. 전설에 따르면 옛 왕 고르디우스는 너무 복잡해서 아무도 풀 수 없는 이상한 매듭을 만들어 놓았어. 누구든 그 매듭을 풀면 소아시아 전체의 왕이 될 거라는 전설이 있었지.

때는 BC 33년이었어. 알렉산더 대왕은 이 전설의 매듭을 풀기 시작했지. 하지만 아무리 애를 써도 소용이 없었어. 결국 대왕은 검을 빼서 매듭을 반으로 잘라 버렸단다. 그리고 세월이 흘러 알렉산더는 소아시아 전체를 통치하게 되었지.

네가 고르디우스의 매듭을 풀 일은 없겠지? 하지만 노력만 한다면 거의 모든 매듭을 풀 수 있을 거야(옆의 매듭을 한번 풀어 봐).

그런데 성경에서 네가 풀 수 없는 매듭에 관한 이야기가 있다는 걸 아니? 성경은 모든 사람이 아담이나 예수님, 이렇게 둘 중 한 명에게 묶여 있다고 말해. 이 두 가지 외에 묶여 있을 만한 다른 선택 사항은 없는 거지.

좀 어려운 이야기지만, 모든 인간은 사람의 힘으로는 풀 수 없는 매듭법으로 첫 사람인 아담에게 묶인 채로 태어난단다. 아담은 에덴동산에서 죄를 지었는데, 우리는 모두 아담과 하나로 연결되어 있어. 그래서 아담이 한 것이 곧 우리가 한 거야. 아담이 지은 죄는 우리의 죄이기도 하지(로마서 5:12). 이것은 우리 모두, 심지어 너도 죄인으로 태어났다는 뜻이야. 네가 직접 죄를 저질렀기 때문에 그렇다는 게 아니야(물론 우리 모두 죄를 짓지만 그건 다른 문제야). 네가 죄인인 것은 네가 아

KNOTS 매듭 종류

사각 모양 매듭
(두 줄을 쉽게 묶는 매듭법)

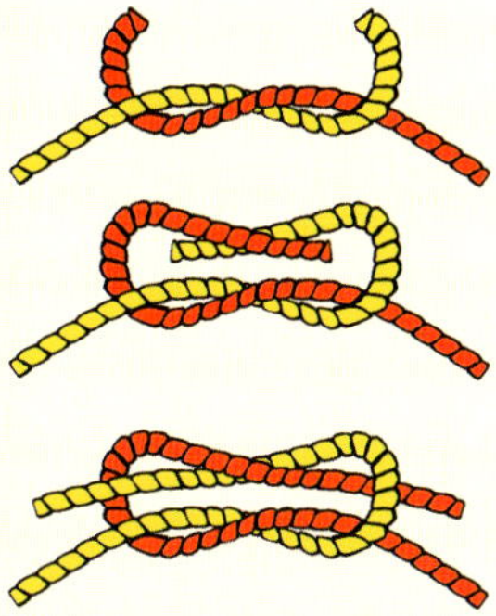

고리 모양 매듭
(줄 끝을 원으로 만드는 매듭법)

반걸기 매듭
(줄을 물체에 묶는 매듭법)

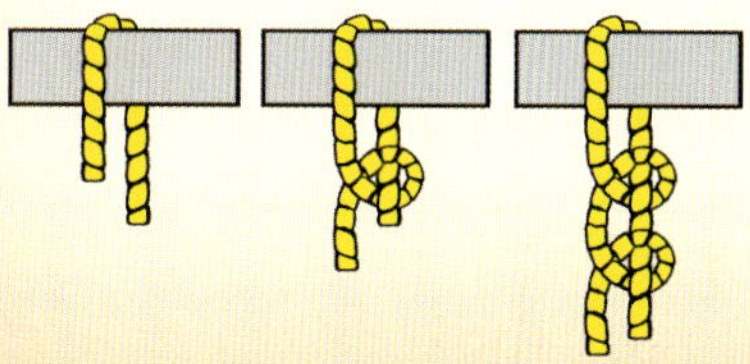

담이 지은 첫 번째 죄와 하나로 묶여 있기 때문이야.

하지만 '다시 태어난'(요한복음 3:3, 거듭난) 사람은 달라. 하나님은 아담의 죄에 묶인 매듭을 풀어 이 사람을 다시 (고린도전서 15장 45절에서 "마지막 아담"이라고 부르는) 예수님께 묶어 주셨지. 첫 아담과 달리 예수님은 아버지 하나님의 말씀에 항상 순종하셨어. 모든 그리스도인은 예수님과 하나로 묶여 있기 때문에 이제 예수님이 하신 일이 우리가 한 일이 되는 셈이란다.

예수님이 순종하신 덕분에 우리도 순종한 것이 되었어 (로마서 5:19).

예수님이 죄에 대해 죽으셨기 때문에 우리도 죄에 대해 죽은 것과 같아 (로마서 6:3~4).

예수님이 다시 살아나셨기 때문에 우리도 다시 살아날 거야 (로마서 6:8~9).

네가 그리스도인이라면 하나님은 너를 사랑하는 자녀요 의인으로 여겨 주신단다. 그래서 원한다면 언제든지 하나님께 다가갈 수 있어. 너는 하나님과 함께 영원히 살게 될 거야(로마서 5:1~2). 그것은 네가 잘해서가 아니야. 그것은 네가 '그리스도 안에' 있기 때문이야. 다시 말해, 너는 그리스도와 그분의 의에 단단히 연결되어 있어.

성경을 연구하는 사람들은 우리가 이렇게 예수님께 연결된 것을 '그리스도와 연합되었다'고 말해. 너는 예수님과 연합해 있기 때문에 하나님은 항상 예수님을 대하는 것처럼 너를 대해 주시지. 이 연합은 영원히 풀 수 없는 매듭과도 같아.

세상을 바꿔 놓은 8일

미국 16대 대통령 에이브러햄 링컨에 관해 알고 싶다면 어떻게 해야 할까? 일단 재빨리 컴퓨터나 휴대 전화로 인터넷 검색을 해 볼 수 있겠지. 하지만 더 자세히 알아보려면, 도서관에 가서 링컨의 전기를 찾아보면 될 거야.

조사하다 보면, 링컨이 어떤 가정에서 어떻게 자랐는지 알 수 있을 거야. 그러고는 변호사로 일하다 나중에 일리노이주 국회의원으로 활동했던 이야기가 펼쳐질 거야. 그 후 링컨이 대통령이 되어 남북 전쟁 때 국가를 이끌었던 이야기가 나오겠지. 끝 무렵에는 링컨이 살해당한 슬픈 이야기가 나올 거야. 그리고 마침내 책을 덮으면, 이 유명한 사람의 삶을 속속들이 알게 되겠지.

하지만 예수님의 전기는 이런 식으로 쓰이지 않았어. 사복음서를 쓴 사람들(마태, 마가, 누가, 요한)은 예수님의 탄생은 짧게 이야기하고, 예수님이 어떤 어린 시절을 보내셨는지 거의 아무런 말도 하지 않아. 그러다가 예수님이 서른 살에 세례를 받으시면서 본격적으로 이야기가 시작되지. 그때부터 예수님은 약 3년 동안 사람들을 가르치시고 기적을 보여 주셨어. 하지만 사복음서는 예수님의 삶에서 딱 8일만 집중적으로 다루고 있단다. 그러니까 예수님이 예루살렘에 들어오신 일요일부터 죽음에서 다시 살아나신 다음 주 일요일까지가 사복음서의 핵심이야. 이 기간은 그야말로 인류 역사를 바꿔 놓은 8일이란다.

사복음서는 예수님의 마지막 일주일에 몇 장이나 사용하고 있을까? 마태복음은 8장, 마가복음은 6장, 누가복음은 6장, 요한복음은 9장이야. 사복음서 29장(사복음서 전체의 약 3분의 1)이 예수님의 마지막 나날에 관한 이야기를 하고 있는 셈이지. 이 마지막 주간을 고난

주간이라고 해.

그렇다면 사복음서를 쓴 사람들은 왜 이 일주일에 그토록 큰 관심을 보였을까? 단서는 예수님이 선생님이나 치유자로 이 땅에 오신 게 아니라는 사실에서 찾을 수 있어. 예수님은 무엇보다도 죽기 위해 이 땅에 오셨어. 이 땅에서 예수님의 최종 목적지는 십자가였지. 예수님은 분명 이렇게 말씀하셨어. "인자가 온 것은 섬김을 받으려 함이 아니라 도리어 섬기려 하고 자기 목숨을 많은 사람의 대속물로 주려 함이니라"(마가복음 10:45). 그리고 그 일주일은 인류 역사를 완전히 바꿔 놓았지.

세상을 바꿔 놓은 8일

1 1일 일요일

종려 주일

예수님은 선지자가 말한 대로 나귀를 타고 예루살렘으로 들어오셨어(스가랴 9:9). 그때 수많은 무리가 기뻐 외치며 예수님을 환영했지. "호산나! 다윗의 자손이여 찬송하리로다 주의 이름으로 오시는 이여, 가장 높은 곳에서 호산나!"(마태복음 21:9)

읽을 구절

마태복음 21:1~11, 마가복음 11:1~11, 누가복음 19:28~44, 요한복음 12:12~19

2 2일 월요일

성전 청소

예수님은 물건을 사고파는 사람이 성전에 가득한 모습을 보시고는, 그 장사꾼의 탁자를 엎어 버리셨어.

읽을 구절

마태복음 21:10~17, 마가복음 11:15~18, 누가복음 19:45~48

3 3일 화요일

가르침의 날

예수님은 비유로 바리새인에게 경고하셨어. 그리고 미래에 일어날 일도 말씀하셨지.

읽을 구절

마태복음 21:23~24:51, 마가복음 11:27~13:37, 누가복음 20:1~21:36

4일 수요일

쉼의 날

5 5일 목요일

주의 만찬

제자들과 함께 유월절 음식을 먹으려고 다락방에 모인 자리에서 예수님은 지금 우리가 주의 만찬이라고 부르는 전통을 처음 시작하셨어. 그곳에서 예수님은 제자들에게 빵을 떼어 주시며 그것이 곧 희생할 자신의 몸을 가리키고, 포도주는 곧 흘리게 될 자신의 피라고 말씀하셨어. 식사 후에 예수님은 제자들과 함께 밤새 기도하기 위해 겟세마네 동산으로 가셨지.

읽을 구절

마태복음 26:17~30, 마가복음 14:12~26, 누가복음 22:7~23, 요한복음 13:1~30

6 6일 금요일

십자가

예수님은 배신당해 체포되신 후 재판에서 사형 선고를 받고 십자가를 진 채 골고다(해골이라 하는 곳)로 끌려가셨어. 거기서 십자가에 달려 돌아가셨지.

읽을 구절

마태복음 27:1~61,
마가복음 15:1~47,
누가복음 22:66~23:56,
요한복음 18:28~19:37

7 7일 토요일

안식일

예수님의 시신이 무덤 안에 뉘어 있었어.

읽을 구절

마태복음 27:62~66,
누가복음 23:56

8 8일 일요일

부활

예수님은 말씀하셨던 대로 죽음에서 다시 살아나셨어.

읽을 구절

마태복음 28:1~13,
마가복음 16:1~20,
누가복음 24:1~49,
요한복음 20:1~31

59

옛날에는 문자를 어떻게 보냈을까?

만약 우리가 수백 킬로미터 떨어진 곳에 사는 친구에게 문자를 보내면, 친구가 문자를 받는 데 얼마나 걸릴까? '보내기' 버튼을 누르는 순간 곧바로 문자가 전달될 거야. 그리고 만약 친구가 휴대 전화를 보고 있었다면 즉시 문자를 확인할 수 있겠지! (문자 메시지는 20분의 1초에 태평양을 건널 수 있단다.)

하지만 로마 시대에 멀리 있는 사람과 대화할 수 있는 가장 빠른 방법은 편지를 보내는 거였어. 잘 정비된 로마의 도로와 우편 서비스 덕분에 편지는 하루에 80km에서 240km를 갈 수 있었어. 급한 편지일수록 더 빨리 이동했지. 그래서 로마에서 보낸 편지가 2,700km 떨어진 북쪽 지방(지금의 런던)까지 가려면 약 22일이 걸렸어(대충 하루에 124km 속도).

예수님의 제자들도 복음을 전하기 위해 편지를 사용했어. 그 편지(서신서) 중 일부가 지금도 남아 있어. 신약 성경 27권 중 21권이 편지로 되어 있어. 모두 로마에서 유대로 보낸 편지야(요한계시록은 '묵시 문학'이라는 특별한 종류의 책이지만 편지이기도 해. 9페이지를 읽어 봐). 이런 편지는 대부분 당시의 편지 형식에 따라 쓰였어.

그렇다면 예수님의 제자들은 이런 편지를 왜 보냈을까? 로마 제국 전역에 있는 그리스도인과 교회를 돕고 싶었기 때문이야. 이 편지들을 읽어 보면 당시 그리스도인이 다음과 같은 세 가지 문제를 겪었음을 알 수 있어.

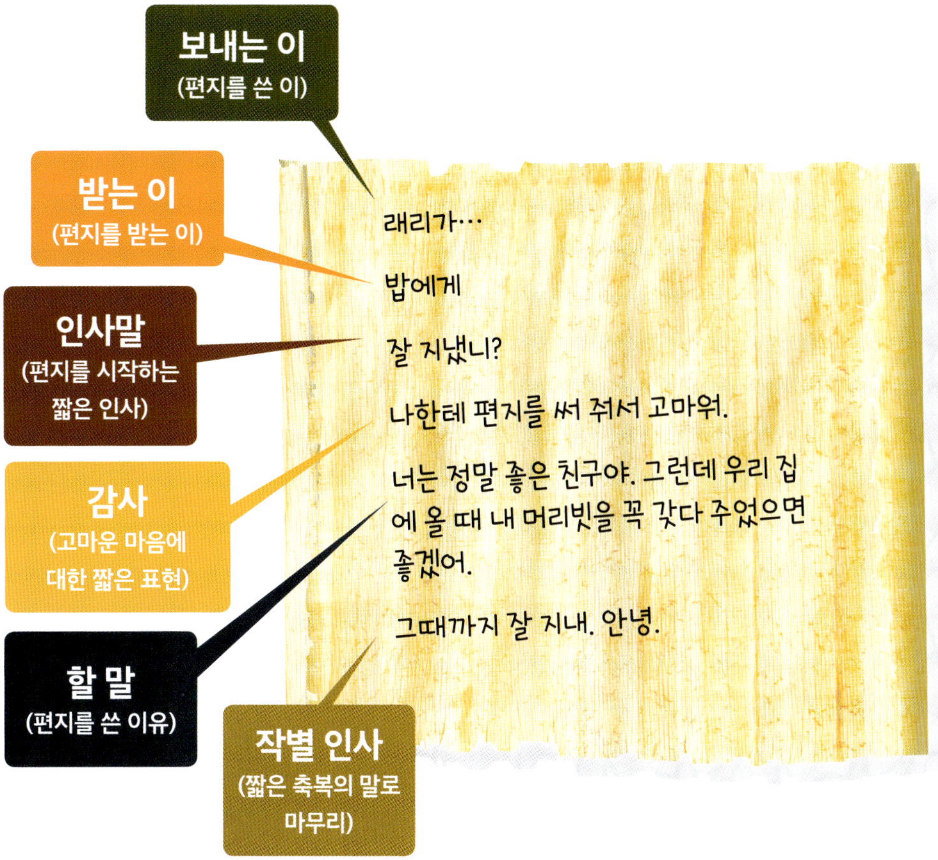

1 힘든 삶: 그리스도인들은 많은 유혹을 받는 가운데서도 하나님의 백성답게 살려고 애썼어.

2 잘못된 가르침: 그리스도인들은 잘못된 점이 많은 설교를 들으면서도 하나님의 백성답게 살려고 애썼어.

3 괴롭힘 당함: 그리스도인들은 괴롭힘을 당하면서도 하나님의 백성답게 살려고 애썼어.

알고 있니?

로마에서는 주로 편지를 파피루스로 만든 긴 종이에 썼어. 펜은 20~25.5cm 길이의 갈대를 사용했지. 갈대의 날카로운 끝을 빨간색이나 검은색 잉크에 담갔다가 파피루스에 글을 썼어. 검은색 잉크는 물에 쉽게 번져서 흐려졌기 때문에 중요한 편지는 더 비싼 빨간색 잉크로 쓰든가 가죽 봉투에 넣어서 보냈어.

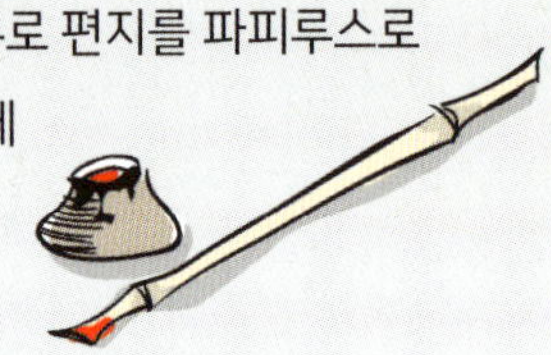

사도들은 이렇게 힘든 그리스도인들을 돕고자 편지에 복음을 써서 보내 주었어. 예수님의 삶과 죽음, 부활을 제대로 알면 살아갈 힘이 생길 테니까. 이런 편지를 쓴 목적은 두 가지야. 무엇이 사실인지(예수님이 해 주신 일)와 어떻게 해야 하는지(복음에 따라 사는 법)를 알려 주는 거지.

신약 성경의 모든 편지는 이렇게 두 부분으로 구성되어 있어. 특히 로마서와 에베소서, 골로새서에서 이 두 부분을 확인하기가 정말 쉬워.

무엇이 사실인가?	어떻게 해야 하는가?
로마서 1~11장	로마서 12~16장
에베소서 1~3장	에베소서 4~6장
골로새서 1~2장	골로새서 3~4장

신약 성경에서 이런 편지를 읽을 때 네가 가죽 봉투에 담겨 온 그 편지를 방금 받았다고 상상해 봐. 봉투를 열면 둘둘 말린 파피루스가 나오지. 그 편지를 펴서 특별히 너를 위해 쓰인 그 하나님의 말씀을 읽는다고 상상해 봐.

60

초대교회는 어떤 모습이었을까?

이건 시리아의 수도 다마스쿠스에 있는 지하 교회인데 돌로 지어졌어. AD 500년 이전부터 교회로 사용되었지.

신약 시대에 교회에서 어떻게 예배드렸을지 궁금하지 않니?

예수님의 제자 중 가장 늦게까지 생존했던 사도 요한은 AD 95년에 세상을 떠났어. 그로부터 약 20년 뒤 로마에서 파견한 소아시아(지금의 터키) 총독이었던 플리니우스는 근처 교회에 스파이를 보냈어. 그리고 스파이가 보고한 내용을 로마 황제 트라야누스에게 편지로 보냈지.

> 그들은 정해진 날 동이 트기 전에 모여서 자기들이 모시는 신인 그리스도에게 하는 말을 돌아가며 암송했습니다…그들은 도둑질이나 강도질이나 불륜을 저지르지 않고 말씀을 어기지 않기로 맹세했습니다. 그러고 나서 헤어졌다가 평범하고 해롭지 않은 음식을 먹기 위해 다시 모이는 것이 그들의 습관이었습니다.

THE EARLY CHURCH

초대교회에서 한 일

우리가 들은 것

하나님 말씀을 가르친다.
(사도행전 2:42, 디모데전서 4:13)

하나님 말씀을 읽는다.
(디모데전서 4:13)

하나님께 기도한다.
(사도행전 2:42, 디모데전서 2:8)

찬양을 부른다.
(고린도전서 14:26, 에베소서 5:18~20, 골로새서 3:15~17)

보고하고 간증한다.
(사도행전 14:27, 15:3~4)

우리가 본 것

돈을 모아 이웃을 돕는다.
(사도행전 2:44~47, 빌립보서 4:15)

성찬식을 한다.
(사도행전 2:42, 20:7, 고린도전서 11:16~34)

목회자를 임명한다.
(사도행전 6:1~6, 15:22, 고린도후서 8:19)

영적 재능을 사용하여 서로를 섬긴다.
(고린도전서 14:1, 12, 26)

죄지은 사람이 회개하여 다시 형제자매가 된다.
(마태복음 18:15~20, 고린도전서 5:1~8)

스파이가 보고한 내용이 맞는지는 아무도 알 수 없어. 그래도 상관없어. 우리에게는 성경책이 있잖아. 그 덕분에 우리는 신약 시대에 교회에서 무엇을 했는지 어느 정도 알 수 있어.

단, 하나님은 교회에서 재능을 사용하거나, 리더를 임명하거나, 말씀을 가르치고 읽거나, 성찬식을 하거나, 회개를 하거나, 하나님께 기도를 드리거나, 간증을 하거나, 헌금을 하거나, 찬양을 하거나 뭘 하든 간에 모두 사랑으로 하라고 말씀하셨어(고린도전서 13장).

우리가 교회에서 모든 일을 사랑으로 하면 서로 예수님을 닮아 가도록 도울 수 있어. 이것이 고린도전서 14장에서 교회에서는 항상 다른 사람들을 높여 주고 도와주라고 신신당부하는 이유야(4, 5, 12, 17, 26절).

앞으로 교회에 가면 그냥 구경만 하지 말고 최대한 참여해. 아직 어리니까 다른 사람들에게 성경을 가르칠 수는 없겠지만 누군가를 격려하고 사랑해 주는 건 누구나 할 수 있잖아. 이번 주에 교회에 가기 전에 고린도전서 13장 4~7절을 읽어 봐. 그러고 나서 교회에 가면 누군가를 격려하게 도와 달라고 하나님께 기도해.

더 깊은 탐구를 위하여 교회 역사에 관해 더 알고 싶다면 티모시 존스가 쓴 『하루 만에 꿰뚫는 기독교 역사』(규장 출간)를 읽어 봐.

61

성경은 어떻게 우리에게 오게 되었을까?

답을 간단하게 정리하면, 하나님이 성경을 쓰셨고 부모님이 네게 사 주신 거지. 이번에는 길게 답해 볼까? 생각보다 좀 길어. 옆 페이지를 읽어 보면 네가 어떻게 성경책을 읽을 수 있게 되었는지 더 자세히 알 수 있을 거야. 1번을 보면 하나님이 사람들에게 적극적으로 자신을 보여 주셨음을 알 수 있어. 또 6번을 보면, 성경의 의미가 무엇인지 깨달을 수 있지. 2–5번에는 성경이 우리에게 오게 된 과정이 나와 있어.

1. 계시

하나님이 인간 역사 속에서 자신을 적극적으로 나타내셨어.

예를 들어, 하나님은 아브라함에게 제물로 바칠 숫양을 주셨어(창세기 22장, 35:7).

2. 영감

하나님은 사람들의 마음을 움직여 성경을 쓰게 하셨어.
성령님은 하나님의 말씀이 오류 없이 기록되게 해 주셨지.

예를 들어, 성령님은 모세의 마음을 움직여 아브라함이 드린 제사를 기록하게 하셨어(신명기 31:9을 읽고, 베드로후서 1:21과 디모데후서 3:16~17도 읽어 봐).

3. 승인

하나님은 사람들이 기록된 말씀을 받아들이게 하셨어

(출애굽기 24:3을 읽고, 여호수아 24:26과 고린도전서 14:37~38도 읽어 봐).

4. 전달과 보존

시간이 흐르면서 사람들은 하나님의 말씀을 많이 베껴 썼어.
하나님은 세월이 흘러도 자신의 말씀이 사라지지 않도록 보호하고 계셔

(신명기 17:18, 여호수아 8:32, 신명기 31:26, 열왕기하 23:24, 베드로후서 3:15~16).

5. 번역

하나님은 사람들에게 말씀을 여러 언어로 번역할 능력을 주셨지

(느헤미야 8:8, 마태복음 1:23).

6. 깨닫게 해 주심

우리가 성경을 읽을 때 하나님은 성령님을 통해 우리를 가르치시고
도와주시며 변화시키셔(베드로후서 3:16, 디모데후서 2:7).

3 마분지를 햇빛이 잘 드는 곳에 둬야 해. 마분지에서 연필의 반대쪽이 북쪽을 향하게 해. 북쪽을 찾는 건 나침반이나 나침반 앱을 사용하면 돼(땅에 해시계를 놓았던 곳을 정확히 표시해 놓아야 해. 원래 있던 자리에서 이동하면 시간이 맞지 않거든).

4 시계를 봐. 정각(예를 들어, 오후 4시)이 되면 마분지에 연필의 그림자가 떨어진 부분에 표시하고 그 옆에 시간을 적어.

5 새로운 시간이 될 때마다 4번을 반복해. 이 과정을 며칠간 반복해서 각 시간의 자리가 맞는지 확인해야 해. 당연한 말이지만 해는 낮에만 뜨니까 이 작업은 낮 동안만 할 수 있어.

6 마분지가 절대 움직이지 않게 조심해. 마분지를 계속해서 땅에 두거나, 마분지를 놓았던 자리에 정확히 표시해 놓아야 해. 그래야 나중에 도로 그 자리에 놓을 수 있으니까.

해시계를 사용하면 옛날 사람들이 수천 년간 해 온 것처럼 시간을 확인할 수 있어. 그리고 해시계를 볼 때마다 시편 104편 19절을 기억해(이 구절을 해시계의 마분지에 적어도 좋아).

하나님께 삶을 드린 여자들 2

사라 에드워즈

1710년, 미국 코네티컷주 뉴헤이븐이란 곳에 살던 제임스와 메리 피어폰트 부부의 집에 사라라는 딸이 태어났어. 제임스와 메리 부부는 둘 다 믿음이 좋은 그리스도인이었지. 그들은 많이 배우고 부유했어. 제임스는 목사님이었는데 미국에서 유명한 예일 대학교를 설립한 사람 중 한 명이었단다. 메리의 할아버지는 뉴욕시의 첫 시장이었지.

사라의 어린 시절에 관해서는 별로 알려진 것이 없어. 사라가 열세 살이 되었을 때 아주 진지하고 똑똑하지만 사교성이 없는 한 예일 대학교 학생이 사라에게 관심을 두기 시작했어. 그 학생은 바로 나중에 유명한 목사가 되고, 오늘날 미국에서 가장 위대한 신학자로 손꼽히는 조나단 에드워즈였어. 그가 쓴 책은 지금도 널리 읽히고 있어. 조나단은 사라를 만나고 나서 얼마 있지 않아 이런 글을 썼어.

(뉴헤이븐에) 세상을 지으시고 다스리시는 전능하신 하나님께 사랑을 받는 소녀가 있다고 한다. 이 위대한 분이 때마다 보이지 않는 모습으로 소녀에게 찾아와 그 마음에 말할 수 없는 기쁨을 채워 주신다고 한다. 소녀는 하나님을 묵상하는 것 말고는 다른 것에 별로 관심이 없다고 한다.

4년 뒤인 1727년 7월 28일, 조나단과 사라는 결혼했어. 그때 사라는 열일곱 살이었고 조나단은 스물세 살이었지. 조나단이 매사추세츠주 노샘프턴에서 할아버지가 목회하시던 교회에서 부목사로 일한 지 5개월이 되던 때였어. 2년 뒤 할아버지가 돌아가시자 조나단은 그 교회의 담임목사가 되었어.

결혼 생활이 힘들었지만 사라는 행복했어. 조나단은 자상한 아버지이자 남편이었어. 부부는 금슬이 좋아서 아이를 열한 명이나 낳았단다! 하지만 조나단은 설교를 준비하고, 620명이나 되는 교인을 위해 기도하며, 힘든 일이 생겨 찾아오는 사람을 상담해 주느라 매일 서재에서 14시간씩 일했지. 사라는 언제든지 남편을 보러 갈 수 있었지만, 점점 늘어나는 가족만큼이나 해야 할 집안일이 산더미 같았지. 사라는 온종일 고되게 일했어. 부잣집에서 자라는 동안 한 번도 해 보지 않은 일이었지. 한 작가는 이 가정에 관해 이런 글을 썼지.

중앙난방을 하는 집에서는 사라가 직접 일하거나 다른 사람의 도움을 구할 필요가 없었다. 그러나 이 집에서 사라가 직접 하거나 다른 사람에게 부탁해야 했던 일에는 얼음을 깨고 물 길어 오기, 나무를 해서

불 지피기, 밥을 짓고 지나가는 여행자들에게 싸 주기, 양가죽을 자르고 꿰매서 가족의 옷 만들기, 농작물을 기르고 저장하기, 빗자루 만들기, 빨래하기, 아기를 돌보고 아픈 사람을 간호하기, 양초 만들기, 닭에게 모이 주기, 가축을 잡는 동안 감독하기, 아들들에게 학교에서 배우지 않은 내용을 가르치기, 딸들이 가사 기술을 잘 배웠는지 확인하기 등이었다. 하지만 이것은 사라가 하는 일 중 작은 부분에 불과했다.

사라의 이런 노력과 희생은 큰 열매를 맺었어. 열한 자녀 모두가 세상에 큰 도움을 주는 훌륭한 사람으로 자란 거야. 1900년에 누군가가 조사를 했더니 그때까지 사라의 자손 중에서 대학 총장이 13명, 교수가 65명, 변호사가 100명, 판사가 30명, 의사가 66명, 국회의원을 비롯해 국가를 위해 일하는 사람이 80명, 주지사가 3명, 미국 부통령이 1명, 미국 재무장관이 1명이나 나왔어. 게다가 그중 많은 사람이 목사가 되었고, 100명은 선교사로 활동했어.

어떻게 여자 한 명이 이렇게 많은 열매를 맺을 수 있었을까? 비결은 바로 하늘 아버지를 의지한 거야. 사라는 집안일과 교회 일로 그리고 아이 열한 명을 키우느라 눈코 뜰 새 없이 바빴지만, 예수님과 교제하기를 게을리하지 않았어. 사라는 하나님 안에서 기쁨을 찾았

성경 말씀

"누가 우리를 죄인으로 단정하겠습니까? 그리스도 예수님은 죽었다가 다시 살아나셔서 하나님의 오른편에서 항상 우리를 위해 기도해 주십니다"

(로마서 8:34, 현대인의성경).

사라는 이 말씀을 읽고 이렇게 묵상했어.

혼자 있을 때 이 말씀이 갑자기 생각나서 성경책을 펴 그 장을 끝까지 읽었다. 읽는 내내 마음이 뜨겁고 포근해졌다…이 달콤한 확신에 마음이 녹아내린 나는 한없이 눈물을 흘렸고, 엉엉 소리를 내어 울었다. 하나님이 내 아버지이시고 그리스도가 내 구주이시며, 그분이 내 것이고 나는 그분의 것이라는 사실이 너무도 확실히 믿어졌다…하나님이 너무도 가깝고 생생하게 느껴져서 아무것도 신경 쓰이지 않았다.

단다. 가장 오래된 사라의 전기를 보면 이런 글이 나와. “사라의 믿음에는 조금도 우울하거나 어두운 면이 없었다. 그녀는 보기 드물게 기쁨으로 가득한 사람이었다.”

노샘프턴 교회에서 23년을 목회한 뒤 에드워즈 가족은 교회를 떠나 매사추세츠주 서부의 인디언들을 전도하러 갔어. 조나단은 교회 일로 바쁘지 않아서 많은 글을 쓸 수 있었고, 사라와 이제 꽤 자란 아이들은 많은 시간을 함께 보낼 수 있었지. 7년 뒤 조나단은 대학교의 총장이 되었는데, 그 학교는 나중에 프린스턴 대학교가 되었어.

하지만 부부가 이별할 시간이 점차 다가오고 있었어. 가족은 몇 달 뒤 따라오기로 하고 조나단이 먼저 뉴저지주의 프린스턴 대학으로 갔지. 그런데 도착한 지 몇 주 만에 조나단은 예방 접종을 받았는데도 천연두에 걸리고 말았어. 그리고 며칠 뒤 죽고 말았어. 사라와 자녀들은 큰 충격을 받았지. 하지만 다행히, 죽지 않으시고 그들과 영원히 함께 하시는 하나님을 바라보고 다시 살아갈 힘을 얻었어. 사라는 남편이 죽었다는 소식을 듣자마자 어른이 된 딸 에스더에게 이런 편지를 보냈단다.

사랑하는 딸에게

무슨 말을 해야 할지 모르겠구나. 거룩하고 선하신 하나님이 우리 가정에 캄캄한 구름을 드리우셨구나. 하지만 이 고난을 달게 받고 믿음 없는 말은 하지 말자꾸나. 하나님이 하신 일이니까 말이야. 하나님이 정말 오랫동안 우리에게 잘해 주셨는데 이번에 이런 일이 일어났구나. 하지만 엄마가 믿는 하나님은 여전히 살아 계신단다. 엄마는 여전히 하나님을 사랑해. 그리고 네 아버지가 우리에게 얼마나 귀한 유산을 남겼는지 몰라. 우리는 다 하나님의 것이야. 엄마는 하나님 안에 있고, 하나님을 사랑한다.

너를 너무도 사랑하는 엄마가

하지만 딸 에스더도 이 편지를 받지 못했어. 에스더도 1758년 4월 7일에 죽었기 때문이야. 같은 해 10월에 사라도 류머티즘열로 세상을 떠났지. 그때 사라의 나이 48세였단다.

하지만 사라의 믿음은 그녀가 남긴 글과 후손을 통해 지금도 살아 있단다. 사라는 예수님을 사랑하는 헌신적인 어머니이자 아내이며 교인이었어. 하지만 아내와 어머니, 교인, 선교사는 사라를 설명해 주는 가장 중요한 역할이 아니었어. 사라는 무엇보다도 하나님의 사랑을 받는 자녀이자 하나님을 기쁨으로 예배하는 사람이었어.

한나 파우스트

독일 그리스도인들에게 '(요한나를 줄인) 한나 아줌마'란 애칭으로 통하는 요한나 파우스트는 독일 밖에서는 잘 알려지지 않은 사람이야. 한나는 목사의 아내도 선교사도 아니었거든. 작가나 운동선수도 아니었어. 천재도 아니었고 대단한 가문 출신도 아니었어. 한나는 그냥 그리스도를 섬긴 종이었어.

한나는 60년이 넘게 아프고 가난하고 상처 입은 사람들을 도와주었어. 다른 사람들이 받는 고통을 줄여 주느라 정작 자신은 큰 고통을 받아야 했지. 하지만 한나는 지옥에서 겪는 영원한 고통에 비하면 이 세상의 고통은 아무것도 아니라고 생각했어. 그래서 한나는 사람들을 사랑으로 섬기면서 그리스도의 사랑을 전했어. 그리스도를 위해 사람들을 섬기며 그들에게 그리스도를 전한 거야.

1825년 9월에 태어난 한나는 네덜란드 국경에서 그리 멀지 않은 독일 북쪽 도시 부퍼탈의 엘버펠트란 마을에서 자랐어. 한나는 어린 소녀일 때 공장에서 온종일 옷을 만들었지. 그런데 그렇게 힘들게 일하면서도 일하러 가기 전에 아침 일찍 강에 나가서 아픈 사람들의 옷을 대신 빨아 주었어. 일을 마친 뒤에도 아프고 가난한 사람들을 찾아가 도와주었지. 한나가 베푼 선행에 관해 어떤 사람은 이렇게 말했어. "한나가 방을 쓸고 이불을 개고, 들통과 솔을 들고 지저분하기 짝이 없는 집마다 찾아가서 깨끗이 청소를 해주었어요."

1840년대에는 많은 독일 사람이 콜레라로 목숨을 잃었어. 그때 한나는 자기도 콜레라에 걸렸으면서 그 병에 걸린 사람들을 도왔단다. 한나는 이렇게 말했어. "아무도 내게서 불쌍하고 아픈 사람들을 빼앗아 갈 수 없어요. 그들에게는 내가 꼭 필요해요." 한나 주변에는 병자들로 가득했지만 하나님은 한나를 지켜 주셨어. "발진티푸스, 콜레라, 천연두 속에서 밤낮으로 (병자를) 간호했지만 나는 무사했어요. 한번은 3주 동안 옷을 갈아입지 못했는데 (2시간 거리에 있는) 크로넨부르크에 가서 18시간을 잤어요. 그렇게 체력을 회복해 기분 좋은 모습으로 엘버펠트로 돌아왔죠."

어른이 된 한나의 삶은 훨씬 더 힘들어졌어. 안타깝게도 한나의 남편은 술고래여서 항상 코가 삐뚤어지게 취해 있었지. 이제 한나는 옷을 만드는 일을 그만두고 거리에서 커피를 팔며 아주 적은 돈을 벌었어. 두 팔에 무거운 커피 통을 들고 다니는 건 여간 힘든 일이 아니었지. 그렇게

한나는 우리가
다른 사람들을 섬길 때
눈에 보이지 않는
하나님을 볼 수 있다고
생각했어.

고생해도 겨우 입에 풀칠할 정도의 돈밖에는 벌 수 없었어. 새 옷을 살 수가 없어서 그렇지 않아도 싸구려인 옷이 군데군데 떨어져 속살이 보일 정도였어. 고기는 구경도 할 수 없고, 매일 밥과 감자, 우유밖에 먹을 수 없었지.

한나는 자기도 그렇게 힘들면서 얼굴 한 번 찌푸리지 않고 어려움에 처한 사람들을 열심히 도왔단다. 한번은 한 부자 사업가가 한나의 긍정적인 태도에 놀라 이렇게 물었어. "한나 씨는 어떻게 그렇게 항상 행복해 보이세요?" 한나는 예수님 안에서 평안과 기쁨을 얻었다며 "사장님도 저처럼 행복해질 수 있어요!"라고 말했어.

한나는 마을 곳곳을 돌아다니며 노숙자와 범죄자까지 사회에서 가장 외면당하는 사람들을 만났어. 한나는 그들을 위해 돈과 옷, 음식을 모아 나누어 주었지. 그러다가 나중에는 이런 일을 하는 협회도 몇 개나 세웠어. 한나는 엘렌트스탈이라는 빈민가 아이들을 돌보기 위한 주일학교도 시작했어. 이 아이들이 처음으로 그녀를 한나 아줌마로 부르기 시작했어.

한나는 1903년에 세상을 떠났어. 호호 할머니가 되어서도 다른 사람들을 위해 살았단다. 한나는 칠십 대가 되어서도 교도소를 찾아가고 길거리에서 사는 소녀들을 도왔어. 엘버펠트의 거리에서 목숨을 잃을 뻔한 적도 한두 번이 아니었어. 한번은 한나가 집에 와 보니 집 밖에 사람들이 모여 있었어. 한 아들이 자기 아버지를 칼로 찌르려는 순간 한나가 재빨리 달려가 아들의 팔을 잡았어. 한나는 아들을 달래서 집으로 돌려보냈지. 또 한번은, 한나가 무너지기 직전인 한 집에 들어가 남편이 도끼로 아내를 죽이려는 걸 말린 일도 있었어. 한나가 보인 용기와 사랑은 전설적이었어.

왜 한나처럼 평범한 여자가 목숨을 걸고 다른 사람들을 섬겼을까? 그건 예수님이 먼저 한나에게 목숨을 내어 주셨기 때문이야. 한나는 힘들었던 시절을 기억하며 "그때 주님은 나의 전부셨어"라고 말했지. 한나는 어릴 적에 예수님을 영접하고 구원받았어. 한나가 사람들을 섬긴 것은 예수님의 복음을 전하기 위해서였어. 한나는 우리가 다른 사람들을 섬길 때 눈에 보이지 않는 하나님을 볼 수 있다고 생각했어. 그래서 한나는 이렇게 말했지. "먼저 사랑한다는 걸 보여 주면 사람들은 마음을 열게 돼 있어요."

한나는 평범한 여자였어. 하지만 높으신 하나님을 위해 자신을 낮춘 덕분에 많은 놀라운 일을 할 수 있었어.

더 깊은 탐구를 위하여

믿음의 여인들에 관해 더 알고 싶다면 자넷과 제프 벤지 부부가 쓴 전기 시리즈 「믿음의 영웅들」 중에서 『메리 슬레서』(예수전도단 출간)와 『엘리자베스 엘리엇』(*Elisabeth Elliot*, 국내 미번역)을 읽어 봐.

65

성경에 나오는 무기

"우리의 씨름은 혈과 육을 상대하는 것이 아니요 통치자들과 권세들과 이 어둠의 세상 주관자들과 하늘에 있는 악의 영들을 상대함이라"

(에베소서 6:12).

성경은 전쟁 이야기로 가득해. 끈질긴 포위와 공격, 피비린내 나는 대결, 전면전, 비밀 작전, 심지어 하나님도 백성을 위해 전사로 나서서 싸워 주셨어(하박국 3:3~15). 사실, 성경은 성령의 '검'이라고 불린단다(에베소서 6:17).

하나님은 죄 때문에 이 세상에서 싸움이 끊이지 않을 거라고 창세기에서 말씀하셨어. 아담과 하와가 사탄의 유혹에 넘어간 뒤로 하나님의 백성과 사탄에게 속한 사람들 사이에 영적 싸움이 끊이지 않았어(창세기 3:15).

예수님은 "세상이 너희를 미워하면 너희보다 먼저 나를 미워한 줄을 알라"(요한복음 15:18)고 말씀하셨어. 하나님의 백성은 이렇게 세상과 항상 싸워 왔어.

하지만 신약 시대에 예수님의 제자들은 실제로 검과 방패를 들고 나가서 싸우지 않아. 그 대신 '영적' 전투에 참여하지(에베소서 6:10~17). 이처럼 그리스도의 제자들은 이 전쟁이 이미 이긴 싸움인 것을 알고서 영적 전투를 벌인단다. 맞아. 예수님은 죽었다가 다시 살아나심으로 죽음과 죄, 마귀를 이미 무찌르셨어(요한복음 16:11과 골로새서 3:15, 히브리서 2:14을 읽어 봐).

로마 시민이었던 바울은 로마 경비병 몇 명의 호위를 받아 보았을까?

답: 470명(행 23:23)

하지만 구약 시대에는 하나님의 백성이 무시무시한 무기를 들고 실제로 전쟁터에 나가서 싸웠어. 성경에 나오는 무기 중에서 몇 가지를 소개해 줄게.

철퇴. 이 무기는 양쪽 병사가 서로 맞붙어 싸우는 전투에서 사람의 뼈를 부수는 용도로 사용되었어(예레미야 51:20). 이 거대한 망치의 크기를 조금 작게 줄이고 단단한 나무 막대기를 '자루'로 붙인 다음, 다른 쪽 끝에 무거운 것을 매달아 휘두르게 한 것도 있어(시편 2:9, 23:4).

창. 긴 나무 자루 끝에 금속을 단 이 무기는 일반 병사가 전투에서 던질 때 사용했어(사무엘상 17:6~7). 투창도 이것과 비슷했어(욥기 41:26).

활과 화살. 활은 먼저 나무로 만들고 나서 청동이나 짐승의 뿔 혹은 힘줄로 다시 강하게 만들었는데, 옛날에 흔히 쓰인 무기야(예레미야 50:14, 역대상 5:18). 궁수(활 쏘는 사람)는 걷거나 말을 타고 다니며 둥근 활 혹은 물결 모양의 활을 사용해 화살을 쏘았지. 화살은 갈대로 만들었고, 끝에 뾰족한 금속을 달기도 했어.

검. 검은 성경에서 가장 많이 나오는 무기야(423번!). 하지만 검이라고 다 똑같은 모양은 아니었지.

낫 모양의 검: 구부러진 금속 하나로 만들어진 이 검으로 이스라엘 백성은 BC 1406년 가나안 땅을 정복했지.

날이 넓은 검: 허리에 찬 칼집에 넣고 다니는 이 무기는 낫 모양의 검보다 길고 날이 직선이야. 찌르는 힘이 엄청났어. 이 검은 블레셋 사람들이 처음 사용했는데, 원래는 날이 하나밖에 없었어(사사기 1:8). 나중에는 두 번째 날을 더해 양날 검을 만들어 썼지(요한계시록 2:12).

짧은 검: 단검이라고 하는 짧은 검은 로마 병사가 허리에 차는 무기였어(에베소서 6:17, 누가복음 22:52). 수백 년 전에는 이스라엘의 사사인 에훗도 단검을 사용해 악한 왕인 에글론을 죽였어(사사기 3:21). 단검은 베기보다는 찌르는 데 사용하는 무기였어.

물매. 먼 거리에서 공격할 수 있는 이 무기는 군인뿐 아니라 목자도 사용했어(사무엘상 17:40, 물매에 관해 더 알고 싶다면 12장을 다시 읽어 봐).

투석기. 이 거대한 무기는 물매를 업그레이드한 것이라고 할 수 있어(역대하 26:15). BC 800년에서 AD 1500년 사이에 세상에서 가장 무서운 무기였지. 심지어 수백 톤이 나가는 거대한 돌을 축구장 네 배나 되는 거리만큼 날려 보낼 수 있는 투석기도 발명되었지.

거인 골리앗의 갑옷은 무게가 얼마나 나갔을까?

답: 약 57kg(사무엘상 17:5)

나만의 투석기 만들기

재료: 압설자(혀누르개) 8개, 단단한 고무줄 3개 이상, 페트병 뚜껑, 글루건이나 접착제

1. 압설자 두 개의 한쪽 끝을 고무줄로 묶어.

2. 압설자 여섯 개를 쌓은 다음, 조금 전에 묶은 두 압설자 사이로 밀어 넣어 두 압설자가 벌어지게 만들어.

3. 고무줄 두 개를 사용하여 여섯 개의 압설자와 두 개의 압설자가 교차된 부분을 단단히 묶어. 먼저 고무줄 하나를 대각선으로 묶은 다음, 다른 고무줄을 다른 방향의 대각선으로 묶는 거야.

4. 글루건이나 접착제를 사용하여 페트병 뚜껑을 두 개의 압설자가 벌어진 부분 끝에 고정해.

5. 접착 부위가 다 마르면 이제 투석기를 사용할 준비가 된 거야. 음료수 뚜껑에 날릴 물건을 넣고 그 끝을 꾹 눌렀다가 놓으면 돼. (주의: 사람이 없는 안전한 방향으로 날리고, 보호 안경을 꼭 써야 해. 집 안에서는 과자나 지우개처럼 부드러운 물건을 사용해.)

66

네가 알아야 할 기독교의 상징

3

1

2

4

1 알파와 오메가: 알파(A)는 그리스어 알파벳의 첫 글자이고, 오메가(Ω)는 마지막 글자야(그리스어에 관해 더 알고 싶다면 52장을 읽어 봐). 예수님은 성경의 마지막 책에서 이렇게 말씀하셨어. "나는 알파와 오메가요 처음과 마지막이라"(요한계시록 21:6 그리고 1:8, 22:13도 읽어 봐). A/Ω는 어떤 일이 닥쳐도 예수님이 처음부터 끝까지 항상 우리와 함께 계신다는 사실을 기억할 수 있게 해 준단다.

2 닻: 닻은 예수님이 우리를 단단하게 붙잡아 주신다는 사실을 기억하게 해 줘. 히브리서 6장 19~20절은 예수님에 대한 확실한 소망을 닻에 비유하고 있어. 우리의 소망은 하늘에 단단히 닻을 내리고 있지. 그래서 모든 그리스도인은 언젠가 천국의 항구에 안전하게 도착할 거야.

3 비둘기: 성경을 보면 성령님은 때로 비둘기 같은 새로 나타나셔. 창세기 1장 2절에서 성령님은 어미 새처럼 물 위를 떠다니시며 이 세상을 포근하게 품어 주고 계셨어. 예수님이 세례를 받으실 때도 성령님은 평화의 상징인 비둘기 모양으로 이 땅에 내려오셨지(마 3:16).

4 XP: 그리스도를 그리스어로 표현하면 처음 두 글자는 X(키)와 P(로)야. 초대교회 교인들은 구주라는 뜻의 이 두 글자를 합해서 예수 그리스도를 기억하기 위한 상징으로 만들었단다.

알고 있니?

기독교를 표현하는 대표적인 상징은 아기가 누워 있는 구유도, 목수의 아들이 쓰던 망치도, 예수님이 제자들의 발을 씻기고 나서 닦아 주신 수건도 아니야. 그리스도와 교회를 표현하는 상징은 예수님의 탄생이나 가르침, 기적이나 부활이 아니라 예수님이 우리 죄를 위해 우리 대신 고통스럽게 돌아가셨음을 알려 주는 십자가야[존 스토트가 쓴 『그리스도의 십자가』(IVP 출간)에 나오는 일부 내용을 이해하기 쉽게 쓴 것].

페이지를 넘겨서 계속 읽어 봐. →

5 십자가: 예수님이 사시던 당시 로마 제국은 가장 흉악한 범죄자를 처형하기 위해 십자가를 사용했어. 하지만 예수님은 죄가 없는데도 십자가 위에서 돌아가셨어. 그래서 이 무시무시한 사형 도구는 죄인을 위해 예수님이 희생하셨다는 복음을 상징하게 되었어.

6 물고기: 이 상징은 물고기를 의미하는 헬라어인 ΙΧΘΥΣ(익투스)로 불려. 이 상징은 예수님이 "나를 따라오라 내가 너희로 사람을 낚는 어부가 되게 하리라"(마가복음 1:17)고 말씀하시며 제자들을 모으신 이야기를 기억나게 해 줘. 하지만 ΙΧΘΥΣ의 철자 하나하나에도 의미가 담겨 있지. 철자 하나하나가 한 단어나 이름의 첫 글자야.

Ι(이오타)는 '예수님'을 뜻하는 그리스어의 첫 글자야.
Χ(키)는 '그리스도'를 뜻하는 그리스어의 첫 글자야.
Θ(떼타)는 '하나님'을 뜻하는 그리스어의 첫 글자야.
Υ(윕실론)은 '아들'을 뜻하는 그리스어의 첫 글자야.
Σ(시그마)는 '구주'를 뜻하는 그리스어의 첫 글자야.

7 삼각형: 그리스도인들은 이 삼각형을 세 분 하나님이신 성부와 성자와 성령을 가리키는 상징으로 사용했어. 그냥 삼각형을 사용하거나, 아름답고 정교하게 꾸며서 사용하기도 했지. 이 사진에 있는 글자는 라틴어야. 무슨 뜻인지 한번 알아내 보렴.

67

나쁜 일이 일어날 때 어떻게 해야 할까?

아슬란이 부드럽게 말했다. "실제 철도 사고가 일어났어. 너희 아버지와 어머니 그리고 너희 모두는, 그림자 나라에서 쓰는 표현으로 말하면, 죽었어."

_C. S. 루이스, 『나니아 연대기』 중 『마지막 전투』

C. S. 루이스는 이런 말로 『나니아 연대기』의 마지막 책을 시작했단다. 이 이야기의 주인공인 아이들은 지독히 안 좋은 소식을 듣게 되지. 하지만 이 아이들에게만 고통스러운 일이 일어나는 게 아니야. 살다 보면 너에게도 힘든 일이 일어날 거야. 부모님이 응급실에 실려 가시거나, 친한 친구와 떨어져 멀리 이사를 하거나, 아끼던 장난감이나 애완동물을 잃어버리는 일도 일어날 거야. 평생 좋은 일만 일어나면 좋겠지만 그럴 수는 없단다. 그렇다면 좋지 않은 일이 일어날 때 우리는 어떻게 해야 할까?

예수님은 그럴 때 어떻게 해야 하는지를 정확히 알고 계셔. 왜냐하면 예수님은 네가 겪을 일, 아니 그보다 훨씬 심한 일을 경험하셨기 때문이야. 너도 알겠지만 예수님은 하늘에서 이 땅으로 내려오셔서 고통을 받으시고 죽임을 당하셨잖아(이사야 53:4~6). 하나님은 네가 당하는 고통을 직접 겪으셨어. 하나님은 우리에게 힘든 일이 닥칠 때 이렇게 하라고 말씀하셔.

네가 누구의 자녀인지를 기억해. 힘들거나 슬플 때는 하나님이 네게 해 주신 일을 까마득히 잊어버리기 쉽지. 하지만 생각해 봐. 너는 그리스도인이 되기 전에는 죄 때문에 지옥에 갈 수밖에 없는 죄인이었어. 하지만 지금은 하나님의 자녀로 큰 사랑을 받고 있지. 이제 너는 용서받고 하나님의 가족이 되었어. 하나님은 너를 너무나 소중히 여기셔. 로마서 8장 30절 앞부분은 아무리 힘든 일이 닥쳐도 우리와 하나님의 관계는 조금도 흔들리지 않는다고 말씀해.

"하나님은 이처럼 그분의 자녀들이 어떤 모습이어야 하는지를 결정하신 뒤에, 그들의 이름을 불러 주셨습니다. 이름을 부르신 뒤에는, 그들을 그분 앞에 굳게 세워 주셨습니다"(메시지성경).

너의 미래를 상상해. 힘들 때는 힘든 일밖에는 아무 생각도 들지 않아. 하지만 하나님은 아무리 어두운 순간에도 하나님의 가족에게 밝은 미래가 있다고 말씀하셔. 인생이라는 책에는 고통으로 얼룩진 페이지가 많지만, 우리 인생의 마지막 장은 영광스러울 거야. 그리스도인에게는 하나님과 영원히 즐겁게 사는 미래가 약속되어 있거든.

"또한 그들을 그렇게 굳게 세워 주신 뒤에는 그들과 끝까지 함께하시며, 그분이 시작하신 일을 영광스럽게 완성시켜 주셨습니다. 여러분, 어떻습니까? 이처럼 하나님이 우리 편이 되어 주셨는데 어떻게 우리가 패배할 수 있겠습니까? 아들을 보내셔서 우리 인간의 처지를 껴안으셔서 최악의 일을 감수하기까지 하신 하나님, 그 하나님께서 우리를 위해 자신의 전부를 주저 없이 내놓으셨다면 그분이 우리를 위해 기꺼이, 아

낌없이 하시지 않을 일이 무엇이 있겠습니까?"(롬 8:30~32, 메시지성경)

『나니아 연대기』에서 주인공인 아이들은 고통을 당하고, 그보다 더 심한 죽음도 맞았어. 하지만 그 아이들 그리고 예수님을 믿는 모든 사람에게는 죽음이 끝이 아니야. 나니아 이야기가 어떻게 끝나는지 읽어 보자.

> (아슬란이 말했다) "기한은 끝났다. 이제 휴일이 시작되었다. 꿈은 끝났다. 이제 아침이다." 이 말을 하는 아슬란은 더는 사자처럼 보이지 않았다. 그리고 그 후 시작된 일은 너무도 위대하고 아름다워서 도무지 글로 옮길 수 없을 정도다. 우리에게는 이것이 이 모든 이야기의 결말이며, 그들 모두는 그 뒤로 영원히 행복하게 살았다. 하지만 그들에게는 이것이 진짜 이야기의 시작이었을 뿐이다. 이 세상에서 그들이 살았던 모든 삶과 나니아에서 그들이 경험한 모든 모험은 그저 표지에 불과했다. 이제 마침내 위대한 이야기의 제1장이 시작되었다. 세상 누구도 아직 읽지 못한 이야기, 영원히 이어질 이야기, 모든 장이 이전 장보다 더 좋아지는 이야기 말이다(『마지막 전투』 중에서).

필요한 내용 찾기

역사

하나님 알기

필요한 내용 찾기

예수님처럼 살기

재미있는 활동

배우기

성경 이해하기

감사의 말

이 책이 나올 수 있도록 도와준 많은 분께 감사드리고 싶습니다. 이 책의 많은 아이디어는 존 볼렛, 제프 브라트, 크리스 브라운스, 짐 해밀턴, 앤디 핸더슨, 매튜 홉킨슨, 바바라 줄리아니, 윌 론스, 마티 마쵸스키, 조너선 마티아스, 제레미 맥모리스, 크리스 모리스, 데이브 슈터, 에릭 사이프, 브렛 스타, 다시 스텔처, 매트 스트리블링, 마티 스위니를 비롯한 많은 친구와 가족, 동역자들이 제안해 준 것입니다.

마이클 배릿 박사와 크리스 브라운스 박사, 커티스 힐 박사, 마티 마쵸스키 목사 그리고 내 아내 로벤, 내 누이 제니는 초고를 읽고 귀한 의견을 나눠 주었을 뿐 아니라 끝까지 최선을 다하도록 격려해 주었습니다. 세스 애셔, 단 볼렛, 에반 콜리어, 마크 기닐리엇 박사, 블레이크 하드캐슬 박사, 로빈 존스턴, 존 메이슨, 코너 피트먼, 패티 스펜서도 여러 장에 대해서 유용한 의견을 제시해 주었습니다. 뉴 그로스 출판사의 낸시 윈터와 바바라 줄리아니는 뛰어난 편집 실력과 인내심으로 이 책을 몰라보게 업그레이드해주었습니다. 열한 살 된 아들 미카는 아빠의 책을 읽고 좋은 아이디어를 보태 주었을 뿐 아니라 너무 뻔해서 낯뜨겁기 짝이 없는 실수도 정확히 지적해 주었습니다. 스콧 맥도널드의 환상적인 디자인은 입이 마르도록 칭찬해도 모자랍니다. 그가 창의적인 에너지를 쏟아 준 덕분에 책이 더 흥미진진해졌습니다. 내 친구이자 전 동료인 섀넌 브라운에게 이 책을 바치고 싶습니다. 그녀와 많은 일을 함께하고 수많은 대화를 나누면서 글쓰기와 신앙생활, 삶에 대해 정말 많은 것을 배웠습니다.

무엇보다도 지난 몇 년간 이 일을 감당할 기회와 힘을 주신 하나님께 감사드립니다. 아무쪼록 이 책을 통해 다음 세대가 은혜로우신 우리 주님을 더욱 사랑하고 믿으며 날마다 그분을 닮아 가기를 간절히 기도합니다.

주

4 1장. 인용문은 Michael Williams in Dane Ortlund's "What's the Message of the Bible in One Sentence"에서, (http://dogmadoxa.blogspot.com/2011/01/whats-message-of-bible-in-one-sentence.html, 2016년 5월 20일 확인).

12-15 4장. 2007년 복음 연합(Gospel Coalition) 컨퍼런스에서 티머시 켈러(Timothy Keller)의 설교를 바탕으로 재구성.

17-18 5장. Donald Whitney, *Spiritual Disciplines for the Christian Life* (Colorado Springs: NavPress, 1991), 17.

18 5장. Handley Carr Glyn Moule, *Charles Simeon* (London: Methuen & Co., 1892), 45에 실린 찰스 시므온(Charles Simeon)에 관한 인용문.

19 6장. "The Epistle of Polycarp", *The Apostolic Fathers*, Part II, Vol. 3, ed. J. B. Lightfoot, 2nd ed. (London: Macmillan, 1889), 474와 326에 실린 폴리갑의 인용문.

20-21 6장. Scot McKnight, *A Community Called Atonement* (Nashville: Abingdon Press, 2007), 54와 *Programs and Sermons for Spiritual Instruction* (Dublin: Browne & Nolan, 1881), 112에 실린 아타나시우스의 인용문.

23 6장. *Saint Augustine: Confessions*, Henry Chadwick 번역 (New York: Oxford University Press, Inc., 2008), 3, 52, 96, 152-3, 202에 실린 아우구스티누스의 인용문.

28 7장. McCall, Bruce, "The Perfect Non-Apology Apology", *The New York Times* (New York), 2002년 4월 22일 자.

35 10장. New Testament Virtual Manuscript Room에서 제공한 온라인 데이터에서 차용한 신약 사본 통계 (http://ntvmr.uni-muenster.de/liste, 2016년 4월 19일 확인).

37 10장. John 18:31-33; 37-38 번역 (https://en.wikipedia.org/wiki/Rylands_Library_Papyrus_P52, 2016년 5월 20일 확인).

44-46 13장. J. C. Ryle, *Thoughts for Young Men* (Carlisle, PA: Banner of Truth, 2015, originally published in 1888)에 실린 인용문들.

45 13장. [박스] Jim Elliot, *The Journal of Jim Elliot*, Elisabeth Elliot 편집 (Grand Rapids: Revell, 1978), 174.

47 14장. Barna Study: Six Trends for 2014 (https://www.barna.org/barna-update/culture/664-the-state-of-the-bible-6-trends-for-2014#.VXrlUM7UQ1E, 2015년 6월 12일 확인).

73 19장. [박스] David A. Dorsey, *The Roads and Highways of Ancient Israel* (Baltimore: Johns Hopkins University Press, 1991), 1-24.

74 19장. John H. Walton, *Chronological and Background Charts of the Old Testament* (Grand Rapids: Zondervan, 1994), 116 참조.

78 20장. 존 파이퍼의 인용문 (http://www.desiringgod.org/messages/god-is-most-glorified-in-us-when-we-are-most-satisfied-in-him, 2016년 5월 20일 확인).

86 23장. 데이비드 리빙스턴의 인용문, Christopher J. H. Wright, *Knowing Jesus Through the Old Testament*, 2nd ed. (Downers Grove, IL: IVP, 2014), 137.

86 23장. 윌리엄 캐리의 인용문, Eustace Carey, *Memoir of William Carey*, D.D. (London: Jackson and Walford, 1836), 75.

88 23장. 페이지 맨 아래 목록, David Hosaflook과의 서신에서 허락을 받고 인용.

91 24장. 에이미 카마이클의 인용문, M. David Sills, *The Missionary Call: Find Your Place in God's Plan for the World* (Chicago: Moody Press, 2008), 191.

92 24장. 에이미 카마이클, *If* (Fort Washington, PA: CLC Publications, 2011), 52.

93-94 24장. 로티 문의 인용문, *Send the Light: Lottie Moon's Letters and Other Writings*, Keith Harper 편집 (Macon, GA: Mercer University Press, 2002), 132 & 239-40. 마지막 인용문은 the International Mission Board 웹사이트에서 (http://www.imb.org/main/lottie-moon/details.asp?StoryID=11887&LanguageID=1709#.Vz8ylGYtVUQ, 2016년 5월 20일 확인).

103 27장. Martyn Lloyd-Jones, *Studies in the Sermon on the Mount* (Grand Rapids: Eerdmans, 2000), 244.

123-129 32장. 출간되지 않은 저자의 글에서 발췌, © Positive Action for Christ, PO Box 700, Whitakers, NC 27891. 허락을 받고 사용.

125 32장. J. I. Packer, *Knowing God* (Downers Grove, IL: IVP, 1973), 26. (『하나님을 아는 지식』 IVP).

133-134 33장. Don Richardson, *Eternity in Their Hearts* (Grand Rapids: Baker, 1981), 57, 74, 115, 128f.

133 33장. C. S. Lewis, *The Weight of Glory and Other Addresses* (New York: Harper Collins, 1980), 140. (『영광의 무게』 홍성사).

137 34장. 3번 항목에서. 난로의 비유는 Jim Berg, *Changed Into*

His Image (Greenville, SC: BJU Press, 1999), 93.

137 34장. 보이스 인용문, *Give Praise to God*, Philip G. Ryken 등 편집 (Phillipsburg, NJ: P&R Publishing, 2011), 233.

145 36장. 깨끗한 음식과 불결한 음식에 관한 그림은 Mark Barry의 허락을 받고 발췌 (https://visualunit.me/2014/11/02/a-guide-to-unclean-eating/2016년 5월 20일 확인).

147 37장. 얀 후스의 인용문은 Matthew Spinka, *John Hus: Doctrine of the Church* (Princeton, NJ: Princeton University Press, 1966), 161, 320에서. 마지막 인용문은 http://www.baptistboard.com/threads/an-address-to-his-persecutors-and-a-prayer-to-god.95783/에서. 2016년 5월 20일 확인.

149 37장. Martin Luther, *Larger Catechism*, John Nicholas Lenker 번역 (Minneapolis, MN: Luther Press, 1908), 44. 마지막 인용문은 루터의 것으로 보임. 비슷한 인용문을 보려면 Paul Althaus, *The Theology of Martin Luther*, Robert C. Schultz 번역 (Philadelphia: Fortress Press, 1966), 246을 보라.

151 37장. 마르틴 루터의 인용문, Roland Bainton, *Here I Stand: A Life of Martin Luther* (Peabody, MA: Hendrickson, 2009), 180.

152 37장. 존 번연의 인용문, *The Whole Works of John Bunyan*, George Offor 편집, Vol. 1 (London: Blackie and Son, 1862), cxvi & 486.

152 37장. John Bunyan, *Grace Abounding to the Chief of Sinners* (New York: Penguin Group, 1987), 34-5. (『죄인의 괴수에게 넘치는 은혜』 CH 북스).

153 37장. Joseph Ivimey, *The Life of Mr. John Bunyan* (London: R. Edwards: London, 1809), 225, 332.

158-159 40장. 출간되지 않은 저자의 글에서 발췌, © Positive Action for Christ, P.O. Box 700, Whitakers, NC 27891. All rights reserved. 허락을 받고 사용.

159 40장. 마르틴 루터의 인용문, *Luther's Small Catechism* (Philadelphia: Lutheran Publication Society, 1893), 17.

166 42장. Malcolm W. Browne, "Following Benford's Law, or Looking Out for No. 1" (*The New York Times*, Tuesday, 1998년 8월 4일).

167 42장. Martin Rees, *Just Six Numbers: The Deep Forces that Shape the Universe* (New York: Basic Books, 2000), 30.

164-167 42장. 출간되지 않은 저자의 글에서 발췌, © Positive Action for Christ, P.O. Box 700, Whitakers, NC 27891. All rights reserved. 허락을 받고 사용.

169 43장. Martin Luther, *A Simple Way to Pray* (Louisville, KY: Westminster John Knox Press, 2000), 32-3.

172-174 44장. 저자가 쓴 글에서 발췌, *Today's Christian Teen* 잡지의 허락을 받고 사용.

176 45장. Michael Reeves, *Delighting in the Trinity: An Introduction to the Christian Faith* (Downers Grove, IL: IVP, 2012), 31.

180 45장. "His Robes for Mine" © ChurchWorks Media.com, 2008.

183 46장. *The Collected Letters of C. S. Lewis*, Vol. II: Family Letters 1905-1931 (New York: Harper Collins, 2004), 174.

183 46장. C. S. Lewis, *The Four Loves* (Orlando, FL: Harcourt Books, 1971), 66-7에서 인용. (『네 가지 사랑』 홍성사).

201 52장. 출간되지 않은 저자의 글에서 발췌, © Positive Action for Christ, P. O. Box 700, Whitakers, NC 27891. All rights reserved. 허락을 받고 사용.

212-213 56장. John Stott, *The Incomparable Christ* (Downers Grove, IL: IVP, 2001), 41-2에서 발췌한 표.

223 60장. 플리니우스가 트라야누스에게 보낸 편지, *A Dictionary of the Bible*, James Hastings 편집, Vol. 4 (New York: Charles Scribner's Sons, 1911), 943.

233-234 64장. Iain H. Murray, *Jonathan Edwards: A New Biography* (Edinburgh: Banner of Truth, 1987), 92에 실린 인용문들.

234-235 64장. Noël Piper, *Faithful Women & Their Extraordinary God* (Wheaton, IL: Crossway, 2005), 23에 실린 인용문들.

235 64장 [박스]. Sereno Edwards, *The Life of President Edwards* (New York: Carvill, 1830), 173.

236 같은 책, 131.

237 같은 책, 580-1.

239-241 64장. Ernest Gordon, *A Book of Protestant Saints* (Chicago: Moody, 1946), 305-6에 실린 인용문들.

247 66장. John Stott, *The Cross of Christ* (Downers Grove, IL: IVP, 1986), 21에서 발췌.

249 67장. C. S. Lewis, *The Last Battle* (New York: Macmillan, 1956), 173.

253 같은 책, 173-4.

일러스트

18 Engraving of Charles Simeon by William Finden after a portrait by Sir William Beechey; King's College Library, Cambridge. KCAC/1/4/Simeon3

19 Polycarp, from the mosaic, "The Procession of the Holy Martyrs," in Ravenna, Italy (A.D. 526)

22 Augustine of Hippo by Sandro Botticelli, at Church of Ognissanti, Florence (circa 1480)

37 John Rylands Library Papyrus P52; recto (upper image); verso (lower image). Preserved at the John Rylands Library.

39–41 Bible story illustrations by A. E. Macha. © New Growth Press

44 J. C. Ryle (License: CC BY-SA 3.0)

82 Graphic ©IDoRecall.com

89 Amy Carmichael with some of her beloved girls, public domain

93 Lottie Moon photo courtesy IMB

117 "The Pilgrims Progress, or, Christians Journey from the City of Destruction in This Evil World to the Celestial City in the World That Is to Come" ([London]: Published by J. Pitts, no. 14 Great St. Andrew Street Seven Dials, July 1, 1813).

119 Photo of C. S. Lewis by Arthur Strong © Ingrid Franzon

132 A tablet containing part of The Epic of Gilgamesh, written in Akkadian, public domain (CC0)

139-140 Constellation images created by the author using Stellarium (GPL 2.0). http://stellarium.org/

145 Adapted infographic of clean & unclean foods ©Mark Barry 2014

159 Photos credit: ©Lois Scott (Baby, Farmer Hands, Geese, Mountain, Snow)

165 ©Wellcome Collection, London (CC BY-SA 3.0)

187 Irenaeus ©Banner of Truth Trust. From cover of: Sinclair B. Ferguson, *Irenaeus*

209 © Mesamong | Dreamstime.com

223, 224 Inside of Saint Ananias, Damascus (2006). Photo credit: Titoni Thomas (License: CC BY-SA 3.0)

233 David F. Bacon, ed. *Memoirs of Eminently Pious Women of Britain and America* (Hartford, 1833), detail from plate containing five separate portraits, p. 300

238 Hanna Faust (1825–1903). Published by Verlag und Buchhandlung der Evangelischen Gesellschaft, Elberfeld, Germany, 1904

248 (top) © Nate Allred | Shutterstock.com; (bottom) © Nancy Bauer | Shutterstock.com

『래디컬북』 추천사

"이 책은 그야말로 진리의 백과사전과도 같다. 손턴은 마법과도 같은 일을 해냈다. 신앙생활과 말씀, 하나님의 성품에 관한 모든 측면을 모두 하나로 묶어 아이들이 쉽게 읽을 수 있는 한 권의 책으로 태어나게 했다. 역사 속 인물들의 이야기까지 당신이 알고 아이들에게 가르치고 싶은 것이 모두 이 책 한 권에 담겨 있다. 내 아이들이 아직 어려서 이 책으로 믿음의 기초를 세울 수 있어 얼마나 감사한지 모른다. 너무나 유용하고 좋은 책이다."

트릴리아 뉴벨, 『즐기라』(*Enjoy*)와 『두려움과 믿음』(*Fear and Faith*), 『연합』(*United*)의 저자

"내 아이들과 손주들이 어렸을 때 이 책이 나왔다면 얼마나 좋았을까? 성경이 처음부터 끝까지 그리스도께 초점을 맞추고 있다는 점을 강조하고, 복음의 중요성과 우리 삶에 의미하는 바를 보여 주되, 어린 독자에게 쉽고도 흥미진진하게 복음을 설명하는 이 책은 참으로 고맙기 짝이 없는 책이다."

리처드 개핀 주니어, 웨스트민스터 신학교 성경 및 조직신학 명예교수

"손턴이 아이들과 부모에게 주는 선물로 재미있고 실용적이며 신학적으로 풍성한 책을 내놓았다. 성경, 신학, 성경사와 교회사, 신앙생활에 관해 알기 원하는 아이들을 위한 귀한 탐구서다. 이 책을 통해 아이들은 하나님과 말씀, 자기 자신에 관해 많은 것을 배울 수 있다."

저스틴 홀콤, 『내 몸은 소중해요』(생명의 말씀사 출간)의 저자

"이 책을 읽는 내내 내가 주일학교 공과나 가정 예배 시간에 전해야 했을 사실과 조언을 발견했다. 이 책은 아이들이 호기심을 느낄 만한 내용으로 가득 차 있다. 아이들이 이 책을 재미있게 읽는 동안 많은 것을 배우고 믿음을 키우려는 열심이 생기리라 믿어 의심치 않는다."

잭 클럼펜하워, 『예수님을 보이라』(*Show Them Jesus*), 『복음 중심의 부모』(*The Gospel_Centered Parent*)와 『왓츠 업』(*What's Up?*)의 저자

"이 책은 당신이 아는 최고의 주일학교 선생님과도 같다. 교사들은 왜 하나님에 관해 재미있게 가르치면서도 인생의 변화시키는 복음의 진리를 아이들에게 심어 주기가 어려운가? 가정마다 이 책을 책장에 꽂아 두라. 아니, 식탁 위에 올려 놓고 아이들이 매일 볼 수 있게 해야 한다. 그렇게 하면 하나님과 그분의 말씀을 향한 아이들의 열정이 나날이 자라나는 놀라운 광경을 보게 될 것이다."

마티 마챠스키, 『Long Story Short 복음, 그 길고도 짧은 이야기』(홈앤에듀 출간), 『세상에서 배울 수 없는 하나님을 아는 지식』(생명의말씀사 출간)과 『컬러 스토리 바이블』(주니어 아가페 출간)을 비롯한 가정을 위한 복음 충만한 책들을 쓴 저자

"나는 아이들에게 책을 읽어 주는 습관이 몸에 배지 않은 사람이다. 최소한 요 몇 년 동안은 아이들에게 책을 읽어 준 적이 없었다. 하지만 이 책은 이름에 걸맞게 그동안 내가 아이들에게 읽어 주었던 책들과 차원이 다르다. 다루는 범위와 내용이 더 깊고 넓다. 손턴은 중요하고 때로는 복잡한 문제를 단순하고도 흥미진진하게 풀어 내는 재주가 있다. 내가 가르치는 대학원 학생들이 이 책에서 다룬 문제들에 관한 기초적인 지식을 알고 나를 찾아왔으면 좋았을 것이라는 생각이 든다."

마이클 배릿, Academic Affairs/Academic Dean 부대표, 청교도 개혁신학교 구약학 교수

"이 책은 모든 가정의 책장에 꽂혀 있어야 하는 책이다. 책을 읽으면서 어서 빨리 아이들과 함께 읽고 싶다는 생각이 들기도 하고, 나 자신에게도 큰 도움이 되었다. 손턴은 시각적이고 읽기 쉬운 책에 신학부터 전기, 성경 진리, 실용적인 조언, 재미있는 활동까지 모든 것을 완벽하게 집대성했다. 아이들과 부모, 새 신자에게 특별히 이 책을 추천하고 싶다. 이 책은 성경적 통찰과 지혜로 가득한 보물 창고다."

멜리사 크루거, 업타운 교회 여성 사역 책임자, 『하와의 질투』(*The Envy of Eve*)와 『하나님과 동행하는 엄마』(*Walking with God in the Season of Motherhood*)의 저자

"이 책은 내 아이들에게 읽히고 싶은, 재미와 교훈을 모두 갖춘 책이다."

앤디 나셀리, 베들레헴 신학교의 신약 및 성경 신학 부교수

"세 딸을 키우는 엄마로서 나는 늘 괜찮은 책을 찾고 있었다. 이 책을 보자마자 마음에 쏙 들었다. 어른이 이해하기도 어려운 신학을 아이들의 언어로 이렇게나 쉽게 풀어 낼 수 있다니! 우리 아이들도 읽자마자 좋아했다. 디자인도 훌륭하고 내용도 알차고 재미있다. 모든 집에 한 권씩 비치해야 할 책이다."

매튜 심스, 작가이자 프리랜서 편집자, 『가정을 위한 복음』(*A Household Gospel*)의 저자, '죄인들을 위한 은혜'(RSS) 블로거

"슈퍼 영웅과 괴물, 악당과 비밀(스럽지 않은) 임무, 가장 위대한 사랑 이야기! 이 책은 어린이들에게 크신 하나님을 보여 주고, 아이들이 그리스도를 높이는 삶을 살도록 돕는다. 흥미진진한 이야기, 기억하기 쉽게 짧게 정리된 내용, 풍부한 신학, 분명한 지혜, 재미있는 개념으로 가득한 책이다. 다채롭고도 흥미로운 그림과 주제로 꾸며진 이 책은 당신의 아이에게 하나님의 세상과 말씀에 대한 호기심을 심어 줄 것이다. 또 이 책을 읽는 아이는 성숙한 사고를 할 줄 아는, 책임감 강하며 경건한 어른으로 성장할 것이다."

제이슨 드루치, 베들레헴 신학교 구약 및 성경 신학 교수

"손턴의 책은 어린 자녀를 둔 가족에게 기독교 신앙의 뿌리를 기르는 법을 보여 준다. 이 책은 방대한 내용을 가족이 쉽게 소화할 수 있도록 한 입 거리로 나눠서 제시한다. 성경 소개에서 성경적 신학과 역사적 신학까지 다양한 내용을 다룬다. 코끼리 유머와 매듭 묶기는 기분 좋은 보너스다. 우리 교회에서 어린 자녀를 둔 가족을 위해 엄선한 추천 도서 목록에 이 책을 넣었다."

크리스 브라운스, 『위대한 용서』(미션월드라이브러리 출간)의 저자

"이 책은 믿는 아이라면 모두 읽어야 할 책이다. 아이들이 성경과 믿음을 더 깊이 파헤치도록 도와주는 완벽한 동반자다. 아이들이 평생 삶의 모든 영역에서 진리의 편에 서도록 하나님을 향한 사랑을 심어 줄 책임이 우리에게 있다. 이 일에 이 책은 큰 도움이 될 것이다!"

올리 골든버그, CHILDREN CAN, www.childrencan.co.uk

"이 책은 뛰어난 스타일과 깊이 있는 내용으로 기독교 진리와 행동의 핵심을 명쾌하게 풀어 준다. 이 책은 여러 방면으로 쓸 수 있지만, 나는 특히 아이들에게 믿음을 재미있게 설명하려는 부모에게 이 책을 추천하고 싶다. 주제들이 무작위로 조합된 느낌이 있지만 그래서 더 매력적이지 않나 싶다. 강력히 추천한다."

스티븐 스몰맨, 『내가 알지 못한 구원』(예수전도단 출간)의 저자

"이 책은 너무너무 재미있다! 어린아이가 창의적인 게임과 활동, 배꼽 빠지는 유머, 흥미진진한 이야기를 읽는 사이에 신학과 교회 역사, 신앙생활과 윤리에 관해 자연스럽게 배울 수 있도록 탁월하게 구성되었다. 부모와 목사, 교사들이 어린 그리스도의 제자를 양성하는 데 말할 수 없이 도움이 되는 책이다."

매튜 미첼, 랜스 복음주의 자유교회 목사, 『험담을 멈추라』(CLC 출간)의 저자, 네 자녀의 아버지

"이 책에서 손턴은 뛰어난 글솜씨로 중요한 성경 진리들을 머리에 쏙쏙 심어 준다. 자녀를 둔 부모나 손주에게 좋은 책을 읽어 주고 싶은 모든 사람에게 깊이와 통찰, 다양한 지식으로 버무려진 이 책을 추천하고 싶다. 이 책에 가득한 문화에 관한 이야기와 재미있는 사실, 역사 속 영웅, 예쁜 삽화, 즐거운 활동이 아이들의 관심을 단번에 사로잡으리라 믿어 의심치 않는다."

다시 스텔처, 뉴 라이프 교회 키즈라이프 미니스트리 책임자

"나는 성경을 더 깊이 알려는 열정을 불러일으키는 창의적인 촉매제를 늘 찾고 있었다. 아이들에게는 이런 촉매제가 꼭 필요하기 때문이다. 이 책이 아이들의 신앙을 깊게 하는 중요한 대화를 이끌어 내리라 확신한다. 또 성경의 중요성에 대한 강한 믿음을 심어 주고, 신학에 대한 관심을 불러일으키며, 아이들을 장차 기독교를 책임질 그리스도의 제자로 키우는 데 도움이 되리라 믿는다."

로이 크라운, 호프 대표